DELIUS KLASING

W0192292

Tim Kröger

Abgerechnet wird im Ziel

Whitbread
Round the World Race

Delius Klasing Verlag

Die Deutsche Bibliothek – CIP-Einheitsaufnahme

Kröger, Tim:
Abgerechnet wird im Ziel: Whitbread Round the World Race/
Tim Kröger. – 1. Aufl. – Bielefeld: Delius Klasing, 1998
ISBN 3-7688-1073-9

1. Auflage
ISBN 3-7688-1073-9

© Delius, Klasing & Co.,
Siekerwall 21, 33602 Bielefeld

Titelfoto: Tim Kröger / Swedish Match
Fotos: tati (Hamburg), Swedish Match (Stockholm)
Redaktion: Tatjana Pokorny (Hamburg)
Umschlaggestaltung: Ekkehard Schonart
Druck: Offizin Andersen Nexö Leipzig
Printed in Germany 1998

*Meinen Eltern und meiner
Familie gewidmet,
ohne deren Liebe,
Verständnis und Toleranz
ich niemals so frei
über meinen Lebensweg hätte
entscheiden können.*

Inhalt

Schrammen auf der Seele

Whitbread verändert dein Leben

Whitbread bringt das Schlechteste, aber auch das Beste in den Menschen hervor. Diesen Satz hat Roger Nilson einmal geprägt. Und der muß es wissen. Als Navigator segelte er an Bord unserer SWEDISH MATCH 1997/98 bereits sein fünftes Whitbread. Er hat dem Tod schon ins Auge geblickt, er hat die meisten Sponsoren und Millionen für dieses Rennen eingeworben, er hat die alten Abenteuerzeiten und die modernen Hochleistungsrennen erlebt. Und er hat recht mit seinem Fazit. Whitbread legt die Seelen blank.

Am Ende eines Whitbread-Projektes gibt es kaum etwas, was man nicht über seine Crew-Kameraden weiß. Du hast sie in dramatischen Momenten erlebt, du hast sie verzweifelt gesehen, aber auch himmelhoch jauchzend und im überschäumenden Glück. Du selbst hast dich dem gleichen System unterworfen, teilgehabt an allen Höhen und Tiefen, die ein solches Meeres-Marathon mit sich bringt. Ganz wie im normalen Leben hast du mit dem Team gestritten und gelacht, geschuftet und gejubelt, gesegelt und nochmals gesegelt. Fast 32 000 Seemeilen haben wir allein im Rennen selbst gemeinsam bewältigt. Da bleibt es einfach nicht aus: Whitbread hinterläßt Schrammen auf deiner Seele. Nette Narben, die ich mit Stolz trage, aber auch solche, die ich mit negativen Eindrücken verbinde. Ein Leben lang.

Das wußte ich vor dieser zweiten Whitbread-Teilnahme auf SWEDISH MATCH, denn meine Feuertaufe hatte bereits 1993/94 bei der sechsten Auflage an Bord von INTRUM JUSTITIA stattgefunden. Damals hatte ich meinen Einsatz als Herausforderung höchsten Grades eingestuft, war begeistert von der Chance, die mir das europäische Projekt bot. Ich hatte jedoch nicht geplant, das Weltumsegeln zum Beruf zu machen. Vielmehr hatte ich vor, anschließend wieder an die Universität Hamburg zurückzukehren, um dort mein BWL-Studium zu Ende zu bringen. Wie man sich doch irren kann...

Whitbread gehört zu den Extremsportarten. Roger Nilson meint, daß man zwar nicht wahnsinnig sein muß, um solch ein Rennen durchzuziehen, aber daß es dabei helfen würde. Das ist sicher überspitzt formuliert, denn die meisten von uns sind ziemlich realitätsbewußt und stehen mit beiden Beinen fest an Deck. Trotzdem sollen Extremsportarten, das haben findige Wissenschaftler längst herausgefunden, hochgradig süchtig machen. Whitbread zählt dazu. Einmal vom Virus dieser Faszination Hochseerennen angesteckt, ist der Weg zurück schwer. Zu schwer, wie auch ich fand. Vielmehr war ich 1994 nach Beendigung meines ersten Whitbreads sicher, meine Berufung endgültig zum Beruf machen zu wollen. Schließlich war Regattasegeln und die Arbeit auf Hightech-Yachten längst das, was ich am besten konnte. Hinzu kam die mir wohl bewußte Tatsache, daß ich im Falle einer Wiederaufnahme meines Studiums erst mit Mitte 30 die Uni verlassen würde. Nicht unbedingt hitverdächtig in Sachen Karriere, und schon gar nicht in Deutschland.

Zum Zeitpunkt meiner Entscheidung für den professionellen Segelsport hatte ich weit mehr „Berufserfahrung" als andere Menschen zu Beginn ihrer Karriere: Rund 25 Jahre Segeln, etwa 17 Jahre intensiver Regattasport und gut fünf Jahre olympisches Segeln im Soling lagen bereits hinter mir. Auch wenn es bis heute immer wieder etablierte Segler oder konservative Yachties gibt, die ihre Nase darüber rümpfen, daß ich mit und in diesem Sport mein Geld verdiene – ich habe meine Entscheidung nie bereut. Und ich hoffe, daß auch Segelprofis in Deutschland irgendwann einmal als ganz normale Menschen gelten. Schließlich machen wir beruflich einfach das, was wir am besten beherrschen und womit wir uns ein Leben lang befassen können.

Dabei sehe ich mich nicht als „Segelsöldner", wie es hier und da immer mal wieder zu lesen ist – vielleicht einfach nur deshalb, weil es als Alliteration so schick klingt oder aber weil die Autoren solcher Betitelungen es schlicht inakzeptabel finden, für Geld zu segeln.

9

Söldner, so verrät es jedes Lexikon, sind geworbene, für Sold dienende Krieger. Wir aber sind keine Krieger, sondern Sportler, die das, was sie tun, sehr ernst nehmen. Daß wir für Sponsoren und deren Geld antreten, ist nur die eine Seite der Medaille. Daran kann ich nichts Schlechtes finden. Wir arbeiten als Werbeträger, die bestimmte Botschaften in aller Welt verkünden. Auf der anderen Seite aber stehen ein gigantisches Naturerlebnis, eine einzigartige Herausforderung, ein Wettbewerb auf höchstem Niveau und eine unvergleichliche Erweiterung des persönlichen Horizonts. Das bleibt. Daran kann Geld nichts ändern.

Im Transfer via Medien geben wir von unseren Eindrücken und Erlebnissen sehr viel an die Öffentlichkeit und an unsere Fans weiter. Das macht den Publikumserfolg Whitbread aus. Die Whitbread-Webpage im Internet beispielsweise war die erfolgreichste Webpage zu einem bestimmten Sportevent, die es bis dato je gab. Sie war mit bis zu 13 Millionen Hits täglich erfolgreicher als die Webpage der Fußball-Weltmeisterschaft in den USA oder der Olympischen Winterspiele in Nagano. Warum? Ich glaube, daß wir die Träume und Phantasien von Millionen von Menschen umsetzen. Whitbread wird immer wieder als eines der letzten großen Abenteuer in freier Natur bezeichnet. Ich schätze mich sehr glücklich, ein Teil dieses Rennens zu sein. Und ich hoffe, mit diesem Buch noch einmal die Faszination Whitbread aufleben lassen zu können. Denn es war auch ein Abschied.

Bye, bye, Whitbread, ahoi Volvo! Der schwedische Automobilkonzern hat das Rennen von der britischen Traditionsbrauerei übernommen. Wenn wir im Jahre 2001/02 wieder über die Weltmeere jagen, dann unter dem neuen Titel „Volvo Ocean Race". Bis dahin bleibt dieses Buch, das unsere Geschichte von der siebten und letzten Whitbread-Auflage erzählt, aber auch an die Anfänge der Weltregatta erinnert und das Rennen, seine vielen kleinen Anekdoten und Rekorde noch einmal Revue passieren läßt.

Tim Kröger
Hamburg, August 1998

Die ersten Helden

Den Mount Everest zur See besteigen

„Es bläst wie verrückt. Von hinten ziehen schwarze Schneestürme auf. Die Yacht segelt auf Messers Schneide, kann jederzeit außer Kontrolle geraten. Die Gischt, die über das Deck fliegt, verwandelt sich in schneidende Eispartikel. Das Deck ist ganz mit Eis überzogen. Die Tampenenden sind überall mit Schnee zugedeckt. Es ist so bitterkalt."
Peter Blake, Ozean-Eroberer aus Neuseeland

Wenn Hochseesegler ein paar Gläser getrunken haben, dann drehen sich ihre Diskussionen meist um Geschichten vergangener Seepassagen und überstandener Abenteuer. Sie schwärmen von ihren Rekorden und zählen die verlorenen Kollegen. Es war bei einer dieser Zusammenkünfte im Jahre 1971, als einige Segler darüber diskutierten, daß man ein ultimatives Rennen um die Welt etablieren sollte – einen Trip über rund 27000 Seemeilen. Es würde ein Rennen sein, das die beteiligten Boote und Crews an ihre Grenzen und möglicherweise darüber hinaus führen sollte. Es sollte durch die schweißtreibenden Doldrums gehen, durch Ozeane mit Temperaturen um den Gefrierpunkt, wilde Schneestürme und Eisberge. Ein Rennen wie eine Mount Everest-Besteigung zur See.

Ein solches Rennen, wenn es denn ins Leben gerufen würde, wäre ohne Vergleich im Segelsport. Keine andere Regatta würde den Teilnehmern und ihrer Ausrüstung soviel abverlangen. Kein anderes Rennen würde die Sportler einem so hohen Risiko aussetzen – für eine so lange Zeit und so weit weg von jeder Hilfe.

Aber wer würde es finanzieren? Neben den unabschätzbaren Gefahren würde ein solches Rennen ein weltweites Organisations-

11

netz erfordern. Es müßten Häfen für Zwischenstopps benannt, Regeln geschrieben, Punktsysteme erfunden und Bootsmaße festgelegt werden. Potentielle Sponsoren müßten sich darüber im klaren sein, daß ein enorm hoher finanzieller Aufwand zu leisten sei. Viele Segelsportler dachten damals, daß sogar der Versuch, einen Partner für ein solches Rennen zu finden, verrückt sei. Zu jener Zeit hatten es weniger als zehn Sportyachten geschafft, Kap Hoorn – in einem Stück – zu umrunden.

Hinzu kam, daß der erste Versuch, ein ähnliches Rennen zu starten, bereits ein trauriges Ende gefunden hatte. 1967 hatte die Londoner „Sunday Times" Geld bereitgestellt, um das „Golden Globe Race" zu unterstützen. Acht Boote waren damals an den Start gegangen, nur eines kam ins Ziel. Die anderen hatten entweder nach Beinahe-Katastrophen und Ausrüstungsdramen aufgegeben oder waren gekentert. Ein Skipper hielt die hohe psychische Belastung dieses Einhand-Abenteuers nicht aus und beging Selbstmord. Es war nicht gerade die Art von Rennen, mit denen Sponsoren sich gerne identifizieren. Trotzdem schuf diese erste Weltregatta einen Mythos, der andere Hochseesegler enorm faszinierte und sie zur Nachahmung – wenn auch auf andere Weise – animierte.

Es war keine einfache Aufgabe. Sponsoren anderer Ozean-Marathons zeigten sich – wie erwartet – wenig enthusiastisch. Die Idee, so kleine Boote in gut bekannte und eindrucksvoll dokumentierte Gefahren zu entsenden, erschien wenig schmackhaft.

An diesem Punkt wären vielleicht alle Pläne gescheitert. Wenn, ja wenn es nicht die britische Royal Navy gegeben hätte, die ihre eigenen Ozeanpläne hatte. Was privaten Sponsoren als zu hohes Risiko erschien, kam den Nachfahren Lord Nelsons als Herausforderung gerade recht. Die Marine sah im Hochseesegeln die optimale Möglichkeit, Teamwork und Stolz zu lehren. Dazu hatte die Royal Navy gerade einige Yachten vom Typ „Nicholson 55" gekauft. Ein globales Rennen erschien den Verantwortlichen als perfekte Möglichkeit, sich mit der angesehenen Segelgemeinschaft zu verbrüdern. Im April 1972 war es soweit: Die Royal Navy Sailing Association kündigte an, daß sie im kommenden Jahr das geplante Rennen unterstützen würde. Auch wenn keine weiteren privaten Sponsoren gefunden werden könnten.

Diese Ankündigung sollte sich als entscheidendes Moment herausstellen. Schon kurze Zeit später wurden zwischen der Royal Navy und dem Konzern Whitbread PLC die Verträge geschlossen. Ähnlich wie bei der Royal Navy gingen auch die Wurzeln der britischen Traditionsbrauerei weit zurück in die Geschichte des Königreiches, bis ins Jahr 1742. Über die Jahrhunderte hatte sich Whitbread zu einer der bekanntesten Firmen auf dem Nahrungs- und Getränkesektor entwickelt und hatte 1997 70 000 Angestellte. Zum guten Ruf kam hinzu, daß Whitbread schon damals über eine ungeheure Finanzkraft verfügte. Mit einem weltweiten Umsatz von 2,7 Milliarden Britischen Pfund verfügte Whitbread über die geeignete Basis, die der Schritt zum Sponsoring eines solchen Rennens voraussetzte.

Gemeinsam stellten die Royal Navy und Whitbread den Renn-Organisatoren die logistischen und finanziellen Ressourcen bereit, die ein solches Rennen verlangte. Aus verträumter Theorie wurde beeindruckende Praxis. Beide Partner brachten wertvolle Hilfe in die Planungen ein. Die Royal Navy stellte ihre Marinebasis in Portsmouth als Vorstart-Sammelpunkt zur Verfügung und kümmerte sich um Vorbereitungen und Startlinie – perfekter Komfort und angenehme Sicherheit für die teuren Yachten in der Zeit vor dem Rennen. Hinzu kam das weltweite Kommunikationsnetz der Navy, das den Teilnehmern die Kommunikation von weit entfernten Punkten mit dem Hauptquartier in Southampton ermöglichen würde.

Aber das waren nur die oberflächlich sichtbaren Vorzüge, die Navy und Whitbread ermöglichten. Beide arbeiteten zugleich hart daran, das neue Rennen mit einer Aura von Historie zu umgeben. Keine andere Marine der Welt verfügt über eine so alte Seefahrer-Tradition wie die englische, die über eine so lange Zeit die hohe See in aller Welt im Rahmen ihres Kolonialreiches dominiert hatte. Auf der anderen Seite verkörperte Whitbread die Händler-Tradition des Königreiches, die in vergangene Zeiten zurückreichte, als der britische Handel sich über den gesamten Globus erstreckt hatte.

Mitte 1973 war es dann soweit. Das erste Whitbread Round the World Race konnte beginnen. Am 8. September gingen vor dem Hafen von Portsmouth 19 Boote mit insgesamt 173 Crew-Mitgliedern vor der bunten Kulisse einer riesigen wie aufgeregten Zuschauerschar an den Start. Mit dem Schuß aus einer simplen Pistole begann an diesem Tag die einzigartige Geschichte der Whitbread-Saga.

WHITBREAD, DIE ERSTE
1973–1974

Das Whitbread sollte ein Rennen der anderen Art werden. Niemand konnte ahnen, welche Art von Booten sich als geeignet für die bevorstehende Route herausstellen würde. Würden die Maxis den Stürmen und gewaltigen Seen im Southern Ocean standhalten? Oder würden kleinere, leichtere und damit schnellere Boote besser durch die wankelmütig leichte Brise der Doldrums kommen? Und wenn sie für diese Passage besser geeignet wären, würden sie dann die haushohen Wellen und schweren Seeböen tief unten im Süden überstehen? Keiner hatte Antworten. So kam es, daß die erste Whitbread-Flotte eine bunt gemischte Truppe aus allen möglichen Schiffstypen und Klassen war. Keines dieser Boote war speziell für das Rennen konstruiert worden. Es gab keine revolutionären Kiele, Rumpf-Designs oder exotischen Materialien. Tatsächlich war die einzige bemerkenswerte Tatsache an dieser Flotte, daß sie nicht bemerkenswert war. Keines der Boote sah irgendwie anders aus als jene, die man damals in ganz normalen Sportboot-Gruppen sehen konnte. Sie waren einfach nur eine Handvoll Yachten, die zu einem Rennen starten wollten, das alles andere als gewöhnlich war.

Die ersten Whitbread-Boote variierten zwischen der kleinen, gerade 32 Fuß langen CONCORDE über Italiens 45-Fuß-Sloop GUIA bis hin zur britischen 80-Fuß-Ketsch BURTON CUTTER. Während GUIA sich als tauglich für das Whitbread herausstellen sollte, war das bei BURTON CUTTER nicht der Fall. Der deutsche PETER VON DANZIG, ein Stahlschiff aus dem Jahre 1936, war das älteste Boot der Flotte. Erfolgsaussichten aber räumte man vor allem Yachten wie der französischen 60-Fuß-Ketsch 33 EXPORT ein, die 1968 für ein schweres Transatlantik-Rennen gebaut worden war. Es sollte Jahre dauern, bis das Whitbread-Rennkomitee imstande sein würde, auf der Basis von Erfahrungswerten passende Designkriterien festzulegen.

14

Während für Segelcrews in unserer Zeit navigatorische Hilfen wie LORAN und GPS zum Einmaleins gehören, waren Navigationsmittel im Jahre 1973 zweifach limitiert: durch die damalige Technologie und die Rennregeln. Es war nicht mehr erlaubt als der Jahrhunderte alte Sextant und die Koppel-Navigation. Das gleiche galt für Wetterprognosen. Wenn es überhaupt klappte, dann war die Übermittlung von Wetterdaten per Radio gestattet. Abgesehen davon mußten sich die Segler auf das gute alte Barometer verlassen.

Wenn ein Boot während des Rennens Probleme bekam, mußte die Crew beten, daß ihr Bordradio funktionierte, denn so etwas wie die heutigen EPIRB-Satelliten-Empfänger, die weltweiten Alarm auslösen und eine genaue Positionsmeldung des in Seenot geratenen Schiffes angeben, gab es damals noch nicht. Verglichen mit modernen Hightech-Rennyachten waren die Boote damals, was ihre technischen Möglichkeiten betraf, geradezu armselig bestückt, spartanisch und ihrer Zeit gemäß.

Besonderes Aufsehen erregte bei dieser ersten Auflage ein seglerisch bis dato unbeschriebenes Blatt: Der mexikanische Waschmaschinen-Millionär Ramon Carlin ließ nicht nur zur Taufe seiner Swan 65 SAYULA einen Priester nach Portsmouth einfliegen, sondern ärgerte die konkurrierenden Yachties auch noch mit seiner selbstbewußten Anheuerung englischer und kalifornischer Hochsee-Cracks. Die damalige Segelelite rümpfte über derlei Gebaren die Nase, denn Profitum hielt im Segelsport erst Anfang der Achtziger stürmischen Einzug.

Auch die deutsche Flagge fehlte zur Premiere nicht. Der traditionsreiche Akademische Segler-Verein Kiel schickte den dickbäuchigen PETER VON DANZIG ins Rennen. Die Studenten und Akademiker, deren Yacht mangels Motor hatte zum Start geschleppt werden müssen, sahen aber schnell, daß sie gegen die finanzkräftige Konkurrenz bei allem Einsatz kaum etwas ausrichten konnten.

Als die SAYULA nach vier Etappen, 30 000 Seemeilen und 3657 Segelstunden zehn Monate später die Ziellinie in England als erste überquerte, war wieder der Priester da. Diesmal aber spottete niemand mehr – Carlin hatte die erste Weltregatta nach berechneter Zeit gewonnen. 1255 Stunden mehr brauchten die Akademiker, kamen aber immerhin an. Andere hatten weit weniger Glück. Auf der italienischen TAURANGA war Paul Waterhouse von einer Schot über Bord geschleudert worden und blieb verschollen. Dramatischer noch die Unglücksserie auf Chay Blyths GREAT BRITAIN II. Schon auf der ersten Etappe nach Kapstadt war Bernie Hosking über Bord gefallen, konnte aber nach sieben Schreckensminuten wieder geborgen werden. Das Schicksal aber schien es auf ihn abgesehen zu haben. Auf der dritten Etappe ging der Fallschirmspringer erneut über Bord. Diesmal konnte Blyth ihn trotz stundenlanger Suche nicht wiederfinden.

WHITBREAD, DIE ZWEITE
1977–1978

Drei Jahre später bewältigen 15 Yachten die vier Etappen der zweiten Auflage ohne Verlust von Menschenleben. Langsam verwandelte sich das Abenteuer Whitbread in eine sportliche Herausforderung. Ein Logbucheintrag auf der europäischen Yacht TRAITÉ DE ROME beweist nach dem kalt-stürmischen Kurs ums Hoorn die veränderte Einstellung der Crews auf humorige Weise: „Es ist nicht erlaubt, den Rudergänger mit Schneebällen zu bewerfen. Dies ist eine ernsthafte Regatta."

Drei Männer waren beim ersten Whitbread auf See geblieben, Boote waren gekentert und demoliert worden, die Teams waren am Rande der Erschöpfung, als sie die Ziellinie vor Southampton überquerten. Die Toleranzgrenze aller Beteiligten war erreicht worden. Trotzdem ging es weiter.

Drei Boote von der ersten Auflage kamen wieder: Frankreichs 33 EXPORT mit dem jüngsten Skipper, Alan Gabbay (23), und Englands GREAT BRITAIN II waren erneut am Start. Dieses Mal sollte sie von Amateuren gesegelt werden, die für die Teilnahme jeweils 4000 Britische Pfund bezahlten. Auch ADVENTURE war wieder dabei, wurde vom britischen Verteidigungsministerium zu Übungszwecken in die (Tor-)Tour geschickt. Es war aber das Rennen des „Fliegenden Holländers": Mit seinem Sieg auf FLYER begründete Cornelis van Rietschoten damals seinen Ruhm als König der Meere. Seine 65-Fuß-Ketsch von Sparkman & Stephens war nicht zu schlagen.

Weil im ersten Rennen insbesondere die kleinen Yachten arg benachteiligt waren und die unterschiedlichen Bootstypen und -größen für allerlei Probleme gesorgt hatten, gab es bei dieser zweiten Auflage erstmals Bootslängen-Beschränkungen. Qualifizierte Boote mußten mindestens 55 Fuß, also 15,20 Meter lang sein.

Diese Größenvorschriften sollten die ersten einer langen Reihe von Regelveränderungen sein, die von der Rennleitung im Laufe der kommenden Jahrzehnte etabliert wurden.

WHITBREAD, DIE DRITTE
1981–1982

Noch zweimal traten in der 24jährigen Geschichte des Klassikers deutsche Yachten an: Die Berliner WALROSS III-Crew machte nach ihrem Einsatz bei der dritten Whitbread-Auflage 1981/82 die Essenz des Rennens zum Titel ihres Buches „Nichts wie hinterher". Daß das mindestens so gefährlich ist, wie vorneweg zu segeln, beweisen die eindringlichen Erzählungen der Crew-Mitglieder:

„...All hands! All hands! Raus, raus! Etwas ist geschehen, das all' unsere Kraft erfordert... Ein Hextentanz. Das Zittern geht durch das ganze Schiff. Die zweite Sicherheitsleine einhaken und dann raus aus dem Cockpit. Zwei, drei schnelle geduckte Schritte bis zu den Luvwanten, dann sackt das Deck so schnell unter dir weg, daß du den Bruchteil einer Ewigkeit zwischen Wasser und Himmel hängst, einen erschreckten Herzschlag lang."

Dieses dritte Whitbread-Rennen markierte den Schritt in eine neue Segelepoche. Das Meeres-Marathon war nicht länger eine verrückte Neuheit, an der ein paar Spinner teilnahmen, sondern eine Institution. 29 Yachten kreuzten die Startlinie!

Die Rennleitung hatte erneut Änderungen im Reglement vorgenommen. Rio de Janeiro war als Zwischenstopp von der Karte gestrichen, weil Leichtwindärger vor der brasilianischen Küste und die entrückten Massen im Karnevalsrausch den Stopp in eine Schikane für die Segler und Organisatoren verwandelt hatten. Das argentinische Mar del Plata erhielt den Vorzug. Außerdem gab es politische Probleme. Großbritannien hatte sich dem weltweiten

Boykott gegen Südafrikas Sportler und Sportveranstaltungen angeschlossen, um gegen die andauernde Apartheit zu protestieren.
Weil aber in Kapstadt der erste Zwischenstopp eingelegt wurde,
durfte die HMS VERNON, ein Schlachtschiff aus Portsmouth, nicht zu
Start- und Zielzwecken genutzt werden. Die Rennleitung mußte
kämpfen, konnte dann auf den Hafen von Camper & Nicholson,
etwa eine halbe Meile vom ursprünglichen Startrevier entfernt,
ausweichen.

Inzwischen war die Anzahl der beteiligten Länder sprunghaft
angestiegen: Aus immerhin 14 Nationen kamen die Yachten. Zum
dritten Mal in Folge ging die Veteranin GREAT BRITAIN II an den
Start, dieses Mal unter ihrem neuen Namen UNITED FRIENDLY. Auch
die legendäre FLYER war wieder mit von der Partie, dieses Mal als
ALASKA EAGLE. Sie war das erste US-Boot bei diesem Rennen. Ihr
früherer Skipper, Cornelis van Rietschoten, hatte sich inzwischen
eine neue FLYER zugelegt, eine 76-Fuß-Slup vom damals aufstei-
genden Design-Star German Frers. Am 29. August 1981 feuerte van
Rietschotens Frau Inge den Schuß aus der Startpistole und schickte
ihren Mann erneut auf Siegkurs.

WHITBREAD, DIE VIERTE
1985–1986

Bei der vierten Auflage des Rennens sank die Teilnehmerzahl wieder auf das Anfangsniveau – 15 Yachten kreuzten die Startlinie.
Doch was das Rennen an Yachten verlor, gewann es parallel an
Sponsoren dazu. Es war eine Regatta mit ausschließlich gesponser-
ten Booten, es gab keine privat finanzierten Projekte mehr. Der
Zwischenstopp in Südamerika unterlag einmal mehr den Gescheh-
nissen auf der politischen Weltbühne. 1982, als die Yachten gerade
zur letzten Etappe aufgebrochen waren, brach der Krieg um die
Falkland-Inseln aus. Während dieses Krieges hatten sowohl die
Royal Navy als auch die argentinische Marine schwere Verluste
erlitten. Damit war klar, daß die Nutzung eines argentinischen
Hafens als Stopover nicht in Frage kam. Punta del Este in Uruguay
wurde ersatzweise für Mar del Plata ins Programm genommen.

Eine großzügige Stiftung von Whitbread an den Punta del Este Yacht Club half, den Standard von Docks und anderen Gegebenheiten auf Renn-Niveau zu hieven. Aufgrund der sich nicht ändernden Apartheitpolitik in Südafrika war es auch das letzte Mal bis 1997, daß man in Kapstadt eine Pause einlegte.

Berühmte Namen zierten dieses Rennen: Zum vierten Mal dabei war die 77-Fuß-Slup GREAT BRITAIN II, nun unter dem Namen NORSK DATA GB. Ebenfalls wieder am Start war 33 EXPORT, die im Rennen zuvor nach einem Mastbruch aufgeben mußte. Sie war ausgiebig überholt worden und segelte unter dem Namen L'ESPRIT D'EQUIPE. Und niemand wird wohl den Einsatz der britischen 77-Fuß-Slup DRUM des britischen Rocksängers Simon le Bon vergessen haben. Sie gelangte schon vor dem Rennstart zur Berühmtheit. Im brutalen Fastnet Race 1985, bei dem 65 Prozent aller Boote aufgeben mußten, verlor DRUM ihren Kiel nahe der Küste vor Cornwall und mußte von der Navy gerettet werden. Die brachte das Boot wieder an Land. Nach eiligen Reparaturen war DRUM tatsächlich zum Whitbread-Start wieder einsatzfähig. Erstmals machte mit L'ESPRIT D'EQUIPE eine französische Yacht das Rennen.

WHITBREAD, DIE FÜNFTE
1989–1990

Mit 16 Jahren Erfahrung im Rücken wurde die Organisation des Rennens immer professioneller. Bei dieser fünften Auflage fiel Kapstadt als Zwischenstopp der politisch angespannten Lage endgültig zum Opfer. Also mußte der Kurs geändert werden. Die Lösung hieß: zwei Stopps in Punta del Este in Uruguay – nicht gerade kreativ, dafür aber verläßlich. Anstatt von der Startlinie vor England Kurs auf Kapstadt zu nehmen, mußten die Teilnehmer nun Uruguay anpeilen. Von dort aus war eine sehr lange Etappe zu dem neuen Whitbread-Hafen Fremantle in Australien festgelegt worden. Weiter ging es nach Auckland und zurück um Kap Hoorn wieder nach Punta del Este.

Um den Sponsoren mehr und bessere Werbemöglichkeiten zu gewähren, hatte man mit Fort Lauderdale außerdem einen amerikanischen Hafen ins Programm aufgenommen. Von dort aus gingen die Crews dann auf ihre letzte Etappe zurück nach Portsmouth. Alle diese Veränderungen fügten dem alten Rennkurs etwa 5000 Seemeilen hinzu. Insgesamt waren nun 32 000 statt 27 000 Seemeilen zu absolvieren.

Auch das Wertungssystem änderte sich. Das Scheitern der Einführung einer Einheitsklasse bereitete den Veranstaltern Kopfschmerzen. So hatten während des vorangegangenen Rennens die kleineren Yachten deutliche Vorteile. Das wurde geändert. Logisch, daß sich nun die Skipper der kleineren Yachten benachteiligt fühlten und meckerten.

Auch im Management gab es Veränderungen. Ganz langsam übernahm Whitbread das Ruder, an dem bislang vor allem die Navy-Verantwortlichen gestanden hatten. Die finanzkräftigeren Sponsoren hatten gesiegt.

Die Teilnehmerzahl stieg wieder an. 23 Boote kreuzten an der Startlinie auf. Dank des Börsenkrachs im Jahre 1987 war sogar die Navy wieder mit einem Boot am Start. Denn als die Kurse in den Keller krachten, war das britische Unternehmen „Satquote" nicht mehr imstande, seine Yacht zu finanzieren und stellte sie einem Militärteam zur Verfügung. Die Yacht wurde in SATQUOTE BRITISH DEFENDER umbenannt und 1989 feierlich von Prinz Philip unter Londons Tower Bridge getauft.

Und wieder einmal wehte die deutsche Flagge. Die Bremer SCHLÜSSEL VON BREMEN konnte zwar 1989/90 als 19. nur dem Motto „Dabei sein ist alles" gerecht werden, sammelte aber als Clubschiff für die Mitglieder des „Seglerkameradschaft Das Wappen von Bremen" wertvolle Erfahrungen. Inzwischen hatte das Rennen professionellen Charakter angenommen. Sir Peter Blake siegte mit der neuseeländischen Maxi-Yacht STEINLAGER 2 bei seiner fünften Whitbread-Teilnahme – sein Team gewann alle Etappen! Der Mann, der 1997 zum neuen Direktor der Cousteau-Stiftung für Meeresforschung in Frankreich ernannt und von der englischen Königin geadelt wurde, ist seitdem das lebende Synonym für diese Regatta. Sie machte Blake weltbekannt, bevor er 1995 auch den anderen Segelolymp, den America's Cup, zusammen mit Russell Coutts und seinen neuseeländischen Landsleuten eroberte.

Zum ersten Mal war 1989/90 auch eine reine Frauen-Crew unter der englischen Skipperin Tracy Edwards auf MAIDEN am Start – die Mädchen wurden immerhin 18. und waren damit sogar einen Platz besser als die Bremer. Und noch ein Novum: Eine russische Yacht erreichte mit viel Mühe und Idealismus die Startlinie. Doch die Mission der FAZISI als Botschafterin für Völkerverständigung drohte zu scheitern, als der depressive Skipper Alexei Grischenko nach der ersten Etappe in Uruguay Selbstmord beging. Belastet mit privaten Problemen, konnte der Kapitän den psychologischen Strapazen des Rennens nicht standhalten. Trotzdem beschloß die Crew unter ihrem britischen Co-Skipper Skip Novak weiterzusegeln. Sie wurden elfte – mehr, als irgend jemand erwarten durfte.

WHITBREAD, DIE SECHSTE
1993–1994

Noch einmal wird bei der sechsten Auflage die Leistungsschraube kräftig angezogen. 15 Yachten, größtenteils mit den weltbesten Profiseglern bemannt, jagen über die Meere. America's Cup-Held Dennis Conner schickt mit WINSTON ein Boot in diese Herausforderung, Helden wie Grant Dalton mit seiner NEW ZEALAND ENDEAVOUR segeln um Ruhm und Ehre, Shooting-Stars wie Matchrace-As Chris Dickson auf TOKIO wagen sich erstmals auf das ungewohnte Parkett. Die alten Zeiten mit Gitarren an Bord, Nikolauspräsenten in den Gummistiefeln oder Rotwein zum Dinner sind endgültig vorbei. Die Grenzen zwischen Hochsee-Haudegen und Profi-Seglern verschwammen. Die Leistungselite gab ab sofort den Ton an.

Alles schien dem Limit erschreckend nahe. Auch die Risikobereitschaft der Mannschaften im Kampf um jede Minute. Am 7. April 1994 wurde für die bis dahin souverän führende TOKIO-Crew ein gefürchteter Alptraum wahr. Ihr Mast brach unter zu großer Beanspruchung und mit ihm alle Hoffnungen auf den Sieg. Die kamen dafür bei den Konkurrentinnen YAMAHA und INTRUM JUSTITIA auf. Tim Kröger, damals als Whitbread-Novize und Vorschiffsmann Mitglied der europäischen INTRUM JUSTITIA-Mannschaft, erinnert sich: „Plötzlich war TOKIO von unserem Radar verschwunden. Wir waren echt schockiert, als wir von ihrem Desaster hörten. Das wünscht man niemandem." Letztlich mußten sich Kröger und Co. mit Gesamtrang zwei begnügen, schrieben aber mit ihrem 24-Stunden-Weltrekord (428 Seemeilen) und einem seglerischen Husarenritt auf der dritten Etappe von Fremantle nach Auckland Geschichte.

Kröger erinnert sich an bange und aufregende Tage: „Der Wind hatte enorm zugenommen. Schon in der Koje hörte ich auf Freiwache ein Wellenrauschen, das nach Weltuntergang klang. Bei den brutalen Bewegungen des Bootes war an Schlaf nicht zu denken. Kaum zurück an Deck, hatte der Wind schon auf 35 Knoten zugenommen. Das Boot kam ins Surfen. Dann plötzlich Materialbruch im Mast. Mein Freund Paul Standbridge schaute rüber zu mir und stellte nur lakonisch fest: ‚Okay, großer Junge, da mußt du rauf'. Bei neun Windstärken und 30 Metern Höhe in pechschwarzer, feindlicher Nacht alles andere als ein Traumjob."

Doch irgendwie kriegte der 1,87 Meter große und 90 Kilogramm schwere Hamburger das hin. Der riesige Spinnaker stand schnell wieder. Die Rennziege raste erneut los. Bei Sturmstärke zehn am nächsten Morgen stand die „Blase" immer noch. Kapitän Lawrie Smith kannte keine Gnade: „Den Spi nimmt jetzt nur noch Gott runter." Später berichten die Männer von der überrundeten YAMAHA, daß sie ihren Augen kaum getraut hätten, als der „Pfeil mit Ballon" an ihnen vorbeigeflogen sei. Kröger konnte nur versichern: „Wir auch nicht." Seit diesem Rennen trägt Lawrie Smith den Beinamen „Speed-König". Nicht zu Unrecht, wie sich bei der siebten Auflage des Whitbread Round the World Race herausstellen sollte.

Der Adrenalinpegel steigt

Lang und hart ist der Weg zum Whitbread

Ich erinnere mich wie heute. Es war Mittwoch, der 25. September 1996. Gemeinsam mit Markus Wieser, Eberhard Magg, Kelvin Harrap und Hamish Pepper war ich in Dubrovnik, wir hatten gerade die ersten beiden Tage der Matchrace-Weltmeisterschaft absolviert. Gegen Mittag versuchte ich wieder einmal, mein Mobiltelefon in Gang zu bringen. In der vom Krieg sichtbar zerstörten kroatischen Stadt war das kein Kinderspiel. Also verließ ich das Hotel und machte einen Spaziergang entlang an zerschossenen Häuserwänden. Plötzlich leuchtete die Empfangsbestätigung auf. Es funktionierte. Schnell wählte ich die Nummer vom Büro meiner Freundin in Hamburg. Ich wollte unbedingt wissen, was zu Hause so passiert war und hörte, daß ein Fax von Gunnar Krantz aus Stockholm eingetroffen war. Ich sollte ihn baldmöglichst anrufen. Damals konnte ich noch nicht wissen, daß dies der „Tag X" für mich sein würde, an dem alles begann.

Rückblende. Der Weg zum nächsten Whitbread beginnt für die meisten von uns bereits mit dem Ende des letzten Whitbreads und dauert somit vier Jahre. Gleich im Anschluß an meine erste Whitbread-Teilnahme 1993/94 an Bord der europäischen Intrum Justitia hatte ich begonnen, mich für ein eigenes deutsches Projekt stark zu machen. Gemeinsam mit einer Gruppe zunächst sehr engagierter Geschäftsleute ging ich auf die Suche nach potentiellen Partern. Die Anfangseuphorie jedoch erlosch zu schnell. Meine Mitstreiter erwiesen sich als recht kurzatmig, einer nach dem anderen fiel aus. Den großen Worten folgten immer weniger Taten.

Weitgehend auf mich allein gestellt, konnte ich nicht die Basisarbeit leisten, die ein solches Vorhaben verlangte. Parallel stellte ich fest, daß die deutsche Wirtschaft immer noch nicht bereit war, ein für sie nicht greifbares Risiko einzugehen. Segeln war die große Unbekannte im Sportsponsoring. Die „Angstverwalter und Bedenkenträger", so hatte ich es amüsiert im Buch „Nieten in Nadelstreifen" gelesen, waren oft nicht einmal bereit, sich das Konzept anzuhören. Zu gerne hätte ich einmal mit dem einen oder anderen Verantwortlichen diskutiert und dann auch ein „Nein" akzeptiert. Doch ich allein konnte ihre Meinung nicht ändern. Ich hätte einflußreiche Persönlichkeiten an meiner Seite gebraucht, um die verschlossenen Türen zu öffnen.

Daß Unternehmen im Sportsponsoring noch immer lieber auf Züge aufspringen, die schon mit 100 Stundenkilometern dahinbrausen, ist kein Geheimnis. Ich gab zwar nicht auf, stellte aber für mich irgendwann fest, daß es wohl bei der siebten Auflage des Whitbread-Rennens nichts werden würde mit einer Yacht unter deutscher Flagge an der Startlinie.

Sportlich blieb ich weiter am Ball. Bereits im Sommer 1994 war meine Entscheidung gefallen, den Segelsport zu meinem Beruf zu machen. Mit dem französischen „Corum Sailing Team" wurde ich 1995 Weltmeister in der Admiral's Cup-Klasse Mumm 36. Ich segelte rund eineinhalb Jahre unter den Skippern Luc Gellusseau und Pierre Mas, die sich selbst um ein Whitbread-Projekt bemühten. Doch auch den Fröschen ging die Puste aus. Mit Corum hatten sie zwar einen starken Partner, doch die Schweizer Uhrenfirma allein konnte Whitbread nicht wuppen. Alle anderen möglichen Sponsoren wiederum mochten sich der Omnipräsenz von Corum nicht unterordnen. So scheiterten auch die Franzosen bei ihrem Whitbread-Anlauf, und für mich ging alles wieder von vorne los.

Zeitgleich hatte sich in Deutschland AeroSail entwickelt. Das Segelförderprojekt der Daimler Benz AG ging 1993 aus den Startlöchern und steuerte zunächst ein unbekanntes Ziel an. Unter verschiedenen Managern änderte sich der Kurs von AeroSail mehrfach. Nachwuchstraining für Hochseesegler und Hightech-Entwicklung im Segelsport gehörten zu den Hauptaufgaben der vielen Verantwortlichen. Mit einem Admiral's Cup-Einsatz und Teilnahmen an international renommierten Regatta-Veranstaltungen setzten die Münchner schon bald Signale, die Vermutungen in Richtung America's Cup oder Whitbread aufkommen ließen. Die seglerische Gerüchteküche „Made in Germany" brodelte. Beim Commodores' Cup 1994 war ich selbst für AeroSail im Einsatz. Es war ein einmaliges Engagement, denn mein Regatta-Kalender war bereits mit anderen Verpflichtungen verplant.

Bis Ende 1995 setzte ich noch meine Zusammenarbeit mit Corum fort. Dann kam der sogenannte „schwarze Mittwoch". An diesen 22. November 1995 wird sich Segeldeutschland noch lange erinnern. Was Experten längst ahnten, wurde an diesem Morgen zur traurigen Gewißheit: AeroSail strich die Segel. Rund drei Jahre nach Projektstart schloß der Mutterkonzern die Pforten seiner gescheiterten Tochter AeroSail. Offizielle Begründung: Die angespannte geschäftliche Situation der Daimler Benz AG – einen Tag zuvor hatte der Vorstand das Programm „Dolores" verabschiedet, das rund 8800 Mitarbeiter den Arbeitsplatz kosten sollte. Inoffiziell war zu hören, daß personelle wie auch inhaltliche Schwächen Aero-Sail ins Trockendock führten. Pech war, daß genau an diesem Tag das Management dem Vorstand seine von langer Hand vorbereiteten Pläne für die Teilnahme am Whitbread Round the World Race präsentieren wollte. Es war das Aus für die letzte Chance, doch noch ein deutsches Syndikat für das Meeres-Marathon zu gewinnen.

Trotzdem wurde es Anfang 1996 spannend. Im Ausland wurden die ersten Whitbread-Kampagnen initiiert. In Schweden vermeldeten mein ehemaliger Crew-Kamerad Magnus Olsson und unser Ex-INTRUM-Projektleiter Johan Salén den Vertragsabschluß mit EF Education, einem schwedischen Unternehmen, das weltweit Sprachferien organisiert. Im März flog ich für ein Wochenende nach Stockholm, wo EF auf der Bootsmesse die alte INTRUM JUSTITIA in neuem Design präsentierte. Bei intensiven Gesprächen mit Magnus informierte ich mich über Stand und Zukunft der Kampagne. Doch zu diesem frühen Zeitpunkt war EF weit davon entfernt, potentielle Crew-Mitglieder auszuwählen, weil man noch nicht einmal den Skipper gefunden hatte. Magnus selbst wollte diesen Posten nicht übernehmen.

In Norwegen triumphierte nach langer Durststrecke und kurz vor der Aufgabe aller Bemühungen mit Knut Frostad ein weiterer Mitstreiter aus INTRUM-Tagen. Die Großschiffswerft Kvaerner hatte sich zum Hochsee-Einsatz entschlossen. Mit beiden Projekten hatte ich fortan lebhaften Kontakt. Zu der Zeit liebäugelte ich mit einem Einsatz auf INNOVATION KVAERNER, denn Knut zählte seit dem vergangenen Whitbread zu meinen engsten Freunden, und ich hatte ein gutes Gefühl, was seine Kampagne betraf.

Seglerisch war ich inzwischen wieder in heimatlichen Gefilden angelangt. Nach dreijähriger Abstinenz war ich in den Schoß meiner ehemaligen PINTA-Crew zurückgekehrt. Gemeinsam wurden wir inoffizielle ILC 46-Weltmeister, gewannen den Copa del Rey vor Mallorca und segelten beim Sardinia Cup. Außerdem gehörte ich in dem Jahr der Matchrace-Crew von Markus Wieser an, der 1996 ständig in den Top Ten der Welt rangierte. Insgesamt war es für mich ein Jahr, in dem ich seglerisch immens viel dazugelernt habe.

Im Herbst 1996 wurde aus dem Verhandlungsgeplänkel Ernst. EF hatte meinen ehemaligen INTRUM-Skipper Lawrie Smith verpflichtet, und so hatte ich einen mir bekannten Ansprechpartner. Doch der entpuppte sich als Zögerer und Zauderer. Mit ein bißchen Recherche fand ich heraus, daß Lawrie in seiner Heimat insgeheim trotz des EF-Engagements ein zweites, überaus heißes Eisen im Feuer hatte. Kein Wunder, daß er sich in Sachen Crew so deutlich zurückhielt. Auch meine Diskussionen mit Knut verliefen anders, als ich erwartet hatte. Entgegen aller guten Erfahrungen, die wir als europäisches Team sportlich mit dem zweiten Platz auf INTRUM JUSTITIA gesammelt hatten, konzentrierte sich Knut zunächst auf den niederländischen Navigationsguru Marcel van Triest und einen Zirkel neuseeländischer und australischer Segler. Ich war zu ungeduldig, um auf ein präzises Positionsangebot zu warten.

Im Oktober 1996 wurden die Karten neu verteilt. Gerade als Lawrie mich zum Segeltest in das EF-Trainingscamp nach Portugal eingeladen hatte, verließ er die schwedische Kampagne tatsächlich und präsentierte zusammen mit Partner „Silk Cut" ein eigenes britisches Syndikat. Meine Pläne bezüglich EF waren damit zunächst auf Eis gelegt. Die Situation war konfus.

Dann kam wieder Bewegung in die Whitbread-Szene, denn EF war nun gezwungen, einen neuen Skipper aus dem Hut zu zaubern. Dort hätte ich mit möglichen Verhandlungen aber noch einmal bei

Null anfangen müssen. Als EF Paul Cayard als neuen sportlichen Leiter vorstellte, schien der Kontakt einfach − Paul kenne ich seit vielen Jahren. Doch inzwischen waren meine Gespräche mit Gunnar Krantz und Roger Nilson, ebenfalls ehemalige INTRUM-Mitstreiter, sehr erfolgreich verlaufen. Roger hatte wieder einmal seinem Ruf als erfolgreichster Geldsammler für Whitbread-Projekte alle Ehre gemacht. In quasi letzter Minute war es ihm gelungen, den Tabakkonzern Swedish Match als Partner zu gewinnen. Im September konnten die beiden als letztes Team ihre Whitbread-Teilnahme mit SWEDISH MATCH offiziell bestätigen.

Nach dem Fax von Gunnar am 15. September hatte ich mich bei ihm gemeldet. Wir haben zunächst unsere Vorstellungen und Wünsche telefonisch ausgetauscht. Offenbar lagen die nicht weit auseinander. Ich flog am 15. November nach Stockholm. Dort hatten wir am 18. November unser entscheidendes Gespräch, in dem Gunnar mir die Position des Wachführers, einen vernünftigen Arbeitsrahmen und ein angemessenes Honorar anbot. Ich informierte mich gründlich über die Eckdaten der Kampagne und hatte insgesamt einen sehr positiven Eindruck. Davon war ich vor meinem Abflug nicht ausgegangen, denn so ganz friedlich hatten damals Roger Nilson und Gunnar Krantz INTRUM JUSTITIA noch während des Rennens nicht verlassen. Ich war mir nicht sicher, inwieweit ein Schatten über dem neuen Projekt stehen würde. Um so angenehmer überraschte mich die frische Art, mit der die beiden das neue Projekt angingen. Wir räumten uns gegenseitig eine Bedenkzeit von einem Tag ein. Am 19. November rief ich ihn im Büro an und vermeldete, daß ich gerne Teil seines Teams sein würde. Seine schlichte Antwort: „Welcome on board!"

Eine ganze Gefühlswelle brach nach all den Monaten über mir zusammen. Ich war glücklich, erleichtert und begeistert, meine neue Whitbread-Heimat gefunden zu haben. Und ich hatte ein gutes Gefühl bei dieser Verbindung. Natürlich mußte ich mich dann bei den anderen Projekten fairerweise abmelden. Zunächst rief ich Lawrie Smith an, der sich gleich bei mir entschuldigte und sagte, daß er bei seinem neuen Projekt ohnehin nur mit Engländern segeln könne. In der Kampagne „Silk Cut − Sailing for Britain" hätte sich mein deutscher Paß nicht gut gemacht. Abgehakt. Johan

Salen von Team EF erreichte ich in London kurz nach einem Gespräch, das er gerade mit Paul Cayard geführt hatte. Johan war überrascht, daß ich nicht länger mit meiner Entscheidung gewartet hatte, denn ich war just Thema seiner Diskussion mit Paul gewesen. Meine Chancen, bei EF anzuheuern, waren gut. Aber dort wäre ich vermutlich nicht Wachführer geworden, da ich einerseits mit Paul vorher nie gesegelt hatte und der andererseits seine eigenen Gefolgsleute für diese Posten mitgebracht hätte. Von Knut kam eine Postkarte mit Gratulation.

Am 6. Dezember 1996 bescherte Gunnar Krantz der deutschen Presse ein kleines Nikolausgeschenk und stellte auf einer Pressekonferenz in meinem Norddeutschen Regatta-Verein in Hamburg das schwedische Whitbread-Projekt „Swedish Match" vor. Wir hatten noch zehn Monate Zeit bis zum Start. Die Zeit drängte, und das Programm war voll.

Für Januar und März 1997 hatten wir eine „One Design 48" gechartert, mit der wir zu Trainingszwecken an Regatten vor Key West und Miami teilnehmen wollten. Zu diesem Zeitpunkt gab es neben Skipper Gunnar Krantz und Navigator Roger Nilson bereits einen kleinen Crew-Kern: Mit Mikael Lundh, Oskar Karlsson und Magnus Woxén bekamen gleich drei junge Schweden die Chance, Erfahrungen in einem international hochkarätigen Wettbewerb zu sammeln. Außerdem war mein Wachführer-Kollege Rodney Ardern bereits verpflichtet, den Gunnar beim letzten Whitbread-Rennen auf den letzten Etappen auf Tokio kennen- und schätzengelernt hatte. Rodney gehörte schon fast zwei Jahre zur Stammcrew der Schweden bei ihren Sommeraktionen und lebte in Stockholm mit seiner schwedischen Freundin Sofia zusammen.

Vor Key West stieß bei der ersten Serie Tony Mutter dazu. Der Neuseeländer erwies sich als hervorragender Großsegel-Trimmer und hatte außerdem exquisite Fähigkeiten als Segelmacher vorzuweisen. Oskar Karlsson sollte seine Feuertaufe als Vorschiffsmann erhalten, bekam den Job aber als Dinghi-Segler noch nicht so richtig in den Griff. Prompt schickte Gunnar mich nach vorne: „Mach denen mal vor, mit welchem Tempo das gehen muß." Schon zu diesem Zeitpunkt agierte mit Erle Williams ein weiterer Neuseeländer als Taktiker bei uns an Bord. Als Whitbread-Crewmitglied aber war er noch nicht im Gespräch. Andere Testkandidaten fielen gleich durchs Raster, konnten sich nicht qualifizieren.

Nach einem einwöchigen Zwischenstopp in Hamburg, den ich dazu nutzte, mein „ziviles" Leben mal kurz durchzuorganisieren, flog ich nach der Key West Race Week gleich weiter nach Auckland. Dort arbeitete ich einen knappen Monat auf der Werft von Yachting Developments an unserem Boot. Der Bau war schon relativ weit fortgeschritten, denn Gunnar und Roger hatten den Auftrag nur einen Tag nach dem mit Swedish Match abgeschlossenen Vertrag in Neuseeland abgegeben. Rumpf und Deck waren bereits eine Einheit, und die Bootsbauer machten sich daran, die Wasserballasttanks sowie Schotten und Verstärkungen einzubauen.

Wirklich irritiert war ich davon, daß die meisten Arbeiter hier barfuß durch Epoxystaub, Glasfasersplitter und Aluminiumspäne marschierten − in Deutschland undenkbar. Rodney und ich hatten alle Hände voll zu tun, die Feinabstimmung für den Innenausbau zu überwachen, die Decksausrüstung bis ins Detail zu spezifizieren und täglich 100 kleine Probleme zu lösen. Wie soll der Kocher aussehen? Was für Gasflaschen wollen wir haben? Wie soll die Wasserballastpumpe installiert werden? Was für Schläuche? Welche Ventile? Und, und, und. Wir haben zehn Stunden am Tag geschuftet. Ein Meeting jagte das nächste. Auch das Rigg war inzwischen bei Southern Spars in Neuseeland bestellt worden. Wir waren die ersten, die auf ein sogenanntes Kathedralrigg setzten, bei dem die beiden Topp-Salingspaare gleich lang, aber deutlich kürzer als die beiden unteren sind. So ein Rigg sieht aus wie eine Kirche, eröffnet aber die Möglichkeit, die überlappenden Vorsegel enger zu schoten und dadurch höher am Wind zu segeln.

Zeitgleich zu unseren Aktivitäten hatte auch die Konkurrenz nicht geschlafen. Auf der Werft von Marten Marine, etwa eine Dreiviertelstunde entfernt von uns, befanden sich die beiden Boote von Grant Dalton und dessen Projekt MERIT CUP in Bau. Es war schon amüsant, wenn wir uns hier beim Mastenbauer oder dort bei einem Ausrüster über den Weg liefen. Die Stimmung war höchst konspirativ.

Als wir Ende Februar noch einmal für eineinhalb Wochen nach Miami flogen, um beim SORC weitere Crew-Tests durchzuführen, taten wir das mit einem weinenden und einem lachenden Auge. Es war klar, daß die wichtige Arbeit am Boot während unserer Abwesenheit ins Stocken geraten würde. Wenn die Männer mit der Peitsche fehlen, dann läuft nun mal nicht alles rund auf so einer Werft. Andererseits konnten wir unmöglich auf ein zusätzliches Training verzichten.

In Miami stieß dann David Rolfe zu uns, den wir zum Test eingeladen hatten. Er zeigte sich als super einsatzfreudig, hatte eine ungeheure Energie – beim Segeln und beim Fluchen. Er war unser Mann. Ein anderer dagegen, der Neuseeländer Mark Christensen, konnte sich nicht qualifizieren. Er paßte nicht recht in unser Gefüge, wurde später jedoch bei EF von Paul Cayard eingestellt.

Als wir von Miami wieder zurück nach Neuseeland zu unserem Boot flogen, waren immer noch zwei Plätze offen. Es war März. Die heiße Phase hatte begonnen. Zwei Tage, bevor SWEDISH MATCH zu Wasser gelassen wurde, stand unsere blaue Schönheit schon offen an Land. Gleich kamen ein paar Jungs von MERIT CUP um die Ecke geschossen. Ihr Skipper Grant Dalton war beim Anblick unseres Kathedralriggs so erbost, daß er gleich durchblicken ließ, daß er es für illegal hielt. Tatsächlich war er stinksauer darüber, daß der Mastenbauer ihm nicht das gleiche Rigg angeboten hatte. Aber so ist das nun mal: Die Lieferanten geben keine Fremdideen an die Konkurrenz weiter, und die Entwicklung des Kathedralriggs hatten wir selbst angeregt.

Als unser Boot am Freitag, 14. März, ins Wasser ging und wir das erste Mal die Wasserballasttanks füllten, gab es gleich eine böse Überraschung. Es leckte überall. Alles mußte noch einmal überarbeitet werden. Inzwischen waren wir ins Viaduct Basin im Hafen von Auckland umgezogen, lagen dort nur 50 Meter von den beiden MERIT CUP-Yachten entfernt am Steg. Aus Sicherheitsgründen schlief jede Nacht einer von uns an Bord – man weiß ja nie...

Hinter den Kulissen liefen die Verhandlungen zwischen Roger, Gunnar und Erle. Sie wollten ihn unbedingt für das Projekt gewinnen, fragten auch mich nach meiner Meinung. Ich habe sie unterstützt, hielt Erle Williams genau für den richtigen Antriebsmotor, der in Zeiten der Hektik genügend Dampf machen kann. Endlich sagte er zu.

30

Am 22. März haben wir SWEDISH MATCH als „Postpaket" mit einem Frachtschiff nach Amerika geschickt, wo unsere nächste Trainingsphase stattfinden sollte. Ich bekam noch einmal eine Handvoll freier Tage über Ostern und ging das erste Mal in meinem Leben Skifahren. Nicht mit Grazie, dafür aber mit Kraft schoß ich die weißen Hügel runter. Es hat ungeheuren Spaß gemacht, sollte aber das letzte Mal sein, daß mein Hirn noch einmal ordentlich durchgepustet wurde.

Am 9. April traf ich in Philadelphia ein, wo SWEDISH MATCH und unser Shore-Manager Scott McAllister schon warteten. Wir segelten das Boot nach Hampton in unser neues Trainingscamp, und wieder begannen Wochen, in denen wir malocht haben wie die Blöden. Das Boot war in Neuseeland nur halbfertig geworden. Magnus hatte mit der Kameratechnik zu kämpfen, weil das Whitbread-Office falsche Teile geliefert hatte. Unser Unmut wegen des Wasserballastsystems wuchs, doch mit einer Radikalveränderung wollten wir noch warten. Von seinen Kumpels aus Auckland ins Spiel gebracht, stieß in Hampton der Neuseeländer Craig Satterthwaite zu uns. Er präsentierte sich hochmotiviert und blieb dabei.

Es folgte unser erster großer Meilenstein: die Taufe in Baltimore am 1. Mai. Wir hatten viel Spaß mit der Taufpatin, dem Bond-Girl Isabella Scorupco. Ein süßes Mädchen mit viel Humor. Trotzdem waren wir 143 Tage vor dem Startschuß noch weit entfernt von jeder Zufriedenheit. Es stimmte uns auch nicht glücklicher, daß wir die geplante Transatlantik-Regatta alleine absolvieren mußten, weil unsere Konkurrenten TOSHIBA und CHESSIE RACING ihren Zeitplänen noch viel mehr hinterherhinkten und außerstande waren, schon ein Rennen zu bestreiten.

Am 13. Mai legten wir ab mit Kurs auf die Kanalinseln. So eine lange Strecke muß jede Whitbread-Yacht vor dem Start zur Weltumseglung absolviert haben, um sich zu qualifizieren. Trotz mangelnder Gegner hatten wir alle Hände voll zu tun. Der Watermaker bockte, und entsprechend mies war die Qualität des Trinkwassers. Ich hoffte auf Besserung im Dauerbetrieb, doch das war ein Irrglaube. Wir alle haben auf dieser Etappe etwa sieben Kilo abgenommen. Die Ruderanlage und das Ballastsystem leckten. Beim Lenzen versagte die Ballastpumpe, die sich festgefressen hatte.

Ich mußte die komplette Pumpe auseinanderbauen und dazu auch ein Telefongespräch per SATCOM B mit dem verantwortlichen Ingenieur führen. Es hatte sich schlicht ein kurzes Stück Leine um den Impeller gewickelt. Unser neuer Mann Craig zeigte sich weiter engagiert und machte sich sehr gut, obwohl er manchmal zu harsch mit unserem Crewmitglied Oskar umging. Noch während der Etappe fragte Gunnar ihn, ob er mit uns beim Whitbread dabei sein wolle. Ich hoffte, daß sich die zwischenmenschlichen Schwierigkeiten im Laufe der Zeit geben würden. Bei einem der wilden Ritte auf dieser Atlantik-Tour rissen unsere Steuerseile, doch wirkliche Probleme bekamen wir erst drei Tage vor Ankunft auf Guernsey.

Der Wind blies uns stramm auf die Nase, und das Boot krachte alle paar Sekunden in die kurze Welle. Kurz vor Wachwechsel von Erle auf mich – ich befand mich gerade auf dem Klo – hörte ich unter Deck einen ohrenbetäubend lauten Knall. Das Boot schüttelte sich wie ein bockendes Pferd, und ich schaute in verdutzte Gesichter. An Deck nur lautes Geschrei. Wir sprinten also nach oben und erkannten sofort, daß unser Vorstag gebrochen war. Wie wild flatterte das Vorsegel in 25 Knoten Wind umher. Schnell versuchten wir es zu bergen, denn der Mast war in Gefahr! Wir liefen vor dem Wind ab, um den Mast zu entlasten. Um das Rigg erstmal notdürftig zu stützen, griffen wir uns alle Fallen und setzten sie an den Vorstagbeschlag. Mit Tauwerk bewaffnet zogen wir Erle in den Mast, um aus den verbliebenen Schoten ein Notvorstag zu bauen, das den Mast weiter oben halten sollte. So demoliert und unter Notbesegelung kreuzten wir weiter gegen Osten auf.

Guernsey war als Zielhafen inzwischen unrealistisch geworden. Also nahmen wir direkten Kurs auf Plymouth, unsere nächste Trainingsbasis vor dem Start. Kaum angekommen, hörten wir schon, daß die Konkurrenz überaus interessiert an unserem Vorstag-Drama war. Klar: Sie selbst konnte es als nächste treffen. Wir haben sie auf eine falsche Fährte gelockt und berichtet, daß es am unteren Beschlag gebrochen sei. Auch die Mastenbauer ließen wir im unklaren über die wahren Ursachen. Tatsächlich war die hochfeste Aufhängung des Vorstags am Mastbeschlag gebrochen. Aber schließlich erklärt Ferrari ja auch Mercedes nicht, warum ein bestimmtes Teil Macken hat.

Nachdem wir uns die französische Whitbread-Trainingsyacht CORUM MÉTÉORITÉ als Sparringsboot zu Segeltestzwecken aus Frankreich geholt hatten, begann wieder harter Alltag. Technisch hatten wir einiges aufzuholen. Der Watermaker bekam neue Membranen, und Mikke mußte viel Arbeit in unsere Nahrung investieren, deren Energiegehalt auf der Transatlantik-Überquerung einfach zu gering gewesen war. Diese erste Segeltestperiode in Plymouth fiel kurz aus, denn wir mußten noch einmal hoch nach Schweden, um dort Mitte Juni am prestigereichen Gotland-Rund-Rennen teilzunehmen. Nur Roger hatte Glück, denn er entging der Überführung durch höchst ungewöhnliche Umstände. Unser Navigator hatte kurz zuvor einige Tage Urlaub auf Bali gemacht und säte mit der Anmerkung „Ich glaube, ich habe Läuse" soviel Mißtrauen bei Gunnar, daß er ihm die Teilnahme an der Überführung untersagte.

Beim Gotland-Rennen trafen wir erstmals auf einige seglerische Konkurrenten. Doch Paul Cayard und seine Männer traten nur mit ihrem Trainingsboot an. Der EX-GALICIA fehlte es natürlich an Speed, doch erstmals sehen wir ein von Cayard entwickeltes Code 0-Segel, das wir später nur noch „Monster" nannten. Die Art und Weise, wie sie das Monster an einem zweiten Vorstag setzten, hielten wir für illegal. Aber auch Cayard befand sich noch in der Testphase, und so beließen wir es bei kritischen Beobachtungen.

In Marstrand gab es zum Abschluß unserer kleinen Schweden-Tour noch eine typisch schwedische Shrimps-Party. Wieder einmal bemerkte ich, wie ausgiebig und zünftig Schweden doch feiern können. Die vielen geladenen Gäste drängten uns Segler zu kleinen Show-Einsätzen auf der Bühne. Nachdem der skandinavische Part unserer Crew ein schwedisches Party-Lied zum Besten gegeben hatte, waren die Kiwis an der Reihe, inzwischen fünf Mann. Mit Power und Hingabe legten sie einen Haka aufs Parkett. Der typische Kriegstanz der Ureinwohner Neuseelands, der Maori, holte insbesondere die weiblichen Zuschauer vom Hocker, denn das Stampfen und Schreien der Jungs begann damit, daß sie sich die Hemden vom Leib rissen. Riesiger Jubel brach los, bevor ich ebenfalls zum Auftritt genötigt wurde. Schön blöd, wenn man der einzige aus einem Land ist. Was also tun als Hamburger? Ich begann damit, den Leuten zu erzählen, daß wir in Hamburg weder Lederhosen tragen, noch dauerhaft mit Bierkrügen und Laugenbrezeln in den Händen herumlaufen würden. Dann sang ich – dankenswerterweise von meiner Freundin unterstützt – das Lied vom „Hamburger Viermaster". Gleich zweimal, denn die Leute verlangten eine Zugabe, und weiteres heimisches Liedgut hatte ich nicht präsent.

Doch wer feiert, muß auch arbeiten können. In Göteborg nahmen wir den zweiten Umbau unseres Bootes in Angriff. Dabei befanden wir uns auf feindlichem Terrain, denn Göteborg gilt in Schweden als EF-Stadt. Das Camp von Team EF lag nur 500 Meter Luftlinie entfernt von unserer Werft. Als eines Tages Mark Christensen bei uns reinschauen wollte, mußten wir ihn leider aussperren. Ganz hektisch schlossen unsere Jungs die Werfttore. So ganz genau müssen es die Gegner nun auch wieder nicht wissen.

Für SWEDISH MATCH stand eine Radikalkur auf dem Programm. Wir haben das ganze Innenleben entkernt und endlich ein neues, gut durchdachtes Wasserballastsystem installiert. Die Rohrkojen früherer Tage flogen aus dem Boot. Alternativ bauten wir ein neues Kojen-/Stausystem ein, das nur noch aus einem langen Alurohr bestand. Dieses Rohr reichte vom vorderen bis zum hintersten Schott und. war in der Höhe nicht mehr verstellbar. Die Kojenbespannung verlief vom Rohr bis an die Innenwand. Darunter befestigten wir eine Art Zaun aus Alurohr und Netz, hinter dem die Segel gestaut werden sollten. Gleichzeitig diente das Alurohr auf der Backbordseite noch als Auspuff für den kleinen Dieselmotor, an den die Lichtmaschine und die Hochdruckpumpe für den Watermaker angeschlossen sind. Unter Deck war damit das Extrem eines spartanischen Innenraums erreicht.

Sehr ernst nahmen wir auch die Aufgabe, noch mehr Gewicht zu reduzieren. Jeder von uns mußte seinen Bereich aufs Gramm genau auf unnötigen Ballast untersuchen. Eine der stärksten Leistungen erbrachte Oskar, der für die Elektronik an Bord verantwortlich war. Obwohl wir nicht geglaubt haben, daß in Sachen Computer und Kabel noch etwas zu kappen sei, sparte er 15 Kilogramm ein. Amüsante Folge: Die Kabel unter Deck schmiegten sich nun nicht mehr rechtwinklig in Ecken, sondern quer durch den Raum. Nicht ästhetisch, aber wirkungsvoll. Außerdem haben wir die Balkenkonstruktion herausgesägt, die unsere Travellerschiene verstärkte, die zunächst von Deckskante zu Deckskante verlief. Danach verkürzten wir die Schiene um einen Meter und schraubten sie direkt auf den Cockpitboden. Ersparnis: gut 20 Kilogramm im kritischen achteren Ende des Bootes.

In Rekordzeit bauten wir das Boot wieder zusammen. Naja, nicht so ganz, denn das Kojensystem war noch nicht wieder installiert, als die Hälfte der Crew auf die Überführung zurück zu unserem Trainingslager nach Plymouth ging. Als Alternativ-Koje wurde ein zu einem Viertel aufgeblasener Fender benutzt, auf dem im Schichtbetrieb geschlafen wurde.

Ab 18. Juli nahmen wir unseren Test- und Trainingsbetrieb in Plymouth wieder auf. Wir hatten Plymouth als Basis ausgewählt, weil wir dort in kürzester Zeit in freies Gewässer gelangen und bei jeder Windrichtung Segel testen konnten, ohne gleich auf Land zu fahren. Großer Nachteil: Es war keine Segelmacherei in der Nähe. Standen Recuts an, also das Verändern der Segel in ihrer Form, dann mußten unsere Segelmacher Tony und Dingo sie in den Bus verfrachten und nach Lymington fahren, dort ganze Nächte durcharbeiten. Sie hatten nicht immer ein einfaches Los. Schon in Göteborg mußten die beiden mitunter auf dem Parkplatz arbeiten, Nägel in den Asphalt schlagen, das Segel daran aufspannen und ihm einen Recut verpassen. Hier wurde so manches Mal am falschen Ende gespart.

Wir absolvierten einen rund dreiwöchigen Arbeitsmarathon. Jeder Tag verlief ähnlich: Aufstehen um 6.30 Uhr, Laufen oder Fitneßcenter, 7.30 Uhr Frühstück, 8.15 Uhr Abfahrt vom Haus, 8.30 Uhr Treffen beim Boot oder Container. Dann legten wir entweder um 9.00 Uhr ab, bekamen Lunch auf dem Wasser und kehrten um 15.00 Uhr zurück in den Hafen oder arbeiteten nur an Land von 9 Uhr bis 17 Uhr. Freie Tage gab es kaum. Abends fielen wir meistens schon gegen 22 Uhr todmüde in die Betten. Zur Abwechslung spielten wir manchmal morgens in einem kleinen englischen Park Touch Rugby. Das war nicht einfach, denn nur die fünf Neuseeländer beherrschten zu Beginn die Regeln, die sich insbesondere dadurch auszeichnen, daß man die „Pille" nur rückwärts an seine Mitspieler passen darf. Wir anderen wollten lieber Fußball spielen, doch das stempelten die Kiwis forsch als „Sport für Weicheier" ab und verweigerten sich.

In dieser Zeit verpaßten wir unserer Yacht noch ein neues Ruder, das kleiner in der Fläche und besser im Profil war. Parallel zu unserer Arbeit führten wir nun beinahe täglich Vermessungskämpfe. Die Hauptaufgabe bei einem Rennen wie dem Whitbread besteht darin, ein sehr steifes Boot mit hohem Gewicht in der Bleibombe zu besitzen. Alles, was über Wasser ist, muß leicht sein. Wenn man also solch ein Boot baut, dann bekommt die Bleibombe zunächst einmal Übergewicht. Später – nachdem der Trimm ausgeklügelt und die Gewichtminimalisierung abgeschlossen ist – wird überschüssiges Blei dann wieder abgehobelt. Tagelang zerrte vor allem die offizielle Waage des Chefvermessers John Warren an unseren Nerven. Sie war nicht korrekt kalibriert und sorgte für allerlei Verwirrung. Immer wieder mußte die Vermessung von neuem beginnen.

Am 7. August unternahm unser Skipper einen kleinen Spionage-Ausflug nach Cowes. Mit einem Fernsehteam ging er im Helikopter in die Luft, um ein paar Aufnahmen von der Konkurrenz zu machen, die dort auf dem Solent trainierte. Das hatte allerdings mehr Unterhaltungswert als tatsächlichen Gehalt. Es war Gurras erster Tag als Kameramann in schwindelerregenden Höhen, und das Teleobjektiv hatte nur begrenzte Möglichkeiten.

Am 8. August verließen wir Plymouth mit Ziel Cowes. Das Fastnet-Rennen rief. Endlich ging es los. Endlich würden wir der Konkurrenz im Echttest gegenüberstehen. Wir trafen am 9. August frühmorgens ein, erhielten aber leider Landgang-Verbot. Die Nerven lagen ein bißchen blank, alle hatten Sorge, daß uns die Gegner in die Karten schauen würden. Ich ärgerte mich, denn gegenüber in Cowes arbeitete meine Freundin, die ich gerne für ein, zwei Stunden gesehen hätte. Wir lagen also vor der Isle of Wight an der Mooring-Tonne, warteten auf den Startschuß. Es kam, wie wir es alle geahnt hatten: Die Flotte der Whitbread-Yachten lag während des gesamten Rennens so eng beisammen, daß wir sofort wußten – das wird ein Matchrace um die Welt.

Überraschend war, daß EF LANGUAGE schlecht abschnitt. Dagegen wurde MERIT CUP mit dem Sieg ihrer Rolle als Co-Favoritin voll gerecht. Auch wir waren mit dem dritten Rang zufrieden, hatten

36

ein gutes Gefühl. Wir hatten wirklich gekämpft, vor allem, nachdem wir in den anfänglich leichten Winden erstmal steckengeblieben waren. Unsere Bilanz: Wir können gut mithalten, müssen uns keine großen Sorgen machen, haben aber auch noch einiges an Arbeit vor uns.

Wir blieben nach dem Fastnet gleich in unserer Basis in Plymouth, um letzte Vorbereitungen zu treffen. Plötzlich gab es ein neues Problem. Michael Woods vom Whitbread-Hauptquartier kam vorbei, um das Volumen der Wasserballasttanks zu überprüfen. Wir merkten schnell, daß sie zu klein waren – ein Nachteil für uns. Sofort haben wir die Werft scharf gemacht, daß hier eine Verbesserung vonnöten sei. Dann stellte Whitbread plötzlich fest, daß auch das Gerät von Michael Woods nicht korrekt geeicht war. Doch auch bei der zweiten Prüfung waren die Tanks noch zu klein. Nun galt es herauszufinden, um wieviel wir sie vergrößern konnten. Mit Hilfe eines Lasermeßgerätes stellten wir fest, um wieviel sich die Tankwände nach innen ziehen ließen. Es war insgesamt eine Aktion von einer Woche, die uns nicht für wichtige Segeltests zur Verfügung stand. Von 60 geplanten Segeltesttagen haben wir lediglich elf Tage intensiv mit zwei Booten nutzen können.

Am 31. August ist es dann soweit. Wir bringen SWEDISH MATCH nach Southampton. Dort müssen sich alle Teilnehmer zur „Assembly Week" eine Woche vor dem Start versammeln. Noch stehen viele Feinarbeiten auf dem Programm. In anderen Teams sorgt täglicher Aufruhr für Gesprächsstoff: EF LANGUAGE verpflichtet in letzter Minute mit Mark Ruediger einen neuen Navigator. Der alte, Nick White, will nach Differenzen mit Paul Cayard zur Konkurrentin AMERICA'S CHALLENGE wechseln, wird aber prompt durch die Androhung einer Klage davon abgehalten. Beim Anblick von AMERICA'S CHALLENGE kann man nur den Kopf schütteln, so unfertig sieht sie aus. Lediglich Routinier Grant Dalton von MERIT CUP läuft wie üblich lässig durch den Hafen. Doch vermutlich ist auch das nur Show. Bei uns beschließt das Management kurz vor dem Start, fast alle Snacks – etwa 40 Kilogramm – an Land zu lassen. Gewicht sparen wird zur Manie.

Um uns herum tobt ein gigantischer Medienrummel. Das Rennen hat uns jetzt voll im Griff. Wir fühlen uns ausgelaugt und müde nach der monatelangen Knochenarbeit, sind aber auch aufgeregt und gespannt bis in den letzten Muskel. Gleichzeitig stellt sich wieder dieses Gefühl von Wehmut ein, das ich schon vom Start in meine erste Weltumrundung kenne. Wie wird es diesmal sein? Was passiert zu Hause, während ich weg bin? Und wie wird es sein, wenn ich in acht Monaten wiederkomme?

Für den letzten Morgen an Land hat sich unser Skipper Gunnar Krantz noch eine Überraschung für die Crew ausgedacht und America's Cup-Veteran John Bertrand zum Frühstück ins Crew-Quartier eingeladen. Der gibt uns die drei Leitsätze seines Freundes Rupert Murdoch mit auf den langen Weg: „Gehe keine Risiken ein, halte alles simpel und bleibe immer cool". Ein kleiner Motivations-Talk, von dem wir noch nicht wissen, wie wir ihn umsetzen können. Was bleibt, ist die Tatsache, daß wir es irgendwie geschafft haben, ein Super-Boot für das Rennen fertig zu machen, uns dafür aber auch. In den letzten Stunden vor dem Start stehen wir alle neben uns.

Ein bißchen Abwechslung und Erheiterung bringt uns der Besuch von Cornelis van Rietschoten. Der „Fliegende Holländer" kommt zu uns, um der Crew und insbesondere Erle Williams Glück zu wünschen. Die beiden kannten sich gut, denn Erle gehörte 1981/82 zu van Rietschotens siegreicher Crew auf FLYER II. Aus buschigen Augenbrauen blitzten die Augen des Niederländers, zwar älter geworden, immer noch abenteuerlustig hervor. Aber er hatte auch erkannt, daß dieses Rennen inzwischen einen ganz anderen Charakter bekommen hatte.

Für unsere Familien und Freunde, die zum großen Spektakel angereist sind, haben wir kaum Zeit. Die Abschiedsszenen sind herzzerreißend. Besonders für die, die zum ersten Mal auf große Reise gehen. Die Eltern weinen, und mein kleiner Neffe Eike schaut mich mit traurigen Augen an. Diese letzten Stunden, sie sind immer die schwersten.

Doch dann geht es los. Neun Monate Vorbereitung sind zu Ende. Der Weg zum Whitbread – er ist inzwischen länger als die (Tor-) Tour selbst. Acht Monate Rennen stehen bevor. Ich schließe kurz meine Augen, und der Adrenalinpegel steigt für einen Moment ins Unermeßliche.

Und so haben die Fans bei Englands größtem Buchmacher William Hill vor dem ersten Startschuß in Sachen Whitbread gewettet:

1. Toshiba (USA) — 2:1 (Favorit!)
2. Merit Cup (Monaco) — 5:2
3. Silk Cut (Großbritannien) — 7:2
4. America's Challenge (USA) — 11:2
5. Swedish Match (Schweden) — 8:1
6. Chessie Racing (USA) — 10:1
7. EF Language (Schweden) — 12:1
8. Innovation Kvaerner (Norwegen) — 16:1
9. BrunelSunergy (Niederlande) — 20:1
10. EF Education (Schweden) — 33:1

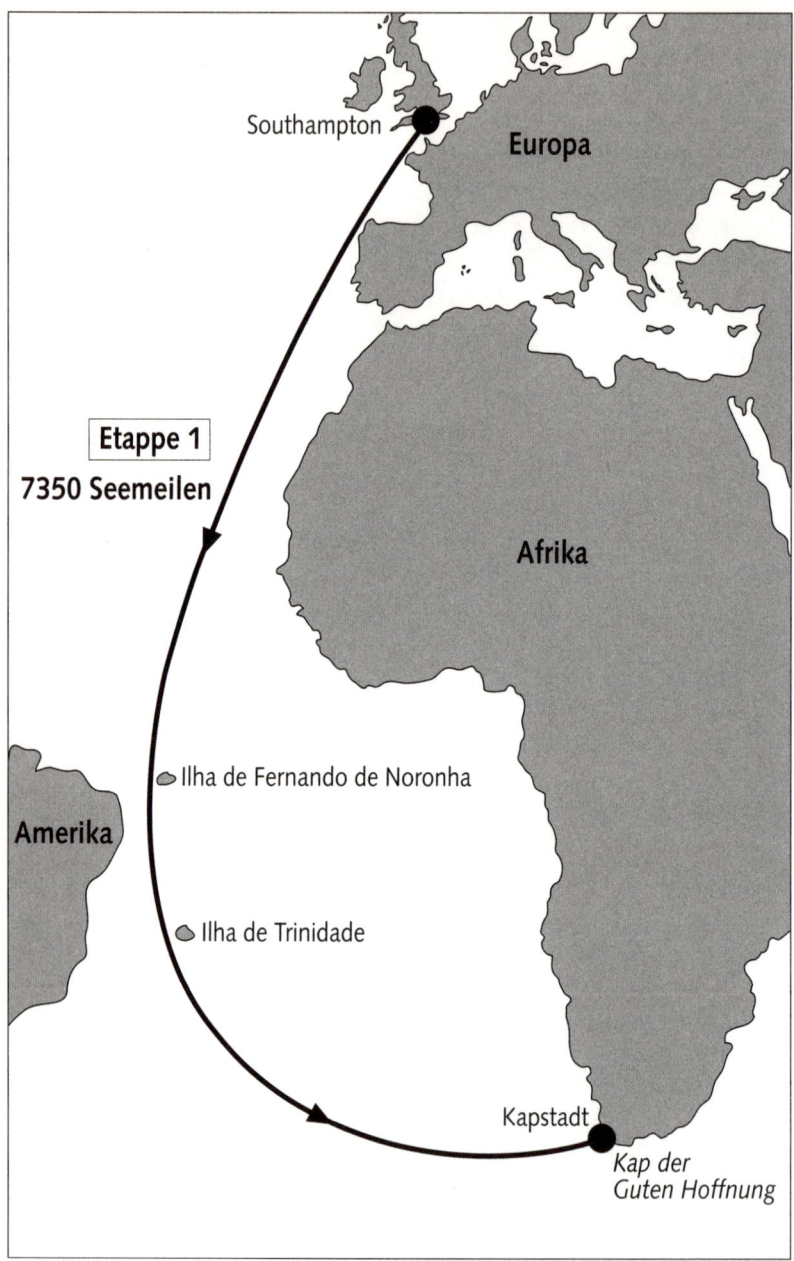

Southampton

Europa

Etappe 1

7350 Seemeilen

Afrika

Ilha de Fernando de Noronha

Amerika

Ilha de Trinidade

Kapstadt
Kap der
Guten Hoffnung

Die erste Etappe

Eine bittere Niederlage mit Lerneffekt

Das Wasser auf dem Solent schäumt wild und weiß. Die Stimmung brodelt. Über uns am Himmel zeigen die „Red Arrows", die Kunstflugstaffel der Royal Air Force, spektakuläre Manöver. Tausende von Booten umkreisen uns wie Bienen den Honig. Während sie unsere letzten Schläge beobachten, mitfiebern und uns anfeuern, fahren in unseren Köpfen die Gedanken Achterbahn. Klar, ich wußte in etwa, was auf mich zukommt. Trotzdem ist jeder Whitbread-Start auch so etwas wie eine Reise ins Ungewisse. Während die Zuschauerboote in wenigen Stunden wieder in den heimatlichen Hafen einlaufen werden, liegen vor uns 31 200 Seemeilen.

Der Himmel erfreut uns mit strahlendem Blau und 20 Knoten Wind aus östlicher Richtung – perfekte Bedingungen zum Auftakt. Unter Großsegel ziehen wir unsere Kreise durch die Zuschauermassen auf dem Wasser. Unsere Familien winken ein letztes Mal von den gecharterten SWEDISH MATCH-Ausflugsdampfern zu uns herunter. Wir sehen viele nach oben gestreckte Daumen. Das tut gut. Eine halbe Stunde vor dem Start ziehen wir die Jib 3 hoch, damit wir bis zum Startsignal über genügend Speed verfügen. Dann sind es noch 20 Sekunden bis zum Schuß. Mit kräftigen Zügen ziehen Mikael Lundh und ich den Spinnaker hoch. Um Punkt 14 Uhr kracht es aus einer der blank geputzten Messing-Kanonen der Royal Yacht Squadron. Endlich geht es los! 7350 Seemeilen – etwa 13 200 Kilometer – liegen auf dem Weg nach Kapstadt vor uns. Über uns in Luv starten TOSHIBA und MERIT CUP. Beinahe kommt es zur Katastrophe, als TOSHIBA mit ihrem Spinnaker-Baum das Presseboot TRITON touchiert. Das nämlich klebt an einer Tonne und kann nicht mehr ausweichen. Im letzten Augenblick reißt Skipper Chris

Dickson seine Yacht herum, aber ihr Großbaum fegt alle Antennen vom Motorboot. Ein schwedischer Journalist verfängt sich fast in der Großschot und wird nur um Haaresbreite vom Baum verfehlt.

Nach drei Stunden sind wir allein. Auch die letzten Fans haben kehrtgemacht – zehn Yachten auf dem Weg in den Englischen Kanal. Schon zu diesem Zeitpunkt hinken wir den Spitzenreitern etwas hinterher, haben die tückische Solent-Strömung und Winddreher nicht immer optimal erwischt.

Am nächsten Tag sieht es nicht besser aus. Wir gehören weiter zu den Schlußlichtern. Bei wenig Wind um sechs Knoten haben wir enorm mit treibendem Seegras zu kämpfen, das an Kiel und Ruder klebt und nicht eben zur Geschwindigkeit der Yacht beiträgt. Wie gut, daß wir Erles neuen „Seegras-Entferner" dabei haben – den künstlichen Köder einer Schleppangel. Bei jeder „Befreiungsaktion" wird die Leine über den Bug nach Lee geworfen und dann unter dem Bug auf die Luvseite gezogen. Dabei läßt der etwa zehn mal zehn Zentimeter große Köder aus Plastik die Leine auf Tiefe gehen, die dann beim Abtauchen die Vorkante des Kiels säubert und das Kroppzeug mit in die Tiefe nimmt. Mit dem Storz-Endoskop im Vorschiff können wir diesen faszinierenden Vorgang glänzend überwachen. Zu Recht ist Erle mächtig stolz auf seine Errungenschaft. Was wir noch nicht wissen, ist, wie sich die Erfindung bei mehr Wind macht.

Wir halten uns auch an diesem zweiten Tag an die Marschroute unseres Wetterexperten Ken Campbell, der uns dringlichst geraten hatte, die französische Küste zu meiden. Er war zu der Überzeugung gelangt, daß sich dort keine Seebrise entwickeln würde, weil mit einer dichten Wolkendecke über dem französischen Festland zu rechnen sei. Aus diesem Grund positionieren wir uns mittig des Kanals, genau wie EF EDUCATION und BRUNELSUNERGY. Die restlichen sieben Yachten jedoch schleichen sich dicht an die Küste heran und werden dort am Morgen des zweiten Tages von einer Flaute eingeparkt. Prima, denken wir, die Strategie geht auf. Doch dann reißt der Himmel mittags plötzlich auf. Als wir die dicken Cumulus-Wolken unter Land entstehen sehen, ist es bereits zu spät. Die Falle ist zugeschnappt. Der leichte Ostwind wird von der Seebrise niedergekämpft. Beim Positionsreport um 18 Uhr sind wir letztes Schiff.

In der folgenden Nacht verlieren wir 60 Seemeilen auf die führende MERIT CUP. Wir kommen uns vor wie eine Fußball-Elf, die sich gleich in der ersten Minute das 0:1 einfängt.

Als hätten wir nicht ohnehin genug Ärger am Hals, entdecken wir am dritten Tag auf See durch unser Endoskop einen dicken weißen Plastiksack am Ruder. Wir versuchen, das störende Ungetüm mit Hilfe des eigens dafür konstruierten und an Bord geführten Seegras-Stabes zu entfernen. Vergebens. Schnell ist klar, daß einer von uns ein unfreiwilliges Bad im Atlantik nehmen muß. Wir bergen den Spinnaker, rollen das Stagsegel ein, drehen das Boot in den Wind und halten das Großsegel back. Als wir in den Wind drehen, springe ich ins kühle Naß und tauche sofort zum Ruder. Die Plastiktüte wabert mir schon entgegen. Ein Handgriff genügt, um sie vom Ruder runterzureißen. Nach einer Minute stehe ich wieder an Deck. Zeit zum Pausieren oder Nachdenken habe ich nicht, denn umgehend wird der Spi wieder hochgezogen. Die Jagd geht weiter.

Es dauert fast eine ganze Woche, bis uns einer der alle sechs Stunden über Inmarsat C eintreffenden Positionsberichte wieder einmal glücklich stimmt. Am 27. September haben wir innerhalb eines viertel Tages auf alle Konkurrenten außer EF LANGUAGE Boden gutgemacht. Ein Lichtblick im Kampf am Ende der Flotte. Ich erinnere mich an diesen Tag auch, weil es am Mittag hinter uns plötzlich ganz schwarz wurde. Eine Monsterwolke verfolgt uns, zieht soeben noch an unserem Heck vorbei. Aus ihr heraus entwickelt sich ganz plötzlich ein Tornado, der wie ein drohender schwarzer Finger aufs Wasser zeigt. Wir haben Glück. Die Spirale wütet etwa einen Kilometer von uns entfernt, kann uns deshalb auch nicht in ihren Sog ziehen.

Am Nachmittag dieses Tages sitze ich während unserer Standby-Wache mit meinen Jungs, Vorschiffsmann Dingo und Kameramann Magnus, an Deck. Auf Wache sind Rodney am Steuer, Tony am Grinder und Mikke an der Spinnaker-Schot. Sogar Oskar – eigentlich auf Freiwache – schaut aus dem Niedergang raus. Mikke hat plötzlich die Idee, unsere neuseeländischen Crew-Mitglieder mit Hilfe eines Schwedisch-Crashkurses auf die Sommersegel-Saison in Schweden 1998 vorzubereiten. Insbesondere geht es dabei um die perfekte Ansprache der schwedischen Damenwelt. Nach allerlei nicht druckfähigen Vokabeln küren wir folgenden Satz zum optimalen Einstieg in einen Flirt mit einer schönen Schwedin: „Jag år en Teddybjörn! Vill du pussa mej?" Zu deutsch: „Ich bin ein Teddybär! Willst du mich küssen?"

Am elften Tag auf See haben die führenden Yachten INNOVATION KVAERNER und MERIT CUP bereits über 200 Seemeilen Vorsprung. Sie segeln aufgrund der Entfernung in anderen, viel günstigeren Wettersystemen und kommen schneller voran. Wir sind machtlos. Das Leben unter Deck nimmt bei 35 Grad Lufttemperatur und 26 Grad Wassertemperatur bedrückende Formen an. Der Gestank unserer Körper und Klamotten wäre für Normalsterbliche schon lange nicht mehr auszuhalten. Für elf Männer gibt es nur vier Schlafsäcke! Das Mittagessen ist heute besonders scheußlich. Wie üblich gefriergetrocknet, aber in Form von Pasta mit Mais und roter Soße wirklich kaum genießbar.

Am 5. Oktober fährt der Flotte erstmals ein Schreck durch die Glieder. Die holländische BRUNELSUNERGY vermeldet die Kollision mit einem Wal. Zu diesem Zeitpunkt segelte das Judel/Vrolijk-Design mit zehn Knoten Geschwindigkeit etwa 980 Seemeilen entfernt von der Nordküste Brasiliens an Position neun. Unglücklicherweise war die gelb-blaue Yacht zwischen eine Walkuh und ihre Jungen geraten. Die Mutter wertet das Boot als Angreifer – eine der seltenen Situationen, in denen die sonst eher zurückhaltenden und harmlosen Meeressäuger aggressiv reagieren. Von der zwölfköpfigen Crew kommt niemand zu Schaden, doch Skipper Hans Bouscholte berichtet: „Wir haben etwa 50 Zentimeter unseres Ruders bei dem Ramming verloren. Bei den derzeit etwa drei Beaufort Wind haben wir das Boot einigermaßen im Griff, doch das Unglück wird uns viel Zeit kosten." Skipper und Management entscheiden sich für einen Notstopp im brasilianischen Hafen Recife, um dort ein Ersatzruder einzubauen.

Am 7. Oktober erwischen uns die Doldrums. Die berüchtigte Flautenzone am Äquator umschlingt uns mit ihren unsichtbaren Tentakeln. Wir können nicht fassen, daß wir schon wieder mit den unterirdischen Bedingungen zu kämpfen haben, die die Spitzenreiter nicht mal zu sehen bekommen hatten. Der Wind dreht zeitweise sogar auf die Nase, und wir müssen dort kreuzen, wo die führenden

Boote zuvor mit zwölf bis 13 Knoten Geschwindigkeit raumschots durchgedonnert waren. Auf dieser Etappe ist und bleibt das Motto: „Die Reichen werden immer reicher, die Armen immer ärmer". Mit uns leiden TOSHIBA und AMERICA'S CHALLENGE am Ende der Flotte. BRUNELSUNERGY und EF EDUCATION liegen zwar 161 Seemeilen hinter uns, aber das ist wenig tröstlich, wenn man eigentlich lieber in der Spitzengruppe segeln möchte.

Sogar Chris Dickson, üblicherweise nicht eben für umwerfenden Humor bekannt, läßt die Gedanken beim frustrierenden Spiel mit Wind und Gegnern schweifen. Und das hat einen guten Grund: Nicht nur er fing sich bei einer Attacke eines fliegenden Fisches ein blaues Auge ein, sondern auch wir und die anderen Crews hatten es auf dem Atlantik mit diesem unberechenbaren Gegner zu tun. Fliegende Fische sorgten für Alarmstimmung an Deck. Dingo wurde von einem besonders dicken gerammt, als er auf der Kante saß und dachte, ihm schmeißt jemand eine Banane an den Schädel. Der klebrige Schleim dieser stinkenden Viecher allerdings belehrte ihn schnell eines Besseren.

Chris schrieb also in einem seiner E-Mails an das Whitbread-Headquarter folgendes: „Fliegende Fische! Sie haben die Angewohnheit, ihre Schwanzflosse zu drehen, aus dem Wasser zu schießen und ihre Flügel auszubreiten, um damit einige hundert Fuß in der Luft zu gleiten. Das tun sie jedes Mal, wenn etwas sie verspeisen will, das noch größer und hungriger ist als sie selbst. Und weil sie nun einmal nicht zu den schlauesten Kreaturen gehören, halten sie unsere Rennmaschinen für einen Riesenfisch, hüpfen dauernd aus dem Wasser und fliegen los. Wir haben ausgerechnet, daß wir im Durchschnitt einen fliegenden Fisch pro Minute sehen. Ich bin sicher, daß wir viele gar nicht sehen, andere nicht so erschrecken und jene in Lee von uns erblicken, die innerhalb von 30 Metern vom Boot fliegen. Fliegende Fische haben wir von ungefähr 30 Grad Nord bis 20 Grad Süd vom Äquator gesehen. Das sind 50 Grad mal 60 Seemeilen, also 3000 Seemeilen. Der Atlantik ist im Schnitt etwa 3300 Seemeilen breit. Das ergibt ein Territorium von rund 10 Millionen Quadratseemeilen für fliegende Fische. Wir segeln mit zehn Knoten und sehen sechs Fische pro Meile und multiplizieren unseren 30 Meter breiten Pfad mal, laßt uns sagen 50, um eine Seemeile breit zu sein. Das ergibt 300 fliegende Fische pro Quadratmeile. 300 mal 10 Millionen ist eine drei mit neun Nullen dahinter. Drei Trillionen fliegende Fische! Und das nur im Atlantik! Ist das nicht aufregend? Liebe Mathematiker, bitte checkt das hier nicht allzu gründlich. Vermutlich habe ich alles total falsch gemacht." Ich glaube, Chris lag richtig.

Auch wir haben unseren Spaß, zollen am 8. Oktober einer uralten Tradition Tribut. Aller Anspannung zum Trotz nehmen wir uns Zeit für die Äquatortaufe unserer Whitbread-Novizen. König Neptun (unser Co-Skipper Erle Williams) und seine beiden Piraten „Reef-Knot Rod" (Rodney Ardern) und „Talurit-Tim" (ich selbst) geben sich alle erdenkliche Mühe, die Täuflinge auf eine harte Probe zu stellen. Fünf Jungs müssen sich zum Spaß der restlichen Crew unsere Schikanen gefallen lassen. Meine Aufgabe ist es, das Gebräu zu mixen, das die armen Jungs unter strenger Observierung zu sich zu nehmen haben. Dazu hatte Rodney in der vorherigen Nacht fünf fliegende Fische gesammelt. Die hatte ich mit Kaffee, Zahnpasta, Essensresten, Salzwasser und sonstigen Pantry-Resten zu einem höchst unansehnlichen Brei verarbeitet. Die Köpfe und Flossen der Fische haben wir auf Wolle gezogen und zu einer Kette für jeden Täufling verarbeitet. So geschmückt, müssen die Jungs auf allen Vieren und mit blankem Hinterteil einmal um das Boot herumkrabbeln. Ich gebe zu: Ich bin froh, diese Zeremonie bereits 1993 auf INTRUM JUSTITIA hinter mich gebracht zu haben.

Am 9. Oktober hat meine Freundin Geburtstag, und ich schaffe es, ihr während meiner Freiwache einen E-Mail-Glückwunsch via Satellit zu schicken. Es lebe die moderne Kommunikationstechnik!

Als wir in den nächsten Tagen bei jedem Positionsreport wieder auf die Gegner aufholen, steigt die Stimmung. Nach der Ilha de Trinidade haben wir am 15. Oktober TOSHIBA und AMERICA'S CHALLENGE auf Sichtweite vor uns, nur fünf und sieben Seemeilen entfernt, und das nach 24 Tagen auf See! Der Südatlantik mit einer westlichen und östlichen Hochdruckzelle, die sich schnell entwickeln und mit einer Geschwindigkeit von etwa 30 Knoten ziehen, machen das Plazieren des Bootes nicht einfach. Während die Führenden sich nach Süden abgesetzt haben und sich in ein Tiefdruckgebiet einklinken konnten, versperrt uns ein neues Hoch den Weg.

Tags darauf sind wir genau darin gefangen. Es hat sich langsamer in Richtung Norden bewegt als erwartet. Die Boote mit nördlicher Route um das Hoch, TOSHIBA und AMERICA'S CHALLENGE, haben sich abgesetzt, und die vorn liegenden Yachten wie EF LANGUAGE rauschen im Tief südlich von uns mit einer Geschwindigkeit von 15 bis 18 Knoten in Richtung Kapstadt. Zeitgleich liegen wir in der Flaute mit Bootsgeschwindigkeit von eineinhalb bis zwei Knoten. Herzlichen Glückwunsch!

Am 17. Oktober wissen wir bereits, daß auf dieser Etappe sportlich für uns nicht mehr viel drin ist. Ich liege gerade in der Koje und versuche einzuschlafen. Draußen herrscht Sturm mit sieben Windstärken. Wir haben den Fractional Gennaker K6 gesetzt. Unsere Yacht rast mit 25 Knoten durch die Nacht. Plötzlich bricht an Deck Chaos aus. In einer Bö brechen die Steuerseile, und das Boot schießt mit um die 20 Knoten in den Wind. Dabei bricht die Spinnakerschot, und Erle Williams, der gerade trimmt, fliegt quer durch das Cockpit. Blitzschnell bergen wir das Segel, und Craig steuert vom leewärtigen Steuerrad weiter. Wir gehen sofort daran, die Steuerseile zu reparieren, während der Spinnaker unter Deck neu gepackt wird. Doch das Unglück schlägt noch einmal zu. Beim Setzen des Spinnakers öffnet sich der Reißverschluß des Strumpfes, in dem der Spi gesetzt wird, zu früh. Bei etwa 30 Knoten Wind fällt das Segel ins Wasser und reißt den Bugkorb mit. Höchste Gefahr für unseren Mast! Es bleibt uns keine andere Möglichkeit, als das Fall und die Schoten zu kappen und die Schoten ausrauschen zu lassen. Eine Aktion mit Folgen, denn dabei verlieren wir unseren einzigen kleinen Spinnaker. Glücklicherweise haben wir keine Verletzungen bei der Crew zu beklagen.

Andere haben bei diesen stürmischen Bedingungen weniger Fortune. Auf AMERICA'S CHALLENGE erwischt es Campbell Field, den Sohn von Skipper Ross Field. Er verliert zehn Millimeter seines Zeigefingers, als der mitsamt der Großschot in den Block gerät. Der Crew bleibt nur, ihn notdürftig zu verbinden und mit Schmerzmitteln vollzupumpen. Zwei Männern wird beim Anblick der Wunde so schlecht, daß sie sich sofort unter Deck verflüchtigen. Ein anderer sinkt gar ohnmächtig nieder, als er merkt, daß er auf der abgetrennten Fingerkuppe steht. Trotzdem blieb Vater Ross gelassen, kommentierte schon wenige Stunden später via E-Mail den Unfall: „Campbell geht es den Umständen entsprechend gut. Der wird schon wieder. Die Sache scheint allerdings eine Familienangelegenheit zu sein, denn auch ich habe vor einigen Jahren ein Stück meines Fingers bei der Arbeit mit einem elektrischen Abrichter verloren." Langes Lamentieren liegt den Neuseeländern eben nicht.

Am 29. Oktober erreicht unser Frustpegel einen neuen Höchststand. Ein weiteres Südatlantik-Hoch droht uns zu verschlucken. Ständig schnappt es nach unseren Hacken. Wieder wenig Wind. Die Spitzenreiter dagegen rasen 800 Seemeilen vor uns mit Starkwind dem Zielhafen Kapstadt entgegen. Wir wissen längst, daß wir kaum noch Chancen auf Verbesserung unseres Resultates haben. Ich fühle mich müde und ausgebrannt. Ein Lichtblick sind die wunderschönen, riesigen Albatrosse, die uns begleiten. Die haben wohl weniger Sorgen als wir. Und unsere sollten noch am gleichen Tag wachsen. Ich steuere das Boot vom leewärtigen Rad, als Craig gerade die Steuerseile in Luv überprüft. Wir surfen bei 26 Knoten Wind mit bis zu 22 Knoten Speed die Wellen unter Masttopp-Spi herunter. Ein paar Mal bleiben wir im Wellenkamm stecken, der Druck auf das Toppmast-Backstag ist dabei immens groß. Mit einem lauten Knall bricht plötzlich der Schäkel vom Toppmast-Backstag. Gedrückt von der enormen Last, biegt sich unser Mast beängstigend weit nach vorne. Sofort falle ich ab, um den Druck im Segel zu verringern. Blitzschnell bergen wir den Spi und setzen den Reacher, ein großes überlappendes Vorsegel, am Vorstag. Wir schaffen das gerade noch rechtzeitig, bevor uns eine dieser Monster-Wolken von hinten erwischt und mit 38 Knoten Wind und Regenschauern auf uns eindrischt. Glück im Unglück, kann man wohl sagen.

Am 30. Tag auf See erfahren wir, daß EF LANGUAGE die Etappe gewonnen hat. Eine Überraschung, denn nicht nur die Buchmacher hatten dem Team von Paul Cayard vor dem Rennen lediglich die Chance auf einen Platz im Mittelfeld eingeräumt. Ihr Sieg schmerzt, denn wir sind immer noch zwei Tage von der südafrikanischen Hafenstadt entfernt. Wie zur Entschädigung bietet sich uns in Küstennähe noch einmal ein tolles Naturschauspiel, als uns eine

48

Gruppe von Walen in nur 20 Metern Entfernung begleitet. Es sind zwei große Wale und ein kleines Kalb, das sich neugierig bis auf sechs Meter an uns herantraut und dann neben uns auftaucht. Die Könige der Meere pflügen mit etwa 20 Knoten Speed durchs Wasser, und wir träumen davon, auch über ein solches Potential verfügen zu können.

Als wir am 23. Oktober endlich die Ziellinie kreuzen, ist unsere Enttäuschung riesengroß. Natürlich hatten wir viele Tage auf See Zeit, das Geschehen zu analysieren und uns mit der Niederlage abzufinden. Über Sieg und Niederlage auf dieser Etappe haben der zweite Tag und ein einziger Navigationsfehler entschieden. Danach hatten wir keine Chance mehr, noch einmal nach vorn zu kommen. Die Wunde sitzt tief. Als wir von einigen hundert Menschen im Hafen begeistert begrüßt werden, können die nicht ahnen, was wir uns gerade wünschen: einen neuen Startschuß, eine neue Chance, die Schmach zum Auftakt wettzumachen. Nur für eine Tatsache sind wir enorm dankbar: Die Einführung des neuen Punktsystems, das die alte Zeitaddierung ersetzt, hat uns vor dem frühzeitigen sportlichen Aus bewahrt.

Zwischenstopp in Kapstadt

Unrühmliches Aus für einen Star mit Allüren

Unsere ersten Schritte auf den Planken der Docks in Kapstadt gestalteten sich wacklig. Im Schnitt hatte jedes unserer Crew-Mitglieder in den 33 langen Tagen der ersten Etappe sechs Kilogramm Körpergewicht eingebüßt. Ich selbst war um acht Kilo erleichtert. Wir hatten uns im Zuge der erforderlichen Gewichtsminimierung von einigen Nahrungspaketen zuviel getrennt, lediglich für 29 Tage geplant. Zusätzlich hatten wir einen Tag vor dem Start die Entscheidung getroffen, weitere 41 Kilogramm einzusparen, indem wir die Hälfte der Snacks an Land ließen. Wir bezahlten dafür mit Energieverlusten und körperlichen Schwächen gegen Ende der Etappe.

Bedrückt und abgekämpft erledigten wir am Tag nach unserer Ankunft die ersten wichtigen Arbeiten am Boot. Ich stand gerade mit Mikke auf dem Vorschiff, und wir blickten aus dem Hafenbecken hoch. Rechts von uns reckte der berühmte Tafelberg seine vorwitzige Nase verheißungsvoll in den Himmel empor. Hinter uns lustwandelten oben auf der Promenade Fans und Schaulustige. Plötzlich entdeckte ich eine hübsche blonde Schönheit und stieß Mikke an: „Schau mal hoch...“ Mikke blickte sich um und staunte. Es dauerte keine zehn Minuten, bis er sie in ein Gespräch verwickelt hatte. Ich dachte bei mir, daß es sich wieder um einen der vielen Flirts unseres Frauenlieblings handeln würde, doch Mikke machte Ernst. Inga – so hieß die attraktive Belgierin – hatte ihn so in den Bann gezogen, daß unser junger Vorschiffsmann bereits wenige Tage später beim Skipper Sonderurlaub beantragte, um der inzwischen heimgeflogenen Liebe nachzueilen. Und weil er uns – wie versprochen – Schokoladentrüffel aus Belgien mitbrachte, glaubten wir ihm seine unglaubliche Liebesgeschichte. Aus dieser Beziehung erwuchs eine der schönsten (und meistfotografierten) Lovestories dieses Whitbread-Rennens. Die beiden sind noch heute zusammen. Ein Beweis mehr dafür, daß diese Regatta wirklich Leben verändern kann.

Weniger liebevoll gestaltete sich unsere interne Auseinandersetzung mit der verpatzten Etappe. Zwei Tage nach Ankunft trafen wir uns im Salon unseres Gästehauses zur Manöverkritik. Die Stimmung war konstruktiv, aber auch aufgeladen und nicht frei von Aggressionen. Einer der neuralgischen Punkte kristallisierte sich schnell heraus. Es gab eindeutig unterschiedliche Ansichten über die Führung der Yacht zwischen den Crew-Mitgliedern der südlichen Hemisphäre und jenen aus der nördlichen Hemisphäre. Während bei den meisten Neuseeländern der Zweck beim Segeln fast alle Mittel und Umgangsformen heiligt, hatte die Mehrheit der Europäer Probleme mit dem oft rauhen Umgangston der Kiwis, die wiederum keine großen Freunde ausführlicher Diskussionen sind. Ein Grundproblem unterschiedlicher Kulturen, mit dem wir während des gesamten Rennens immer wieder einmal haderten. Jeder von uns bekam bei dieser Team-Analyse seine verbalen Stockhiebe, auf die eine oder andere Art. Und jeder von uns mußte damit klarkommen. Ich will hier keine schmutzige Wäsche waschen, aber es waren harte Momente und schwere Tage, auch für mich.

Auch unser Navigator Roger Nilson hatte sein Päckchen zu tragen. Er fühlte sich aufgrund der verheerenden Navigationsentscheidung vor Frankreichs Küste mitverantwortlich für das schlechte Ergebnis und stürzte sich in die Arbeit, um das Mißgeschick wieder gutzumachen. Er konsultierte die besten südafrikanischen Segler und versuchte, sie als Exklusiv-Informanten für uns zu gewinnen. Eine herausragende Rolle bei dieser Recherche spielte Geoff Meek, Geschäftsführer von North Sails Südafrika. Er machte Roger mit den Unwägbarkeiten der Küstengewässer rund um Kapstadt vertraut und verriet ihm einige wertvolle Tricks.

Den heißesten Tip aber erhielten wir eher zufällig. In der zweiten Woche in Kapstadt hatten wir endlich einmal Zeit für einen kleinen Ausflug. Mit meiner Freundin, unserem Skipper Gurra, dessen Frau Anna und deren Tochter Emma entschieden wir uns zu einem einstündigen Helikopterflug zum Kap der Guten Hoffnung und zurück über den Tafelberg. Unser Pilot Bronte Heinrich erwies sich als recht geschwätzig und überaus informativ. Schon auf dem Hinweg flogen wir genau über das Revier, auf dem in einigen Tagen der Startschuß zur zweiten Etappe erfolgen würde.

Bronte zeigte nach unten und ließ uns vertrauensvoll wissen, daß es ziemlich riskant sei, sich ganz dicht unter der Küste in Richtung Südwest zu schlängeln. Er wisse, daß dort häufig die Flauten-Falle zuschnappe. Dagegen wehe etwas weiter draußen am späten Nachmittag doch zumeist eine freundliche kleine Brise. Wir trauten unseren Ohren kaum und speicherten das Gehörte im Hinterkopf. Der Rest des Fluges war traumhaft. In Miami Vice-Geschwindigkeit brauste Bronte mit uns und dem Helikopter in nur drei Metern Höhe über schneeweiße Strände, zeigte uns in gebührendem Abstand die Paarungsgründe der Wale. Wir sahen mehr als 20 dieser beeindruckenden Giganten beim Erkunden der Küstengewässer und Werben um einen Partner. Zehn Minuten später erspähten wir tief unter uns eine Pinguinfarm. Wir brachen in Gelächter aus, denn von oben konnten wir zwei Reihen ausmachen, die sich gegenüberstanden. Die Pinguine hatten sich zu Hunderten versammelt und betrachteten die Touristen, die ihrerseits, aufgereiht am Strand, die putzigen Tiere im „Smoking" bestaunten.

Kurz vor der Landung ließ Bronte den Heli dann noch einmal in die Höhe steigen. Plötzlich lag uns ganz Kapstadt zu Füßen. Im Sinkflug schien unser Heli den Tafelberg herabzustürzen. Für Sekunden, die uns wie eine Ewigkeit erschienen, verschlug es uns den Atem. Dann fing der Pilot den Brummer sanft ab und ließ ihn nach einer Runde über die südafrikanische Metropole auf dem Landeplatz aufsetzen. Was für eine Reise...

Wieder zurück bei der Arbeit am Boot, holten uns schockierende Nachrichten in die Whitbread-Wirklichkeit zurück. Toshiba-Skipper Chris Dickson hatte den Dienst quittiert. Die Gerüchteküche kochte über: Er sei von Syndikatsboß Dennis Conner aufgrund von Star-Allüren und sportlichen Mißerfolgs gefeuert worden, behaupteten die einen. Er sei aus Wut und Enttäuschung über seine Crew gegangen, behaupteten die anderen. Die Wahrheit setzte sich vermutlich aus beidem zusammen. Die Regatta verlor eine ihrer charismatischsten Figuren, aber auch einen Mann, der lieber die Peitsche knallen läßt als eine Diskussion zu führen. Für diesen Stil hatte er tatsächlich die falsche Crew. In den Tageszeitungen wurde von „Meuterei auf TOSHIBA" gemunkelt und davon, daß Teile der Crew sich tatsächlich um die Absetzung des ungeliebten Skippers bemüht hatten. Mein Freund Paul Standbridge hatte mir bei einem Empfang in Kapstadt augenzwinkernd und mit schwärzestem britischen Humor berichtet, daß er zur Vorbereitung auf die Zusammenarbeit mit Chris Dickson zur Lektüre von Kriegsliteratur übergegangen sei. Offenbar war Dickson, der große Teile der Crew selbst ausgesucht hatte, einen Schritt zu weit gegangen. Die Skipper-Position übernahm Paul Standbridge, der bereits sein fünftes Whitbread-Rennen bestritt und reichlich Erfahrung mitbrachte.

Bedrohliche Situationen anderer Art gab es in den Straßen Kapstadts. Wir waren alle davor gewarnt worden, nachts allein durch „unsichere" Viertel zu bummeln, hatten jedoch keine schlechten Erfahrungen gemacht. Im Gegenteil: Menschen und Kultur erschienen uns freundlich und spannend. Ganz anders erging es einem Mitarbeiter der EF-Landmannschaft. Mit ein paar Freunden hatte er sich ein Taxi zur EF-Unterkunft genommen. Am Ziel angekommen, verlangte der Fahrer einen Preis, der im Vergleich zum Vortag mehr als doppelt so hoch ausfiel. Der EF-Mann beschwerte sich und erklärte, daß die Summe völlig überhöht sei. Der Fahrer allerdings zeigte sich gar nicht diskussionsfreudig, öffnete das Handschuhfach, zog eine Pistole raus und richtete sie auf den Fahrgast. Der bezahlte ohne weitere Widerworte und flüchtete mit höchst flauem Gefühl aus dem Wagen. Ein Einzelfall, aber kein schöner.

Von ganz anderem Kaliber war unser neuer Mitarbeiter Richard. Wir hatten den Schwarzafrikaner zur Unterstützung unserer Bootsleute angeheuert, die zu zweit mit der vielen Arbeit in nur zweieinhalb Wochen Zwischenstopp überfordert waren. Richard entpuppte sich als großartige Hilfe und überaus sympathischer Mensch. Er verdiente bei uns in einer Woche soviel Geld wie andere in einem ganzen Monat. Er zeigte sich höchst verwundert darüber, daß wir ihm zur Begrüßung die Hand schüttelten. Wir wiederum waren verwundert, daß eine solche Banalität im vergleichsweise liberalen

Kapstadt scheinbar immer noch etwas Besonderes darstellte. Als unser Bootsbauer Sam Murch Richard eines Abends nach Hause fahren wollte, rieten ihm selbst die Südafrikaner davon ab: „Da, wo Richard wohnt, traut sich nicht mal die Polizei hin." Südafrika ist tatsächlich von einer Chancengleichheit für Schwarz und Weiß weiter entfernt, als ich mir das vorgestellt habe.

Natürlich haben wir die kurze Zeit in Kapstadt in erster Linie mit viel Arbeit am Boot verbracht. Es galt, eine Delle am Ruder zu beheben. Unser leichtes System für die Steuerseile haben wir auf Zahnrad und Kette umgestellt, um es durabler für die harten Anforderungen im Southern Ocean zu gestalten. Außerdem haben wir zusätzliche Fußstützen ins Cockpit gebaut, um dem Trimmer eine bessere, sicherere Position zu garantieren. Mit angeschraubten, im Supermarkt erworbenen Plastikboxen sorgte ich für mehr Stauraum in der Pantry. Ein kompletter Check des Riggs sowie aller Systeme gehört ohnehin zm Routineprogramm in jedem Hafen.

Die traurigste Nachricht erreichte uns Mitte des Stopovers. AMERICA'S CHALLENGE-Skipper Ross Field mußte das Aus für die US-Kampagne verkünden. Ein dubioser Marketing-Mann aus Mexiko, der den Deal zwischen dem Projektinitiator Neil Barth und diversen Sponsoren abgewickelt hatte, war offensichtlich mit einigen Millionen im Koffer durchgebrannt. Genaueres mochten die Betrogenen nie enthüllen. Unter dem Strich blieb eine enttäuschte Crew, eine herrenlose Whitbread-Yacht und eine dezimierte Flotte. Nicht ohne Sarkasmus fiel mir das Lied von den „Zehn kleinen Negerlein" ein − da waren es nur noch neun.

Die Schreckensmeldung eröffnete uns allerdings eine ungeahnte Möglichkeit. Wir hatten auf der ersten Etappe bemerkt, daß wir mit elf Mann möglicherweise auf den harten Etappen unterbesetzt sein würden. Die meisten Teams hatten das Whitbread-Rennen ohnehin gleich mit zwölf Mann begonnen, und das hatte sich nicht als Nachteil erwiesen. Also suchten wir nach einem zusätzlichen Mann, der vor allem ein verläßlicher Steuermann sein sollte. Während einige Neuseeländer in unserer Crew für ihren Landsmann Daniel Fong votierten, fiel mir gleich Matt Humphries ein. Der Brite, der beim letzten Whitbread als jüngster Skipper aller Zeiten auf DOLPHIN & YOUTH (später: REEBOK) Schlagzeilen machte, war soeben durch das Aus für AMERICA'S CHALLENGE arbeitslos geworden. Ich nahm Kontakt zu ihm auf, wollte wissen, welche Pläne er hatte. Er zeigte sofort Interesse, und ich hielt mit unserem Skipper Rücksprache. Zu dritt trafen wir uns in unserem SWEDISH MATCH-Zelt, steckten den Rahmen ab. Einen Tag später war Matt unser Mann.

Hinter den Kulissen rumorte es inzwischen in der Technik-Abteilung heftig. Anlaß zu Verbalschlachten und Scharmützeln mit dem Whitbread Race Committee gaben die sogenannten „Monster", auch Code Zeros genannt. Das sind überlappende Vorsegel, die bis in den Masttopp reichen, aber als Spinnaker vermessen werden müssen. Kritik gab es insbesondere am Team EF LANGUAGE, das die dazugehörige Regel reichlich zu dehnen schien. TOSHIBA-Boß Dennis Conner protestierte gegen die Schweden, weil er von einer Regelwidrigkeit ausging. Kritiker vermuteten, daß dieses Monster irregulär gesetzt würde. Durch dieses „Vertrimmen" während des Segelns kann ein Vorsegel erzeugt werden, das einer Amwind-Genua weit näher kommt als einem Spinnaker, was es eigentlich sein soll. Eine solche Manipulation kann der ausführenden Yacht auf spitzen raumen Kursen Flügel verleihen. Allein, niemandem konnte das Vergehen nachgewiesen werden.

Nur wenig später der nächste Zwischenfall: Die Segelmacher von MERIT CUP entdeckten zufällig, wie in der Segelmacherei die Kollegen von SILK CUT eine reichlich radikale Änderung an einem Vorsegel vornehmen wollten. Mit Erstaunen sahen die Gefolgsleute von MERIT CUP-Skipper Dalton, daß dort ein in Bahnen zerlegtes Vorsegel auf dem Boden lag, das aber längst einen Vermessungsstempel trug. Einmal vermessen, darf jedoch nur noch eine höchstens zehnprozentige Änderung an einem Whitbread-Segel vorgenommen werden, von denen man über die gesamte Renndauer insgesamt und inklusive von maximal vier Großsegeln 38 einbringen und nutzen kann. Die Meßmarke hatten Lawries Leute wohl übersehen – das jedenfalls behaupteten sie scheinbar zerknirscht nach der nicht offiziellen Beschwerde der Konkurrenz. Das Segel – so einigte man sich – wurde fortan nicht mehr benutzt.

Kennen Sie übrigens die Bedeutung des Kurznamens von EF LANGUAGE, EFL? Die Whitbread-Gemeinde hat beim ersten Zwischenstopp in Kapstadt für das Kürzel ihre eigene Übersetzung gefunden: „Extra Fucking Lucky"! Aber so ganz stimmte die teilweise von Neid, teilweise von Staunen geprägte Bezeichnung natürlich nicht. Skipper Paul Cayard und seine Männer waren zwar vor dem Rennen nicht als Top-Favoriten eingestuft worden, starteten aber schließlich auch nicht als unbeschriebene Blätter ins Rennen. Schon die erste Analyse ihrer Vorstellung während der ersten Etappe ließ uns in Kapstadt erahnen, mit was für einem Gegner wir es auf den noch kommenden acht Etappen zu tun haben würden. Doch zunächst einmal waren wir selbst heiß auf Wiedergutmachung.

TOSHIBA-Skipper
Paul Standbridge
Philosophie eines
modernen Piraten

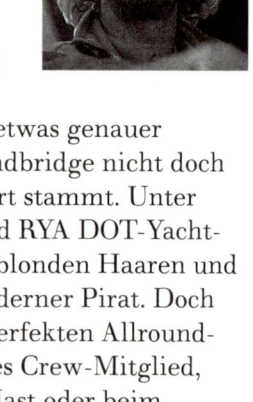

Paul Standbridge wurde am
4. Februar 1959 in Poole (England) geboren. Doch wer den Mann mit dem schwarzen britischen Humor etwas genauer kennt, der mag sich fragen, ob Standbridge nicht doch aus einem vergangenen Jahrhundert stammt. Unter den Kollegen gilt der Ingenieur und RYA DOT-Yachtmaster mit seinen oft verwüsteten blonden Haaren und dem goldenen Ring im Ohr als moderner Pirat. Doch Standbridge verkörpert auch den perfekten Allround-Segler – ob als überaus zuverlässiges Crew-Mitglied, am Steuer, auf dem Vordeck, am Mast oder beim Trimm, es gibt nichts, was der Mann an Bord eines Segelschiffes nicht beherrschen würde. Er hat die alten „wilden" Whitbread-Zeiten erlebt, den Wandel des Rennens und die Torturen, die der Marathon heute mit sich bringt.

Von Paul Standbridge

Es war bei der amerikanischen SORC-Regatta im Februar 1981, als ich den berüchtigten Südafrikaner David Bongers ansprach. Dem Ruf nach war er ein grober Typ, ein harter Segler und ein großer Trinker. Ich war also ziemlich eingeschüchtert, als ich mich ihm näherte. Aber mein Verlangen, beim Whitbread im gleichen Jahr dabei zu sein, war noch stärker und übertraf meine Furcht.

Bongers war einverstanden, daß ich ihm bei der Überführung einer 42-Fuß-Yacht nach der Regatta half, die über den Atlantik nach Irland gebracht werden sollte. So wollte er mich als Kandidaten für seine Crew im Whitbread Race 1981/82 testen. Er sagte, daß ich dabei wäre, wenn ich seinen Ansprüchen genügen würde.

Mit vier Mann verließen wir auf unserer von Ron Holland gezeichneten RECESSION im späten Februar Fort Lauderdale mit Kurs auf Cork in Südirland. Eine Generation von Boot, die bekannt ist für ihre ausgeprägten Vorwind-Eigenschaften. Ich erinnere mich an den zweiten Tag, als ich allein auf Wache war. Der Spinnaker war oben, und die Dunkelheit fiel über uns her. Ich schlug aufs Deck, um Bongers Aufmerksamkeit zu erregen. Endlich öffnete er die Luke, und seine wilden Augen, eingerahmt von einem Meer an Afro-Haarmähne und Bart, verlangten zu wissen, was denn los sei. Ich brüllte: „Wir müssen den Spinnaker bergen. Wir sind außer Kontrolle!" Er antwortete: „Wenn du nicht steuern kannst, dann bist du eine große Pussi!" Ein leises Schiebegeräusch noch, und die Luke war wieder dicht. Ich glaube, das war der Tag, an dem ich lernte, bei Sturm vor dem Wind zu steuern.

Das fand wohl auch Bongers – ich bekam das o.k., mit ihm auf XARGO III um die Welt zu gehen.

XARGO III war eine klassische, von Sparkman und Stephens gezeichnete Blauwasser-Fahrtenyacht. Offensichtlich nicht das ideale Rennboot, aber es ist eben die Yacht, die Padda (Peter) Kuttel sich für seinen ersten Whitbread-Anlauf ausgesucht hatte. Padda, ein ebenfalls harter Hochseesegler und bekannter Geschäftsmann aus Kapstadt, hatte Karriere in der Fischindustrie gemacht, um schließlich Eigner einer der größten Hochseeflotten der Welt zu werden. Er war vom innigen Wunsch beseelt, das aufreibendste Ozean-Rennen zu gewinnen, das es gab: Whitbread.

Elf jungfräuliche Whitbread-Segler machten sich 1981 auf zum größten Abenteuer ihres Lebens. Die Yacht verfügte über einen angemessenen Vorrat an KWV-Jahrgangs-Brandy und Wein aus dem Heimatland Südafrika. Der Kurs führte in diesen „frühen Tagen" von Southampton über Kapstadt, Auckland und Argentinien zurück nach Southampton. In diesen Amateur-Zeiten, in denen wir keinem Sponsor Rede und Antwort stehen mußten, machten wir natürlich das meiste aus den Partys und der Gastfreundschaft, die uns von den Partnern der Häfen entgegengebracht wurde. Um die Yachten kümmerten wir uns relativ wenig – sie brauchten es auch einfach nicht so sehr. Die Betonung lag auf „Spaß haben" und „auf Entdeckungsreise gehen". Jede Etappe hatte – obwohl wir gut und ernsthaft segelten – ihre Momente, in denen KWV das Kommando übernahm. Das führte zu einigen gefährlichen Segelkommandos, und manchmal verpaßte auch eine ganze Wache ihren Einsatz, weil sie sich dem „Genuß" hingegeben hatte. Eine erinnerungswürdige Zeit, doch sie war nur von kurzer Dauer.

Unser bestes Ergebnis mit XARGO III war ein zweiter Rang auf Etappe drei rund Kap Hoorn. Außerdem waren wir bestes Serienschiff in der Gesamtwertung, nur geschlagen von den eigens für Regatten gebauten Yachten. 1985 bekamen wir dann unsere rennorientierte Yacht ATLANTIC PRIVATEER, einen 81-Fuß-Maxi von Bruce Farr. Padda war wieder Eigner und Skipper in einem. Unsere erste Regatta segelten wir beim Cape-to-Uruguay-Race, das wir auch gleich gewannen und so unseren Sponsor beglückten. Vielleicht war es das Fehlverhalten einiger Crew-Mitglieder und ihr Gefängnisaufenthalt in Uruguay, das uns den Sponsor Apple kostete. Vielleicht war es aber auch das gemeinschaftliche blaue Auge während des Ablegens in Uruguay...

Mit Kuttel als Skipper, Bongers als Segelboß und einer ziemlich verrückten Crew eilte uns der Ruf der wilden Truppe stets voraus. Unser nächster Sponsor war Portatan, doch auch der blieb uns aufgrund des schlechten Ergebnisses nur bis zum Ende der ersten Etappe erhalten. Also entwickelte sich das Boot wieder zurück in ATLANTIC PRIVATEER – ohnehin unser Lieblingsname. Nun finanzierte Padda das Projekt. Wir gewannen die zweite Etappe nach Auckland und setzten unser Toben rund um die Welt fort. Während dieser Tour gab es beim Segeln keine KWV-Produkte mehr, dafür aber vergnügten wir uns um so mehr in den Häfen unserer Gastgeber. Immer noch fand sich die Crew hier und da den Attacken der örtlichen Gesetzeshüter ausgesetzt. Ein sehr denkwürdiges Rennen, vermutlich die beste Zeit, die wir jemals hatten; doch die Zeiten änderten sich!

ROTHMANS startete mit einem Sechs-Millionen-Pfund-Budget in das Whitbread-Rennen 1989/90. Mit Skipper Lawrie Smith, einem brillanten Dingi-Segler und bekannten Offshore-Yachtie, waren wir klar fürs Geschäft.

13 Monate lang begann unser Training an fünf Tagen der Woche um 7.00 Uhr morgens. Wir segelten hart, wir arbeiteten hart, und in der sehr begrenzten Freizeit, die uns noch zur Verfügung stand, nahmen wir ein paar Cocktails zu uns. Es war ein sehr anspruchsvolles Rennen mit zehn Maxis, die alle scharf auf den Sieg waren. Vorbei waren die Zeiten, da wir eine ganze Wache verschliefen. Wir aßen nun gefriergetrocknete Nahrung und saßen endlose Stunden auf der Kante. Wir haben einen achtbaren vierten Rang über alles geholt und die Bedürfnisse unseres Sponsors in fünf Häfen in aller Welt befriedigt. Die Party war vorbei!

Während des Whitbreads 1993/94 fanden Lawrie Smith und ich uns auf der voll gesponserten europäischen INTRUM JUSTITIA wieder. Eine Yacht der neuen Whitbread 60-Klasse, ein zur See fahrendes Dingi. Die Ziele hatten sich wieder verändert. Nun hatten wir nicht nur die Möglichkeit, das Beste aus dem Boot herauszuholen, sondern auch die Aufgabe, Fernsehmaterial von Bord zu senden, um die niemals endende Wunschliste unserer Sponsoren abzuarbeiten. Der Druck hörte nie auf. Die Boote waren alle gleichwertig, und es war nur durch intensives Segeln möglich, sich bei den 60ern einen winzigen Vorteil zu erarbeiten. Das Trainingsprogramm war unbarmherzig, das Segeltestprogramm endlos, und der Druck stieg enorm.

Unsere Glücksgefühle stiegen jetzt mit dem Speed der Boote und nicht mehr mit der Menge des Alkohols. Es war der Thriller meines Lebens, als wir mit INTRUM den 24-Stunden-Weltrekord aufstellten und ein Etmal von 428 Seemeilen erreichten. Diese Boote hielten uns ernst-

haft auf Trab. Intrum Justitia erreichte insgesamt Platz zwei beim Whitbread Round the World Race for the Heineken Trophy 1993/94.

Acht Zwischenstopps sind heute die Anforderung der Sponsoren beim Whitbread, dazwischen eine Serie sehr intensiver Rennen. Zehn fast identische Whitbread-Yachten mit riesigen Budgets und niemandem mit einer Entschuldigung, nur zweiter zu werden, trafen sich an der Startlinie zur siebten Whitbread-Auflage. Ich segelte auf Toshiba im Team von Dennis Conner. Das Training startete dieses Mal bereits um 6.00 Uhr morgens. Die Segelprogramme sind noch komplexer geworden, High-Tech spielt eine große Rolle. Nur die gefriergetrocknete Nahrung ist weitgehend die gleiche geblieben, dafür aber weniger geworden. So zollen wir dem niemals endenden Kampf um jedes Gramm Gewichtsersparnis Tribut. Ein Satz Kleidung pro Etappe und eine „halbe Zahnbürste für jeden" – mehr war nicht drin.

Für mich ist das Kapitel Whitbread nach fünf Einsätzen beendet. Ich habe meine letzten Rennen mit sinkender Intensität genossen und will mich in Zukunft anderen Segelbereichen zuwenden.

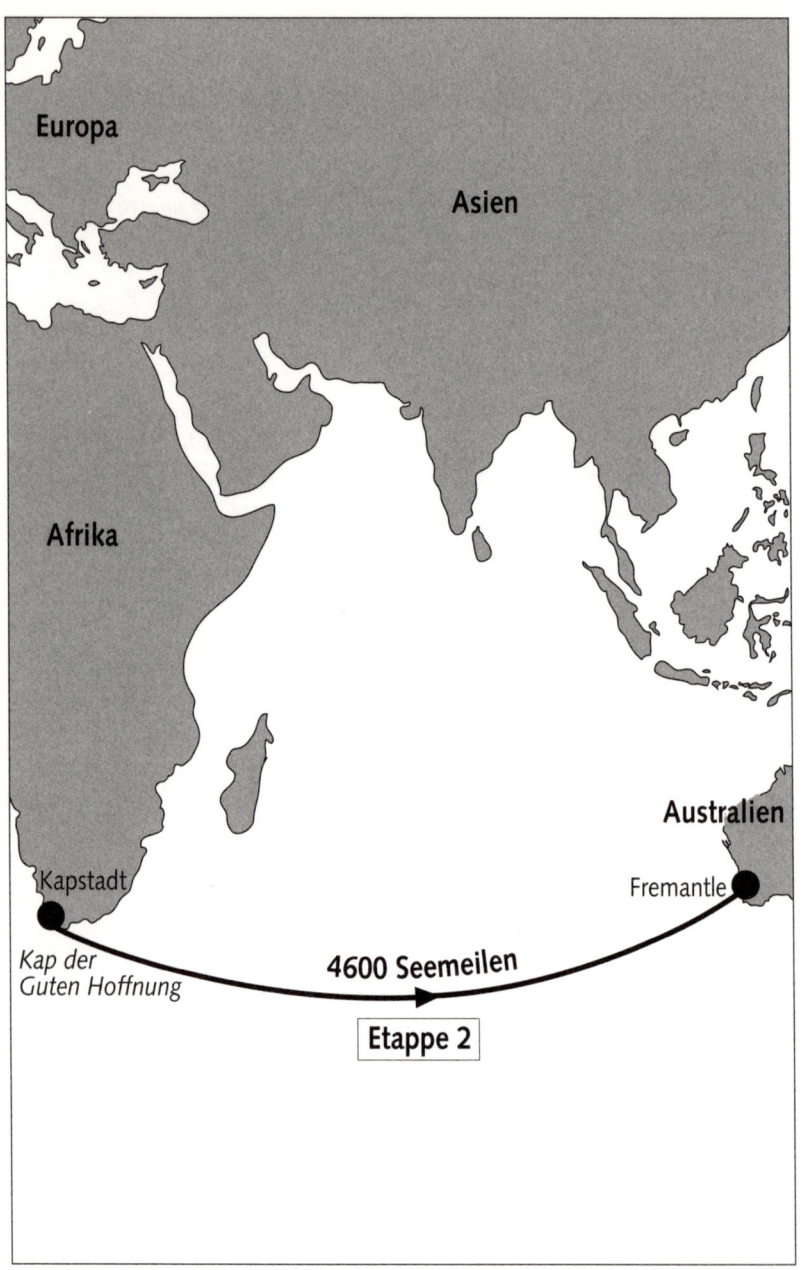

Europa

Asien

Afrika

Australien

Kapstadt

Fremantle

Kap der
Guten Hoffnung

4600 Seemeilen

Etappe 2

Die zweite Etappe

Wiedergutmachung im Southern Ocean

Erinnern Sie sich an das, was ich Ihnen über den Helikopter-Piloten Bronte Heinrich und seinen interessanten Tip für den Start zur zweiten Etappe erzählt habe? Nun, was soll ich sagen – der Mann war schlauer als acht Whitbread-Navigatoren zusammen. Als am 8. November der Startschuß fällt, kommen wir schon am Start bestens weg. Die Linie liegt zwischen der Küste vor Kapstadt und einer kleinen gegenüberliegenden Insel, Robben Island. Hier war Nelson Mandela ein halbes Leben lang inhaftiert, weil er sich für die Gleichberechtigung der schwarzen Südafrikaner eingesetzt hatte.

Ohne lästige Abwinde oder störende Zuschauerboote geht es zu Füßen des von weißen Wolken eingebetteten Tafelbergs mit neun Knoten unter Spi zur ersten Volvo-Tonne. Wir runden sie als dritte hinter Silk Cut und Merit Cup. Schon 40 Minuten später fällt die Entscheidung: Wir trennen uns dicht unter Land von der Flotte und machen einen Schlag auf See, schlagen einen Haken wie ein Hase. Lokale Kenner des Küstenreviers hatten Roger in ausführlichen Gesprächen sehr zu diesem Kurs geraten und uns dort unter den gegebenen leichten Winden aus Südwest im Flautenpoker die besten Chancen eingeräumt. Daß uns keine andere Yacht folgt, stimmt uns eher glücklich als ängstlich. Denn etwa vier Meilen entfernt, noch weiter draußen auf See, läßt ein Frachter Freude aufkommen. Aus seinem Schornstein nämlich strömen feine Rauchschwaden, deren Zugbahn uns zeigt, wie richtig wir mit unserem Ausbruchsversuch liegen.

Wir sind unserer Sache sehr sicher, obwohl wir durch ein kleines Leichtwind-Loch müssen und für diese 15 Minuten doch nervös werden. Immerhin weichen wir 90 Grad vom direkten Kurs zum

63

nächsten Wegpunkt im Southern Ocean ab. Als wir dann endlich die frische Brise erreichen und auf unseren großen Masttopp-Reacher, genannt Monster, umwechseln, steigt die Bootsgeschwindigkeit plötzlich enorm. Wir verfügen nun bei elf Knoten Windgeschwindigkeit über zehneinhalb bis elf Knoten Speed. Die Belohnung: Beim ersten Positionsreport um 18 Uhr haben wir bereits 20 Seemeilen Vorsprung. Noch besser: Die anderen waren allesamt – wie man es uns vorhergesagt hatte – dicht unter Land vor der Küste Llandadnus in einer totalen Flaute hängengeblieben. Wochen später sah ich zu dieser Situation einen Cartoon aus der Whitbread-Serie unseres getreuen Rennbegleiters Mark O'Brien. Er hatte die anderen acht bei der Diskothek „La Med" am Strand vor Anker gehen lassen, uns dagegen auf eine kraftvolle weiße Welle gesetzt und die blaue Yacht schon aus dem Horizont herausfahren lassen. Die Sprechblase über uns sagte nur: „See you later – bis später!"

Am dritten Renntag haben wir bereits 100 Seemeilen Vorsprung. Wir segeln jetzt schon auf dem 39. südlichen Breitengrad. Noch ein Grad, und wir sind zum ersten Mal wieder in den Roaring Fourties, den Brüllenden Vierzigern. Gurra erinnert mich an den Spruch, den ich beim letzten Whitbread-Rennen als Neuling auf INTRUM JUSTITIA an dieser Stelle gemacht hatte. Weil kurzfristig und gegen alle Erfahrung damals der Wind ausgeblieben war, nannte ich sie „Boaring Fourties – Langweilige Vierziger", nicht ahnend, daß nur wenige Stunden später Wind und Wetter erbarmungslos losschlagen würden. Dieses Mal bin ich also nicht so keß, denn mir ist durchaus klar, was da noch kommen kann...

Unser neuer Mann Matt Humphries hat sich als prima Crew-Mitglied entpuppt. Als ehemaliger Skipper weiß der Brite natürlich auch, was die kommenden Tage auf See bringen werden. Matt ist halber Deutscher – seine Mutter kommt aus Berlin. Sehr spaßig, aber seine Deutschkenntnisse sind doch arg limitiert. Ein Gespräch in meiner Muttersprache ist bei uns an Bord weiterhin unmöglich.

Noch liegt die Wassertemperatur bei 18 Grad. Um uns herum viele Seevögel – das spricht für mehr Wind. Die anderen Boote befinden sich immer noch im Zentrum des Hochs, und wir freuen uns wie die Schneekönige über den gelungenen Coup.

Am nächsten Morgen setzen wir zum ersten Mal unseren K9,

1 Wasserschlacht: INTRUM JUSTITIA im Südpolarmeer beim Whitbread Round the World Race 1993/94

2 Schneegestöber: Mit INTRUM JUSTITIA im Southern Ocean

3 Eisiger Ritt: Gegen Nässe und Kälte schützen im Südpolarmeer Gesichtsmasken und schweres Ölzeug

4

5

6

7

4 „Bond-Girl"
Isabella Scorupco
tauft SWEDISH
MATCH in
Baltimore (USA)

5 Die Konkurrenz
im Visier:
SWEDISH MATCH
hart am Wind

6 21. September
1997: Start in
Southampton

7 Trimm! SWEDISH
MATCH auf dem
Solent

8 Volle Konzentra-
tion kurz nach
dem Start

8

9 Was wird dieses Rennen für uns bringen? Wachführer Tim Kröger am Steuer der SWEDISH MATCH

10 „M" wie Mikke: Der Schwede koordinierte die Bereiche „Food und Bekleidung"

11 SWEDISH MATCH im Abendlicht des Atlantiks

12 Nichts für Gourmets: Leicht und karg sind die Ingredenzien des Whitbread-Speiseplans

13 „Reefknot Rod" Rodney (r.) und „King Neptun" Erle bei der Taufe unserer Äquator-Novizen

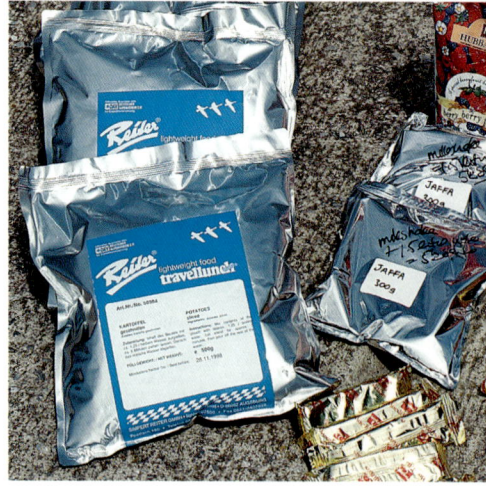

14

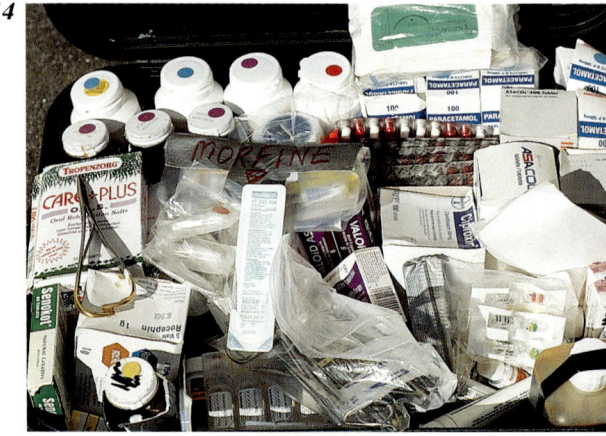

15

16

17

19

20

18

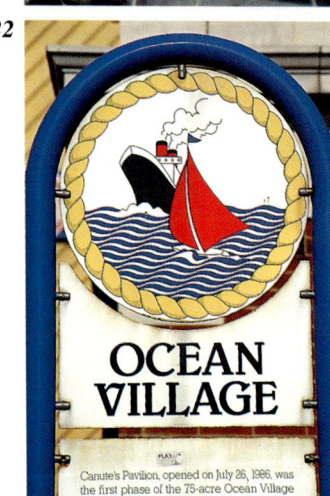

21 Start- und Zielhafen
Southampton im Whit-
bread-Dress

22 Ocean Village ist die britische Heimat der Whit-
bread-Segler

23 Tim Kröger in der „Folter-
kammer": Lang und hart ist
der Weg zum Whitbread

23

einen kleinen Gennaker, den wir bei North Sails in Südafrika nach „T&D"-Design (Tony & Dingo-Design) haben fertigen lassen. Ein schnelles, gut zu trimmendes Segel, das uns fortan gute Dienste leistete. Mikke erzählt mir unter Deck, daß er während der ersten zwei Tage dieser Etappe seekrank war. So etwas kann schon vorkommen, wenn Südatlantik und Indischer Ozean aufeinander treffen. Der so entstehende lange Schwell, in dem wir zum Auftakt dieser zweiten Etappe segelten, war wirklich unangenehm, und es dauert eben eine Weile, sich daran zu gewöhnen. Insgesamt hatten in unserer Crew vier Leute hier oder da einmal mit Seekrankheit oder einfach nur Übelkeit aufgrund von Überanstrengung zu tun. Andere Crews traf es manchmal ärger...

Am 12. November sind wir bereits fünf Tage auf See. Wir haben konstant mehr Wind als die Verfolger. Alle 24 Stunden nehmen wir ihnen rund 50 Seemeilen ab. INNOVATION KVAERNER ist uns am dichtesten auf den Fersen, aber trotzdem 177 Seemeilen achteraus. Ich kann mir vorstellen, daß zu Hause angesichts dieser Führung alle völlig aus dem Häuschen sind. Ja, ja, die Verlierer der ersten Etappe wehren sich.

Jetzt kommt mit 35 bis 45 Knoten Wind eine Kaltfront angebraust. Man kann bereits den eigenen Atem unter Deck sehen. Wir erleben irre schnelle Surfs unter Spi und Großsegel. Hier draußen gibt es nur uns und die Weite der See. Gestern haben die Jungs die ersten Wale ausgemacht. Im Gegensatz zu unseren abenteuerhungrigen Youngsters an Bord hoffe ich allerdings, daß wir weder Walen noch Eis zu nahe kommen.

Am Nachmittag bricht bei um die 40 Knoten Wind der Achterholer. Mit einem lauten Knall verabschiedet sich der Spinnaker nach Lee und flattert hinter dem Großsegel hilflos und wütend umher. Wir müssen den Spi bergen – dazu sind unter solchen Bedingungen sechs Mann nötig. Harte Arbeit, aber nach 20 Minuten ist alles geschafft. Das Code 3-Vorsegel und Stagsegel werden gesetzt. Mit einem Reff im Großsegel surfen wir locker auf 19 Knoten Speed. Wir haben uns zur Kaltfront und zum Tief richtig positioniert, profitieren vom besten Wind und nehmen KVAERNER und TOSHIBA weitere Meilen ab. Unser Vorsprung auf die Norweger, die das Feld der Verfolger anführen, beträgt schon 193 Seemeilen.

Am 14. November, nach sechs Tagen auf See, ist es bitterkalt. Vier Stunden auf Wache bei sieben Grad kaltem Wasser und einer ähnlichen Außentemperatur sind hart. Beim Runtersurfen von diesen Monsterwellen bohrt sich der Bug sehr oft ins Wellental. Eine Wasserwand von etwa eineinhalb Metern schießt dann über das Deck und reißt einen fast mit. Danach sitzt man hüfthoch im Eiswasser, bis es nach 30 Sekunden wieder abgelaufen ist. Die Gischt prasselt auf dich ein, Ski-Masken sind der rettende Schutz. Es sind Bedingungen, unter denen man sich manchmal sogar das Denken abgewöhnt. Denn Denken kann auch Bedenken beinhalten. Die aber wären hier fehl am Platze. Es gibt keine Ausstiegsmöglichkeiten. Also bleibst du stoisch weiter sitzen, hast die Spi-Schot in der Hand und versuchst, in stockdunkler Nacht, das Luvliek des Gennakers zu erkennen und dem Grinder zuzubrüllen, wann er kurbeln muß.

Nachts reißt Erle das Steuerbord-Lenkrad kaputt, nachdem ihm eine Welle frontal auf die Brust geschossen war. Ich habe gerade das Großsegel getrimmt und werde ebenfalls umgerissen. Da kommt man sich vor wie ein umgestoßener Kegel. Schade nur, daß uns die Aufrichtanlage fehlt. Wir müssen unsere Körper, eingepackt in 30 Kilogramm Schwerwetterkleidung in vier Lagen, selbst wieder hochwuchten und schnellstmöglich an die Arbeitsposition zurückbringen. Das gesplitterte Steuerrad aus Glasfaser können Dingo und Craig unter Deck in nur 30 Minuten mit Leinen und einer Segellatte reparieren. Das Steuern unter diesen Bedingungen ist extrem anstrengend. Meine Schultern schmerzen, manchmal hat man das Gefühl, daß die Arme abreißen.

Unter Deck ist das Leben ebenso erbarmungslos. Jeder bringt mit seinem Ölzeug noch ein paar mehr Liter Salzwasser nach unten. Alles ist klamm, und man wird schon feucht, wenn man nur unter Deck sitzt. Der Lärm ist apokalyptisch. Das Knarren der Schoten und das mahlende Geräusch der Winschen vermengt sich mit dem lauten Krachen, das entsteht, wenn der Rumpf in die Wellen knallt. Wenn du in der Koje liegst, mit dem Ohr dicht an der Außenhaut, kommt noch dieses gurgelnde Rauschen dazu, das mit jedem Knoten Speed mehr noch lauter wird. Auf Standby freut man sich aber trotz der Lärmkulisse, in dieser menschenfeindlichen Umgebung ein Auge zudrücken zu können.

Wie jeden Tag schreibt Gurra auch an diesem 14. November seinen Report für das Whitbread-Hauptquartier. Von dort aus werden die Berichte von Bord der Yachten weitergeleitet an die Whitbread-Webpage, die täglich bis zu 13 Millionen Hits verbuchte. Fans in aller Welt konnten so genau verfolgen, wie es uns erging. Ich überlasse also für einen Moment meinem Skipper das Wort – ein Auszug aus einem seiner E-Mails, das er bei 50 Knoten Wind unter Deck in der eineinhalb mal eineinhalb Meter winzigen Navigations-Station in die Tasten hackt:

„Von Gunnar ‚Gurra' Krantz, Skipper SWEDISH MATCH
Freitag, 14. November 1997, 11.55 Uhr GMT

Dieses neue Tief, das wir östlich der Prinz Edward-Inseln aufgegriffen haben, ist unser bester Freund geworden. Wir segeln in Windgeschwindigkeiten bis zu 51 Knoten, dabei schneit es heftig. In einem Report der Whitbread-Pressesprecherin Heather Dallas war von den gar nicht so richtig vorhandenen Roaring Fourties die Rede – ich habe da irgendwie eine andere Sichtweise. Nach zwei Tagen enorm harter Segelei mit 420 Seemeilen in 24 Stunden sind wir sicher, daß die Roaring Fourties zeigen, was sie können. Und wir können euch versichern, daß die WR 60-Yachten naß sind wie immer. Ich möchte ernsthaft vorschlagen, daß jeder Designer dieser Kreaturen mindestens einen Wintertag in Schweden segeln geht, möglichst in 40 Knoten Wind und in Badekleidung. Ich bin sicher, daß unsere Yachten U-Booten ähnlicher sind als alles andere...

Der irrste Moment war, als uns eine Bö von 48 bis 50 Knoten überraschte, und unsere Yacht mit zwei Reffs im Groß und unter Stagsegel und dem Vorsegel die Wellenkämme hinabraste, nur um gleich darauf auf der Rückseite der davor laufenden Welle mit 23 Knoten Speed wieder hinaufzuröhren. Wir haben unser Steuerbord-Steuerrad gebrochen und hatten soviel Wasser an Deck, daß das EPIRB-Alarmsystem losging. KVAERNER und TOSHIBA segeln in ähnlichen, vielleicht minimal schwächeren Winden, da wir zuletzt wieder ein bißchen gewonnen haben. In der Flotte ist nun das gleiche ungewöhnliche Phänomen zu beobachten wie schon bei der ersten Etappe: Die Yachten liegen weit auseinander. Das zeigt nur, wie sehr das Wetter den Ausgang dieses Rennens beeinflussen wird.

Was uns nun bevorsteht, ist die Qual der Wahl: Gehen wir südlich oder nördlich um die Kerguelen? Alles hängt von den kommenden Wettersystemen ab und insbesondere von dem Hoch, das in der Gegend weit runter in Richtung Süden ziehen soll.

Aktuelle Fakten über SWEDISH MATCH:

• Ja, wir haben reichlich Essen für die ganze Etappe (17 Tage)
• Ja, wir verfügen über genügend Diesel für tägliches Batterieladen, Wassermachen und die Heizung
• Ja, wir haben uns seit dem Start nicht gewaschen
• Ja, wir haben unsere Zähne inzwischen geputzt (zumindest einmal)
• Ja, alles ist naß unter Deck
• Ja, uns ist sehr kalt hier im Süden

Bislang gebrochene Teile:

• Steuerbord-Steuerrad (repariert)
• Achterholer (repariert)
• 1 Relingstütze (repariert)
• Möglicher Schaden am Ruder nach Kollision mit riesigem Wassertier (ein Sunfish?)

Weitere Fakten:

• Toppspeed auf dem GPS: 28,9 Knoten
• Ein Etmal von 424 Seemeilen
• Höchste Windgeschwindigkeit auf Instrumenten: 50,6 Knoten
• Größte Menge Wasser an Deck: 8000 Liter!
• Schnellster Mann im Schlafsack nach Wachwechsel: Magnus Woxén
• Navigator Roger Nilson weigert sich, im Schlafsack zu schlafen und bleibt lieber auf seinem leichten Spinnaker
• Die Natur wird immer mächtiger sein als der Mensch

Beste Grüße, Gurra"

Am 16. November erwischt es uns heftig. Die Heizung gibt ihren Geist auf. Die Temperaturen im Boot sinken auf unter sechs Grad, das Kondenswasser nimmt ständig zu. Unsere Trockenkammer heißt jetzt nur noch „Kammer". Fieberhaft bemühen wir uns um die Reparatur der Heizung, haben jedoch zunächst keinen Erfolg. Angesichts der limitierten Ersatzteile an Bord fühle ich mich wie McGyver, ein amerikanischer Serienheld, der es versteht, aus Lippenstiften Atombomben zu bauen. Ich weiß genau, daß die Glühkerze durchgebrannt ist und versuche, mit einem Stück Draht eine neue zu wickeln. Das geht ein paar Stunden gut, mehr nicht.

Am Abend ist Roger so verzweifelt, daß er Oskar, unserem Computer-Freak und Raketen-Spezialisten, einen Vorschlag macht. Es entspinnt sich folgendes Gespräch: „Du, Oskar, willst du eigentlich irgendwann deine Freundin Malin heiraten?" Oskar wundert sich: „Äh, wieso, ja, irgendwann schon..." Roger fährt fort: „Na, dann würde ich dir gerne eine Wette anbieten." Oskar schaut ihn fragend an: „Wieso, worum geht's denn?" Roger grinst: „Wenn du es schaffst, die gottverdammte Heizung in Gang zu kriegen, dann bezahle ich die Hochzeitsringe." Oskar schaut ihn amüsiert an: „Klar, warum nicht." Als wäre es nichts, dreht er sich um, wirft einen Blick auf die Heizung, drückt auf den Schalter und – das Ding legt los. Während elf Mann sich vor Lachen kaum mehr beruhigen können, zeichnen sich auf Rogers Gesicht Erstaunen und Betroffenheit ab. Er murmelt: „Das war die sicherste Wette meines Lebens. Die konnte ich doch unmöglich verlieren..." Leider lief die Heizung nur für 20 Minuten. Danach war sie endgültig hin, bis zum Ende der Etappe.

Am folgenden Morgen beschert uns das Südpolarmeer ausnahmsweise ein paar Sonnenstrahlen. Mit den Kerguelen erreichen wir ein Seegebiet, in dem es vor Seegras und sonstigem Meeres-Gestrüpp nur so wimmelt. Wir erwarten eine Kaltfront aus Süden. In einer Halse bricht dann bei relativ leichtem Wind der Bolzen des Baumniederholers. Als Ersatzteil wird der Hydraulikzylinder des Toppmast-Backstages geopfert. Zusätzlich muß der Ruderquadrant nachgezogen werden. Nachdem wir die Reparaturen ausgeführt haben, kommt der Wind zurück: Gennaker K6, ein Reff im Groß und zwei Mann am Grinder. Mit dieser Besegelung setzen wir unseren Höllenritt fort. Abends habe ich meinen Interview-Termin mit der „Yacht" und dem NDR via Satcom B – keine leichte Aufgabe, denn durch die Wassermassen, die übers Deck fliegen, wird die Satellitenverbindung immer wieder unterbrochen.

Am 20. November ist es soweit. Mit einer Halse nehmen wir an unserem zwölften Tag auf See wieder Kurs auf Nord. Der Southern Ocean verabschiedet uns – wie könnte es anders sein – mit einem kleinen Schneesturm. Wir verabschieden uns mit einer lustigen Schneeballschlacht. Ein echter Spaß, weil unsere Kiwis Tony und Craig zum ersten Mal in ihrem Leben Schnee sehen...

Zwei Tage später hat sich der Wind immer noch nicht beruhigt. Wir rasen mit 30 Knoten Speed durch Regenböen mit bis zu 40 Knoten. Ich trimme das Groß, als der Wind ein bißchen nachgibt und auf 25 Knoten abnimmt. Rodney steht im Heck, sagt den Wind an. Urplötzlich entdecken wir im Sonnenschein diesen riesigen, glänzenden schwarzen Rücken in einem Wellental. Ein 25 Meter langer Wal! Wir brüllen Erle am Steuer Warnungen zu, doch der kann so schnell nicht mehr reagieren, hält stur Kurs. Angespannt verharren wir einige Sekunden und erwarten den Aufprall. Dann ein dumpfer Knall unter dem Rumpf und ein Geräusch wie ein Peitschenhieb – das war seine Schwanzflosse. Die Jungs im Heck sehen eine riesige Blutlache achteraus. So etwas geht einem trotz der Sorge um das Boot sehr nahe. Wir sind alle ganz schön blaß nach der Nummer. Etwas später entdecken wir, daß etwa 20 Zentimeter unseres Ruderblattes abgebrochen sind. Wir pushen das Boot fortan nicht mehr ganz so hart, schalten einige Gänge runter. Wir sind dem Ziel und unserem Traum vom Etappensieg so nahe – da darf einfach nichts mehr schiefgehen.

Der 23. November bringt uns den sehnlich herbeigewünschten Triumph, die Wiedergutmachung unserer vermasselten ersten Etappe. Bei Leichtwind schleichen wir um Rottnest Island vor der australischen Küste herum. In tiefschwarzer Nacht tauchen immer mehr Boote, Lichter und Stimmen um uns herum auf. Von einem Fahrtensegler bekommen wir „I'm sailing" von Rod Stuart per Dudelsack vorgespielt. Andere Scherzbolde begrüßen uns mit den Worten „Welcome in Capetown!" – haben wir wirklich die richtige Ziellinie vor uns? Die Fans schreien, singen, schwenken Flaggen. Es ist einfach wunderbar. Unter Spi werden wir von Blitzlichtgewitter und rot-weißen Leuchtfackeln in gleißendes Licht getaucht: Gänsehautstimmung.

Auf einen so fantastischen Zieleinlauf war ich nicht vorbereitet. Seit den America's Cup-Regatten 1987 in Fremantle verstehen die Menschen hier viel vom Segeln, haben ein großes Herz für uns. Ihre Willkommensparty auf dem Wasser ist noch viel, viel schöner als vor vier Jahren, als wir 1993 mit INTRUM JUSTITIA ebenfalls als erste über die Linie gingen. Gerade weil wir so miserabel in dieses Whitbread-Rennen gestartet waren, kommt dieser Sieg mit satten 200 Seemeilen Vorsprung vor Knut Frostad und seinen Männern auf INNOVATION KVAERNER genau zum richtigen Zeitpunkt. Es ist Balsam auf unsere verletzten Seelen: Nein, wir sind keine Nullnummer, keine Idioten. Wir haben's auch drauf, wir können jeden schlagen, ja, wir werden um den Gesamtsieg mitkämpfen. 1001 Gedanken wirbeln in unseren Köpfen umher. An diesem Abend sind sie alle so rosig wie der erleuchtete Himmel über Fremantle.

Zwischenstopp in Fremantle

Die Karten werden neu gemischt

Fremantle ist eine charmante, fast mediterrane Kleinstadt an der australischen Westküste. Den echten Namen ihrer Hauptstraße, South Terrace, kennt unter den Seglern kaum jemand. Tatsächlich wird sie nur „Cappuccino Road" genannt, denn hier reiht sich ein italienisches Café ans nächste. Eine liebliche Oase der Entspannung. Seitdem hier 1987 der America's Cup stattgefunden hat, sind die Einwohner segelverrückt. Der perfekte Hafen also für einen Zwischenstopp. Dank unserer frühen Ankunft haben wir dieses Mal drei Wochen Zeit, uns auf die bevorstehende Etappe nach Sydney vorzubereiten.

Wir haben bereits unsere Arbeitslisten aufgestellt, als SILK CUT mit Skipper Lawrie Smith und seinen Männern als vierte die Ziellinie kreuzt. Ich lasse es mir nicht nehmen, meinem ehemaligen INTRUM JUSTITIA-Skipper persönlich zu gratulieren. Lawrie hat auf der zweiten Etappe seinem Ruf als Speed-König wieder einmal alle Ehre gemacht und den von uns beim Whitbread 1993/94 aufgestellten 24-Stunden-Weltrekord für Einrumpfboote (428,7 Seemeilen) noch einmal deutlich übertroffen: 449,26 Seemeilen! Eine fabelhafte Leistung. Pech für Lawrie aber ist, daß ihn seine Faulheit viel Geld gekostet hat. Als einziges Ex-INTRUM-Mitglied segelt er nicht um die von INTRUM JUSTITIA-Boß Bo Göranson ausgelobten 50 000 Britischen Pfund für denjenigen von uns, der den Weltrekord bei dieser Whitbread-Auflage toppt. Bedingung zur Teilnahme an diesem kleinen Spielchen war nämlich unser Erscheinen bei Göransons Party am Vorabend des Regatta-Starts. Lawrie scheute als einziger die einstündige Anfahrt zum Landgut Göransons und wurde daher von der Wette ausgeschlossen. Zu den weiteren

Anwärtern gehörten meine ehemaligen Mitstreiter Magnus Olsson und Marco Constant (jetzt EF LANGUAGE), Fotograf Rick Tomlinson (jetzt Gastsegler für eine Etappe auf EF EDUCATION), Knut Frostad, Marcel van Triest und Pierre Mas (jetzt INNOVATION KVAERNER), Paul Standbridge (jetzt TOSHIBA) sowie Gunnar Krantz, Roger Nilson und ich selbst (jetzt SWEDISH MATCH). Lawrie hatte also 50 000 Pfund in den Wind geschlagen, für uns andere blieb das Rennen weiter offen.

Andere Projekte hatten in Fremantle ernstere Sorgen. Das Whitbread-Personalkarussell drehte sich unbarmherzig weiter. Das Management des niederländischen Syndikats BRUNELSUNERGY setzte Skipper Hans Bouscholte unter Druck, verlangte seinen Rücktritt. Der weigerte sich zunächst, mußte sich aber – ohne Rückhalt in der Crew – dem Wunsch fügen. Viele Segler aus anderen Teams bedauerten den Abgang des ebenso sympathischen wie versierten „Colonels". Paul Standbridge faßte in Worte, was so manch einer dachte: „Glauben deine Sponsoren wirklich, daß sie mit dieser Entscheidung etwas ändern können?" Aber so ist es eben. Im Fußball geht es genauso zu: Gewinnt das Team, dann waren die Spieler super. Verliert das Team, dann muß oft der Trainer gehen. Für Bouscholte, der mit einem letzten und einem vorletzten Platz die sportlichen Hoffnungen der Geldgeber enttäuscht hatte, zauberten die Holländer einen alten Bekannten aus dem Hut: Roy Heiner wurde eingeflogen – einen Mann, den ich sehr schätze. Er ist offen und ehrgeizig, hat nicht nur mit der Bronzemedaille im Finn Dinghi bei den Olympischen Spielen 1996 Kämpferqualitäten bewiesen. Offshore-Erfahrungen allerdings brachte er kaum mit. Wir waren gespannt, ob der gebürtige Südafrikaner tatsächlich das Ruder würde herumreißen können. An seiner Seite blieb der von Bouscholte bereits in Kapstadt geholte englische Navigator Stuart Quarrie an Bord. Zwei weitere Crew-Mitglieder wurden ausgetauscht.

Erstmals seit dem Start in Southampton konnten wir uns wirklich mal einige Tage entspannen. Highlight unseres dreitägigen Spaß-Programms war eine mitreißende Parade durch die Stadt, an der alle Crews sowie die Einwohner Fremantles teilnahmen. Begleitet von phantasievollen Umzugswagen und märchenhaften Figuren aus Pappmaché zogen wir durch die Straßen. Und weil es nicht das erste Mal war, hatten wir uns entsprechend vorbereitet.

Rodney hatte sich als „Waffenhändler" betätigt und fünf riesige Wassergewehre besorgt, die er an Magnus, Craig, Oskar, sich selbst und mich vergab. So gut gerüstet, reihten wir uns in das Spektakel ein. Vor uns trabten die beiden EF-Crews artig unter einem Meer von Fahnen, direkt hinter uns das Team von CHESSIE RACING und dahinter die Mannschaften von INNOVATION KVAERNER und TOSHIBA.

Schon beim Sammeln im Hafen begannen wir mit freundschaftlichen kleinen Wasserattacken auf die Konkurrenz. Dann kam Knuts großer Auftritt. Mit einem Monstergewehr, das mit einem Mehrliter-Rucksack auf dem Rücken verbunden war, griff der INNOVATION KVAERNER-Skipper an. Weder Hemden noch Augen blieben trocken. Erle und ein paar Kumpels entschieden sich kurzfristig zum Rugby-Einsatz, beließen es jedoch bei harmlosen Angriffen. Magnus und ich hatten nach einer halbstündigen Schlacht eine herrliche Idee. Wir rasten zu unseren Apartments hoch, an denen die Parade vorbeiführte, füllten zwei große Eimer mit Wasser und erwischten Knut, der wohlweislich hinter der Zugmaschine eines Volvo-Trucks mit einem auflackierten KVAERNER-Bild Schutz gesucht hatte, frontal. Wir haben uns an diesem Tag wie kleine Jungs amüsiert. Es tat gut, sich mal so richtig auszutoben.

Tränen gelacht haben wir auch einen Tag später, als die freundlichen Organisatoren des Fremantle Sailing Club einen Schönheitswettbewerb veranstalteten. Problematisch war, daß jedes Syndikat ein Crew-Mitglied, das als „Lady" Furore machen sollte, auf den Laufsteg schicken mußte. Versuchen Sie mal, einen Segler zum Auftritt in Damenkleidung zu bewegen. Ich weiß nicht, wie er es geschafft hat, aber irgendwie ist es Gurra gelungen, ausgerechnet Craig zu überreden. Einer unserer fünf Kiwis, die stets die Sorge haben, als „Softcock" (Weichei) abgestempelt zu werden. Sein Mut wurde von unseren Gegnern nicht gerade honoriert, die entweder gar keinen Vertreter auf die Bühne entsandten oder aber ihre Shore-Mitarbeiter dazu zwangen. Feige Bande! Wir fanden Craig im Outfit einer römischen Tänzerin, das wir eigens im Kostümverleih besorgten, ziemlich gut. Nur mit seinen Beinen gab es ein Problem: Die waren so stämmig und haarig, daß sie beim besten Willen nicht als sexy durchgehen konnten. So kam es wohl, daß „Ingrid" – so nannten sie ihn – nur im Mittelfeld landete...

Neben unserer Alltagsarbeit haben wir gemeinsam mit einem Orthopäden und einem Physiotherapeuten daran gearbeitet, unsere Körper wieder in Form zu bringen. Mit Schwimmen und Massagen ging es uns Tag für Tag besser. Wichtig war vor allem der Wiederaufbau der verlorenen Muskelmasse. Bei Sonnenschein und Temperaturen um 30 Grad radelten wir täglich viele Kilometer von unseren Apartments zum Pool, in den Hafen und wieder zurück. Wir fühlten uns wohl. Das konnte man von Kimo Worthington (EF LANGUAGE) und Jeff Scott (TOSHIBA) nicht gerade behaupten. Beide hatten sich auf der zweiten Etappe schwere Erfrierungen zugezogen. Während dies jedoch bei Kimo absolut unfreiwillig geschah, und der Amerikaner sich umgehend nach dem Einlaufen im Krankenhaus von Fremantle einer Drucktherapie unterzog, war Scott eher stolz auf die Pein. Der Neuseeländer, in dessen Adern reichlich Maori-Blut fließt, fand es cool, seine dick geschwollenen Hände und Füße herzuzeigen. Handschuhe – so der schwarzhaarige Hasadeur – seien nur was für „Softcocks". Das haben wir doch schon mal gehört...

Um die eingerissenen Salingaufhängungen unseres Riggs zu reparieren, flogen wir einen Mastenbauer von „Southern Spars" aus Neuseeland ein. Toon brachte vorgefertigte Aluminiumteile mit, um die angerissenen Stellen zu verstärken. Wir überprüften erneut das Rod-Rigging und tauschten das laufende Gut aus. Mikke hatte viel Arbeit mit dem Spleißen neuer Schoten. Craig nahm die gesamte Decksausrüstung auseinander. Ich mühte mich parallel um meine Sorgenkinder, den Watermaker und die Heizung. Letztere bekam ein paar neue Glühkerzen verpaßt, die ich ebenfalls aus Neuseeland erhielt. Das gebrochene Steuer nahm Erle auf einen Kurztrip mit nach Hause. Bei „Yachting Developments" in Auckland, wo unsere Yacht auch gebaut worden war, ließ er ein neues Steuerrad in derselben Negativform fertigen. Dazu orderten wir auf Anraten unseres Bootsbauers Sam Murch stärkeren Schaum für den Kern, um einen erneuten Bruch zu vermeiden. Das von der Walflosse zertrümmerte Ruder haben wir einem lokalen Bootsbauer anvertraut. Der baute die Form neu auf und laminierte die Konstruktion mit Kohlefaser. An Deck verstärkte Sam die Beschläge für die Spinnakerschot-Umlenkblöcke, denn die fingen bereits an zu wandern.

Kurz vor dem Start bekam ich dann noch lieben Besuch aus Hamburg. Surfweltmeisterin Andrea Höppner, die gerade bei der WM vor Fremantle am Start war, kam uns im Hafen besuchen, um ein bißchen Whitbread-Luft zu schnuppern. Bei der Besichtigung unserer Yacht war sie nahezu geschockt von der spartanischen Einrichtung. Als sie selbst aber von Plänen sprach, an einer Surf-Rallye für Zweier-Teams über den Atlantik teilzunehmen, war ich es, der staunte. So hat eben jeder seine Ideen von dem, was er für gefährlich oder waghalsig hält.

Statt als achte des Gesamtklassements gingen wir dieses Mal als vierte an den Start. Das ließ sich schon eher sehen. EF LANGUAGE war nach dem fünften Rang auf der zweiten Etappe auf Gesamtrang zwei zurückgerutscht. INNOVATION KVAERNER hatte die Führung übernommen. Die Karten waren neu gemischt worden, und wir gingen hochmotiviert in die dritte Etappe.

Die dritte Etappe

Als sich der Mast den Fuß verstauchte

Der Startschuß zur dritten Etappe in die künftige Olympiametropole Sydney fällt am 13. Dezember 1998 mittags um 13 Uhr Ortszeit. 2250 Seemeilen liegen vor uns – eine mittellange Etappe. Alle neun Yachten liegen nach dem Startschuß eng beieinander. Wir kommen super über die Linie, gehen als dritte um die erste Wendemarke. Schon nach drei Stunden können wir mit besserem Speed MERIT CUP überholen. Ein erster kleiner Triumph! Hoch am Wind knallt unser Boot nur so in die Wellen. Wir müssen irgendwann den Speed auf acht Knoten drosseln (1,5 Knoten mehr wären drin gewesen), wechseln dazu auf ein kleineres Vorsegel (J3) und gehen davon aus, daß die anderen Crews ähnliche Schutzmaßnahmen ergriffen haben. Erst einmal verlieren wir jedoch durch diese Entscheidung die Tuchfühlung zu TOSHIBA und CHESSIE RACING.

Am nächsten Tag aber sind wir schon zweiter hinter der schwedischen EF LANGUAGE, haben TOSHIBA und CHESSIE RACING wieder im Sack. Wir segeln die ganze Zeit hoch am Wind bei schwerer See. Dafür sind unsere Yachten eigentlich nicht ausgelegt. Das Boot bockt wie verrückt. Rock'n Roll auf See. Mensch und Material leiden. Das Stampfen der Yacht läßt mich um Mast und Boot bangen. Mit zehn Knoten Bootsgeschwindigkeit über die drei Meter hohen Wellenkämme zu schießen, läßt den Rumpf jedes Mal erzittern. Wir befinden uns im Duell mit EF LANGUAGE. Jede Wende, die EF LANGUAGE dicht unter Land fährt, müssen wir parieren. Eine Wende auf einer Whitbread-Yacht bedeutet unglaublich viel Arbeit: Jedes Mal müssen 1000 Kilogramm und mehr an loser Ausrüstung und Segeln auf die Luvkante geschleppt werden. Die schlafende Freiwache muß aus den Kojen klettern und auch die Ausrüstung unter

85

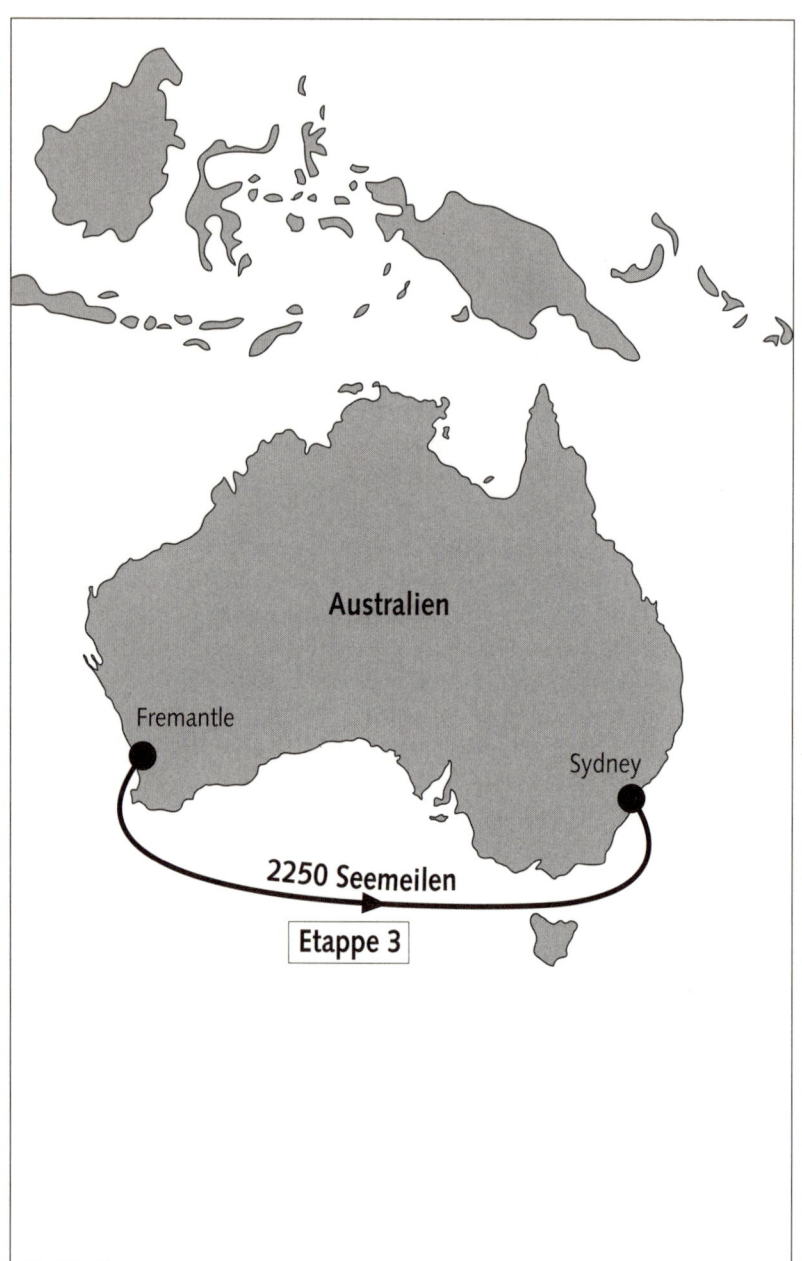

Australien

Fremantle

Sydney

2250 Seemeilen

Etappe 3

Deck umstauen, um dann wieder in Luv in die Koje zu krabbeln. Nicht gerade gemütlich und sehr ermüdend. Insbesondere, wenn das 25mal in vier Stunden passiert. In diesen 24 Stunden hat kaum einer von uns ein Auge zugekriegt. Die aufgebaute Spannung ist immens. Einmal kreuzt EF LANGUAGE nur eineinhalb Meter hinter unserem Heck die Welle.

Am dritten Tag müssen wir das Groß herunternehmen, weil eine Latte gebrochen ist. Not macht insbesondere auf Whitbread-Yachten erfinderisch: Wir schäften das gebrochene Teil mit Hilfe eines Alurohrs, das normalerweise als Handbügel in der Trockenkammer und Toilette dient.

Mit einer Mischung aus Staunen und Anerkennung stellen wir am vierten Renntag fest, daß auch nach 96 Stunden alle neun Yachten wie an einer Perlenschnur aufgereiht und in Nord-/Südrichtung ausgerichtet dicht beieinander liegen. Das südlichste und das nördlichste Boot trennen bisweilen nur 20 Seemeilen. Alle streben konzentriert der schwierigen Passage durch die Bass Strait − der Meerenge zwischen Australiens Südzipfel und Tasmanien − entgegen. Die Positionsberichte sagen alles: Minimalste Verschiebungen bezeugen die ungeheure Wettbewerbsfähigkeit aller Teilnehmer. Alle Crews sind noch im Spiel. Wir müssen das „Gaspedal" 24 Stunden lang voll durchtreten, um vorn zu bleiben. Ärgerlich dabei: Unser Watermaker zickt − das Wasser schmeckt scheußlich, aber wir kriegen das Gerät nicht in den Griff. Effektive Alternativen gibt es aber nicht.

Am 17. Dezember haut mich eine schwere Grippe um. Das letzte, was ich bei diesem Marathon brauche: Rückenschmerzen, fast 40 Grad Fieber. Unser Navigator und Arzt Roger Nilson verpaßt mir eine Schlaftablette, und ich darf eine Wache (vier Stunden) lang aussetzen. Mehr Pause ist nicht drin. Abends versuche ich, den Auspuff der Heizung neu in den Mast zu verlegen. Plötzlich fährt mir ein Schreck durch die Glieder. Ich entdecke, daß der Mastfuß eingedrückt ist wie eine Konservendose. Sofort alarmiere ich unseren Skipper Gurra und meinen Wachführer-Kollegen Rodney Ardern, der für den Mast zuständig ist. Die Stimmung ist angespannt. Das harte Pushen des Bootes am Wind in den ersten Tagen hat ganz offensichtlich Tribut gefordert. Der enorme Stauchdruck, der auf den 29 Meter langen Mast wirkt, hat das untere Ende einfach zusammengefaltet. Was nun? Wir müssen etwas erfinden, um das Rigg zu stabilisieren: Ein Teil unserer Ankerkette aus Stahl fungiert als Korsett und wird mit einer spanischen Winde gespannt. Ein Stahlbolzen, den wir durch den Mast stecken, soll das weitere Einknicken verhindern. Noch etwa fünf Tage bis ins Ziel – wird der Mast halten? EF LANGUAGE befindet sich zu diesem Zeitpunkt etwa fünf Seemeilen hinter uns.

Am folgenden Morgen sichtet unser Segelmacher Tony eine Gruppe von etwa zehn kleinen Pilotwalen. Er behauptet aber, daß es mindestens siebzig sind und führt – um sie zu verscheuchen – einen Waltanz auf dem Vorschiff auf: Mit Getöse und Stampfen amüsiert er uns alle mächtig. Dabei diskutieren wir ausgiebig, ob nun Schwanzflosse und Rückenflosse als ein oder als zwei Wale zu zählen seien. Für einen Moment vergessen wir unsere Sorgen um den Mast. Dafür erfahren wir von einem schwedischen Journalisten, der ein Telefon-Interview mit unserem Skipper führt, daß INNOVATION KVAERNER gleich zu Beginn dieser Etappe ganz ähnliche Schwierigkeiten mit dem Mast hatte wie wir. Knut jedoch ließ sich per Helikopter ein Reparatur-Kit einfliegen und mußte zwecks Annahme der Teile seine Yacht dichter als eine Meile an die Küste heransegeln, um die Whitbread-Auflagen zu erfüllen. Witzig an dieser Situation – so erfahren wir später – war, daß BRUNELSUNERGY und CHESSIE RACING den Norwegern eine Weile lang bis zu deren Ankerplatz gefolgt sind. Offensichtlich dachten die Crews, es handle sich beim Kurs von KVAERNER um ein besonders smartes Manöver des hochgeschätzten Navigators Marcel van Triest. Die Gesichter an Bord von CHESSIE RACING und BRUNELSUNERGY, als KVAERNER dann das Groß runternahm, um sich auf die Helikopter-Ankunft vorzubereiten, hätte ich allzu gerne gesehen. Zumindest wußten wir nun, daß auch andere Boote unter den rockigen ersten Tagen gelitten haben. Wir hatten offenbar noch Glück im Unglück. Und wir sind an diesem Tag auch schon wieder zuversichtlich, daß der Mast der vollen Belastung standhält, und setzen sogar unser „Monster", den großen Masttopp-Gennaker.

Inzwischen sind wir acht Tage auf See. Es ist der 20. Dezember, und es sind noch vier Tage bis Weihnachten. Die Winde wechseln

Richtung und Stärke nach Belieben. Manchmal glauben wir, Heiligabend in Sydney zu verpassen, dann wieder scheint die Ziellinie ganz nah. Die Konkurrenz sitzt uns weiter im Nacken. Bleibt das so, wird es ein Foto-Finish auf der Ziellinie vor Sydneys berühmtem Opernhaus geben. Weihnachtsstimmung hier draußen bei 20 Grad und Sonnenschein? Fehlanzeige!

Unser Duell mit EF LANGUAGE um die Spitzenposition hält an. Wir haben uns die zwischenzeitlich schon einmal herausgearbeitete Führung von EF LANGUAGE zurückerkämpft. Ein schönes Gefühl. Immerhin segeln wir nach wie vor mit geknicktem Mastfuß – das kostet etwa fünf Prozent Speed. Das ist nicht unbedingt schlimm, kann aber in der Endabrechnung wertvolle Sekunden und Minuten kosten. Wir haben nun keine Ruhe mehr, denn die Schweden sind nur ein paar Bootslängen hinter uns, attackieren uns ständig. Ärgerlich obendrein ist, daß unser Radargerät bockt – offensichtlich hat der Motor des Gerätes einen Defekt. Es ist deswegen schwierig, die von achtern aufkommenden Boote unter Kontrolle zu behalten und deren Distanzgewinne und -verluste zu überwachen und zu bewerten.

Am 22. Dezember wissen wir, daß das Ziel naht. Heute nacht wird es soweit sein. Am frühen Morgen sichten wir den Spinnaker von EF LANGUAGE etwa fünf Seemeilen hinter uns. Aus meiner letzten Freiwache von 6.00 bis 10.00 Uhr morgens wird nichts. Jetzt müssen alle ran. Der Wind beschert uns 20 bis 25 Knoten. Wir segeln entlang der Ostküste Australiens und kämpfen wie die Löwen. Vergebens. Paul Cayard und seine Leute haben für diese Wetterbedingungen einfach das bessere Segelinventar dabei, uns fehlt der K3-Gennaker, mit dem wir perfekt Paroli bieten könnten. Wir versuchen, höher zu segeln, Paul Cayard geht tiefer. Dann das Malheur: Unsere Steuerseile in Luv brechen, und Matt Humphries muß fortan ausgerechnet im Schlußspurt vom leewärtigen Steuer aus segeln. Das ist unglaublich schwierig, weil er von dort die Wellen nicht sehr gut sehen kann. Wir haben versucht, ihm die Wellen so gut wie möglich anzusagen. Trotzdem verlieren wir am späten Nachmittag den Kampf gegen Cayard – EF LANGUAGE zieht an uns vorbei. Wir geben nicht auf und können den Abstand von etwa 1,5 Seemeilen halten.

Bei stockfinsterer Nacht gleiten wir in den hell erleuchteten Sydney Harbour. Wir haben alles gegeben, um Cayard und Co. noch einzuholen, doch es hat nicht sollen sein. Wir konnten ihren Vorsprung lediglich wieder etwas reduzieren. Fast hätte uns bei der konzentrierten Aufholjagd noch die drittplazierte CHESSIE RACING eingeholt – die Verfolger hatten wir eine Weile außer acht gelassen. Sie kamen von achtern mit starker Brise schnell auf. Um 1.44 Uhr kreuzen wir fünf Minuten nach EF LANGUAGE die Ziellinie vor der gigantischen Kulisse des Opernhauses. Die australischen Zeitungen schwärmen am nächsten Morgen vom „Jahrhundert-Finish". CHESSIE RACING kommt nur wenige Bootslängen hinter uns rein. Unser zweiter Platz macht uns trotz des verlorenen Zweikampfes sehr glücklich. Es hätte mit dem kaputten Mast auch ganz anders kommen können. Unsere gesamte Shore-Crew und die Familien tragen beim Empfang an den Docks Weihnachtsmann-Mützen – ach ja, Heiligabend ist schon morgen.

Wir sind todmüde und ausgelaugt nach diesem dramatischen Rennen, bei dem gleich fünf Yachten innerhalb von zehn Minuten durchs Ziel gingen. Für viele von uns war dieses die härteste aller jemals gesegelten Whitbread-Etappen. Und es sollte nicht die letzte Etappe gewesen sein, die so viel verlangt. Unsere Körper haben der (Tor-)Tour Tribut gezollt: Mikke muß mit einer Entzündung im Bein ins Krankenhaus, verbringt dort das Weihnachtsfest. Dingos ohnehin schon lädiertes Knie hat offenbar einen schweren Meniskus-Schaden. Er erwägt eine Operation, verschiebt die aber auf den nächsten Zwischenstopp in seiner Heimat Neuseeland. Erle leidet unter einem schmerzhaften Hexenschuß und läuft herum wie ein Fragezeichen. Oskar und Craig klagen über geschwollene, stark schmerzende Hände. Jedes Ziehen am Tauwerk hat ihnen in den letzten Tagen Qualen bereitet. Was für ein Krankenlager!

Zwischenstopp in Sydney

Weihnachten und Silvester in der Olympiametropole

Wenn man dreieinhalb Wochen im beschaulichen Fremantle verbracht hat, danach zehn Tage zur See gefahren ist und dann in Darling Harbour einläuft, ist das bombastisch – erschlagend und faszinierend zugleich. Die australische Olympiametropole scheint dich zu verschlucken. Zwischen Wolkenkratzern, langen Industriedocks und Zehntausenden von Touristen fühlst du dich winzig klein. Unsere Yachten wirkten, aus der Vogelperspektive betrachtet, wie eine Flotte von Dingis, die jemand gegenüber des alten, nicht mehr aktiven Kasinos von Darling Harbour angebunden hatte.

Das Kasino selbst befand sich während unseres zwölftägigen Zwischenstopps in Sydney im Umbau, beherbergte aber trotzdem das internationale Medienzentrum, die Räume der Rennleitung und ein Internet-Café. Dort hinzugelangen war nicht einfach, denn das Kasino hatte derart gigantische Ausmaße, daß wir uns anfangs immer wieder verliefen. Wer sich an den Psycho-Thriller „Shining" mit Jack Nicholson erinnert, der kann sich vorstellen, wie es dort aussah.

Bodenbeläge mit wilden orange-braun-gelben Mustern im 70er-Jahre-Look, Spiegelwände und endlos lange Gänge trugen zur Verwirrung bei. Trotzdem hatte das Gebäude seinen Reiz, und wir Segler trafen uns dort gerne, um im Internet zu surfen und die neusten Nachrichten aus der Heimat zu erfahren. Zu meinen Lieblings-Webpages gehörte neben den Adressen der Hamburger Tageszeitungen auch diese: „www.vegesack.de". Wählt man sich dort ein, dann erreicht man Bremens einzige Webkamera, die stets ein aktuelles Bild von der Vegesacker Fähre zeigt. Ich habe mich darüber köstlich amüsiert, denn als gebürtiger Vegesacker war es gerade zu Weihnachten doch ein schönes Gefühl, auf diese Art und Weise ein Stückchen Zuhause zu sehen.

Die meisten von uns bekamen über Weihnachten und Silvester in Sydney Besuch aus der Heimat. Meine Freundin war als Journalistin beruflich vor Ort, und auch ihre Schwester nutzte die Chance zur sonnigen Erkundung dieser brodelnden City. Ein Glück für mich, denn Heiligabend stand ins Haus, und mit Natascha hatte ich die perfekte Begleitung für einen Bummel durch die Boutiquen an der lebensfrohen Queen Street, um ein paar Präsente zu besorgen. Die Gelegenheiten für Whitbread-Segler, etwas Geld „um die Ecke zu bringen", sind ohnehin rar gesät. Viele Kaufmannsläden hat das weite Meer schließlich nicht zu bieten, und während unserer Zwischenstopps kamen wir selten zu mehr als zwei, drei freien Tagen, die man dann lieber für Ausflüge in die Umgebung nutzt.

Das Weihnachtsfest in Sydney war für uns ein Erlebnis der etwas anderen Art. Entsprechend unserer Crew-Zusammensetzung feierten wir Heiligabend im schwedischen Stil, den ersten Weihnachtstag ganz nach Kiwi-Art. Den Nachmittag des 24. Dezember läutete in unserem SWEDISH MATCH-Zelt in Darling Harbour ein originaler Santa Claus ein, mit dem wir wegen seiner rot-weißen Verkleidung bei 35 Grad im Schatten entsetzliches Mitleid hatten. Er beschenkte die Kinder aller Syndikate, die bei uns zur gemeinsamen Feier mit Zauberei und Liedern eingeladen waren, reichlich. Abends dann gab's die Bescherung für uns Große. Unsere Crew traf sich zum Dinner im Zelt. Ganz nach skandinavischer Tradition wurde ein großer Schinken aufgetischt, dazu gab es „Glögg", ein unserem Glühwein verwandtes, süßes und heißes Getränk. Ein kleiner Plastik-Christbaum in der Ecke mühte sich, im Kampf gegen Sonne, strahlend blauen Himmel und Sommerkleider unserer Freundinnen, um ein bißchen Weihnachtsstimmung.

So richtig weihnachtlich wurde uns aber erst um Mitternacht zumute. Wir hatten verabredet, unsere familieninterne Bescherung in dem kleinen Hotelzimmer zu veranstalten. Dort sah es schon eher wie zu Hause aus: Die Mädchen hatten Kerzen auf der Fensterbank aufgestellt, überall dicke rote Schleifen verteilt und auch die bunten Teller nicht vergessen. Beherzt hatte Natascha eine riesige Dose mit selbstgebackenen Keksen durch den australischen

Zoll geschmuggelt – das ist eigentlich strikt verboten. Der Duft der Zimtsterne, Vanillekipferl und vieler anderer Leckereien versetzte uns in Entzücken. „Au ja, und jetzt die Bescherung", forderte ich, ganz versessen auf dieses Stückchen Tradition in der Fremde. Als erstes packten wir gemeinsam das Geschenk von Tatjanas und Nataschas Mutter aus und waren ganz gerührt. Ein kleiner Holzchristbaum zum Zusammenstecken. So kamen wir doch noch zu unserem eigenen „Tannenbaum". Wir luden noch Rodney und seine Freundin Sofia aus dem Nachbarzimmer ein, erfreuten uns, gedrängt auf drei Quadratmeter Teppichboden, an den kleinen Geschenken, die wir uns gegenseitig machten. Wir tranken Rotwein bis in die frühen Morgenstunden und werden diesen „handgestrickten" Heiligabend sicher nie vergessen.

Der nächste Tag verlief, ganz nach Kiwi-Art, fröhlich und ausgelassen. Wir trafen uns alle mittags auf dem Dach unseres Hauses, das eine Mischung aus Studentenwohnheim und Touristenhotel war. Mit Panorama-Blick über die Dächer der Stadt ausgestattet, luden die Neuseeländer hier oben in schwindelerregender Höhe zu ihrem „Barbie", einem zünftigen Barbecue, ein. Es war einer dieser seltenen Momente, in denen wir stundenlang Zeit hatten, miteinander zu reden, zu lachen, zu entspannen und einfach nur Blödsinn zu machen. Einige Freunde aus anderen Teams kamen dazu. Gaststar des Tages aber war ein aufblasbares Riesenkänguruh, mit dem wir Stunden später angeheitert über die Terrasse galoppierten. Was folgte, war klar und unumgänglich.

Die Kiwis begannen mit einem ihrer Kraftspiele. Es ging darum, den eigenen Körper von einer Linie aus in Liegestützposition mit einer Flasche in jeder Hand möglichst weit nach vorne zu wuchten. Dort mußte – alles ohne Berührung des Bodens – eine der beiden Flaschen abgestellt werden, bevor man sich ohne Bodenberührung zurück zur Linie arbeiten mußte. Das Ergebnis dieses Spiels spiegelte ein bekanntes Bild wider: Keiner kam so weit wie Gunnar Krantz, dessen Ehrgeiz und Kraft ihn bei diesem kleinen Macho-Spielchen triumphieren ließen. Tony, Craig und ich gaben ebenfalls eine anständige Figur ab. Ich profitierte davon, daß ich aufgrund eines Spazierganges einige Runden Bier ausgelassen hatte. Der Abend endete für viele erst am nächsten Morgen.

Wer feiert, muß auch schuften können. Für uns folgten randvolle Arbeitstage im Hafen. Der eingeknickte Mastfuß mußte repariert werden, und wieder flog Toon aus Neuseeland ein. Das eingedellte Stück haben wir abgesägt und dann ein neues Stück Rohr unten angeschäftet. Das sollte und mußte zunächst reichen.

Gegen die vielen neugierigen Blicke und Besuche der Fans, aber auch der Jungs aus anderen Projekten schotteten wir unser Reparaturlager und den Container wie alle anderen Teams mit einem kleinen Zaun ab. Daran befestigten wir ein großes Pappschild mit der Aufschrift: „No Entrance! We have big guys in the crew!" Insgesamt aber war die Stimmung längst nicht mehr so konspirativ und geheimniskrämerisch wie noch in Southampton vor dem Start. Die Barrieren in den Köpfen und rund um die Camps wurden Stück für Stück abgebaut, die Mannschaften halfen sich auch schon einmal gegenseitig, wenn Not an Mann und Material war. So stapfte ich etwa bei der Suche nach Ersatzteilen für meinen Watermaker durch sämtliche Materiallager der Konkurrenz. Bei MERIT CUP wurde ich – fast – fündig. Die Jungs arbeiteten mit einem identischen Watermaker, und Co-Skipper Guido Maisto hätte mir tatsächlich auch ausgeholfen. Allein, genau die Dichtungsringe, nach denen ich fahndete, hatten auch sie nicht vorrätig. Ich trieb die Ringe schließlich bei einer auf solche Produkte spezialisierten Firma außerhalb Sydneys auf.

Während wir am Boot arbeiteten, sorgte eine Gruppe von Performance-Künstlern im Hafen für die Unterhaltung von Seglern und Schaulustigen. Drei von ihnen kamen jeden Tag – wirklich schräge Typen. Sie traten in Haifisch-Kostümen auf, sprachen kein Wort, machten sich ausschließlich durch seltsame Klingelgeräusche oder kaum identifizierbare Sangestöne unter der Titelzeile „Looking for Nirvana" akustisch bemerkbar. MERIT CUP-Skipper Grant Dalton amüsierte sich dermaßen über das skurrile Treiben des Trios, daß er schwor, im Falle einer Niederlage gegen das Frauen-Boot auf einer der verbleibenden Etappen selbst in einem solchen Kostüm aufzutreten. Ganz schön vorwitzig, wie sich noch herausstellen sollte.

Wie gut diese blauen Gestalten mit Badekappe und angeklebter Flosse auf dem Kopf über das Whitbread-Geschehen tatsächlich informiert waren, bewiesen sie mit einem fast makabren Einsatz vor dem Container von INNOVATION KVAERNER. Dort reihten sie sich auf, schauten die KVAERNER-Jungs mit Belustigung und Erstaunen in den Augen an, machten synchron heftige Schwimmbewegungen und sangen dazu immer nur „Alby Pratt, Alby Pratt, Alby Pratt". Dazu muß man wissen, daß Alby auf der vorangegangenen Etappe über Bord gegangen war.

„Man over board, all hands on deck – Mann über Bord, alle Hände an Deck" – so ähnlich müssen die alarmierten Stimmen an Deck von INNOVATION KVAERNER in der Nacht zum 21. Dezember geklungen haben. In pechschwarzer Nacht war Vorschiffsmann Alby Pratt plötzlich von einer Welle über Bord gewaschen worden. Die Überlebensleine des Australiers war nicht eingeklinkt. Dank einigermaßen ruhiger Wetterlage bei Winden um fünf Beaufort dauerte die Bergeaktion nur sieben Minuten. Knut berichtete anschließend erleichtert: „Dank unseres intensiven Trainings von Mann-über-Bord-Manövern und der großen Besonnenheit meiner Crew konnten wir Alby unbeschadet aus dem Wasser ziehen. Wir haben dazu die Segel runtergenommen und den Motor angemacht. Sein persönliches Rettungslicht hat uns die Suche erleichtert. Er hatte einen kleinen Schock, doch insgesamt ging es ihm gut." Ein Unfall mit glimpflichem Ausgang, der sicherlich dazu beigetragen hat, daß viele Skipper noch ein bißchen sorgfältiger darauf geachtet haben, ihre Männer nur angeleint in Aktion treten zu lassen.

Unsere beiden Segelmacher Tony und Dingo arbeiteten inzwischen unermüdlich, fast am Rande ihrer Kraft. Auf ihren Arbeitslisten reihten sich schier endlose Reparatur- und Recut-Jobs aneinander. Dingo, der drei Jahre lang in Sydney gelebt und dort bei North Sails gearbeitet hatte, verfügte über dankenswerte Kontakte. In der North-Loft verbrachten Tony und Dingo bis zu 15 Stunden am Tag, brüteten über den besten Schnitten, trennten Nähte auf und fügten sie wieder zusammen. So hatten wir beispielsweise bemerkt, daß EF LANGUAGE auf dem letzten Stück hinein nach Sydney, als wir die Führung an sie verloren, uns gegenüber deutliche Speed-Vorteile hatte. Einer der Gründe war, daß EF LANGUAGE zu dem Zeitpunkt mit einem sogenannten „Jiffy Reef" im Großsegel fuhr – das ist eine Reffkausch am Achterliek des Großsegels, die im angesetzten Zustand den Baum um etwa einen Meter anhebt.

Dadurch wird die Gennakerschot bei aufgefiertem Großsegel nicht zu früh durch den Baum heruntergedrückt, und das Achterliek des Gennakers kann sich immer noch öffnen. Folge: Das Boot schießt bei spitzen Raumschotskursen nicht so schnell in den Wind, weil der Gennaker sich immer noch vom Druck befreien kann. So ein Ding mußte her, das war uns klar. Merke: Man lernt beim Whitbread-Rennen rund um die Welt nie aus, kann sich immer noch neue Tricks aneignen.

Dann brach der 31. Dezember an. Wir erledigten noch die letzten Handgriffe, bevor wir uns für die größte Silvesterparty der Welt bereit machten. Mit einem Kreuzfahrtschiff und etwa 1000 Gästen, die unser Sponsor Swedish Match zum einjährigen Unternehmensgeburtstag unter neuem Dach geladen hatte, schipperten wir am Abend von Darling Harbour in Richtung Harbour Bridge. Mit uns feierten auch Freunde aus anderen Teams, die wir mitbringen durften. Dazu gehörten Paul Standbridge und seine Freundin Nicky, eine ebenso warmherzige wie partylustige Südafrikanerin. Auch meinen ehemaligen INTRUM-Mitstreiter Pierre Mas, inzwischen in „Innovation KVAERNERS" Diensten, hatte ich mit seiner französischen Freundin Alexandra eingeladen. Mit dabei waren auch unsere Hamburger Freunde Andrea Höppner und Tobias Hatje.

Es wurde ein rauschendes Fest. Während unsere Lieben daheim an den Bildschirmen dieses spektakulärste und mit zwei Millionen Mark auch teuerste Feuerwerk der Welt bestaunten, genossen wir es aus nächster Nähe. Fast eine halbe Stunde lang prasselte, blitzte und funkelte es um uns herum. Am Ende leuchtete gleißend weiß die wichtigste Botschaft der Stadt in meterhohen Buchstaben an der berühmten Brücke: „Sydney 2000". Es waren emotionale Augenblicke: Was wird uns 1998 bringen? Werden wir siegen? Werden wir verlieren? Werden wir die Heimat heil erreichen? Und wie wird das Leben nach dem Whitbread dieses Mal sein? Die Gedanken wirbelten in unseren Köpfen herum wie die Raketen am Himmel. Und wieder schoß mir durch den Kopf, wie viele unbeschreiblich schöne Momente Whitbread seinen Teilnehmern beschert.

Am Neujahrstag erledigten wir mit entsprechend angezogener Handbremse nur die nötigsten Handgriffe und erholten uns von den „Strapazen" der Nacht.

Wie klein die Welt tatsächlich sein kann, erlebten wir am Neujahrsabend in China Town. Meine Freundin und ich waren durch die kleinen Gassen gebummelt, hatten uns auf einem Pappkarton sitzend eine wohltuende asiatische Kopfmassage verabreichen lassen und entschieden uns schließlich für eines der kleinen chinesischen Restaurants. Eine Viertelstunde später betrat ein Paar den Raum, das uns irgendwie bekannt vorkam. Wir grübelten und grübelten und entschlossen uns schließlich, nach dem Essen einen Abstecher ins erste Stockwerk zu machen, um herauszufinden, um wen es sich handelte. „Moin, moin", sagte ich laut, und die beiden blickten uns erst überrascht, dann lächelnd an. Vor uns saß Ehepaar Horn aus Bohnert an der Schlei, wohlbekannte Gesichter von der Kieler Woche und anderen Seglertreffen. Und das mitten in China Town auf der anderen Seite der Weltkugel! Wir kamen schnell ins Schwätzen und luden die beiden und ihren Sohn für den nächsten Tag zu einer Schiffsbesichtigung ein. Zwar macht es mir schon lange nichts mehr aus, fast ausschließlich auf Englisch zu kommunizieren, trotzdem war es schön, auch mal ein Gespräch in der eigenen Muttersprache zu führen.

Bereits am 2. Januar ging es wieder voll zur Sache. Das Regattageschehen hatte uns wieder im Griff, der Countdown bis zum Neustart am 4. Januar ließ alles auf Hochtouren laufen. Und warum ruhen, wenn es noch etwas zu verbessern gibt? Kurz vor dem Start des Rennens entschieden wir uns in einer Blitzaktion dafür, den Mastfall des Bootes zu verändern. So wollten wir dem Schiff bei weniger Wind etwas mehr Druck verleihen, vor allem aber unserem beschädigten Mast besseren Halt bescheren. Diese Aktivitäten wurden von unserer Konkurrenz, insbesondere EF LANGUAGE, höchst argwöhnisch beobachtet. Cayards Crew begann, uns mit einem Protest zu bedrohen, behauptete, daß diese Aktion illegal sei. Nach ihrer Auffassung hatten wir das Zeitlimit überschritten, innerhalb dessen man noch eine so gravierende Veränderung am Boot vor dem nächsten Etappenstart durchführen durfte. Nach einer kurzen Verbalschlacht jedoch ließen alle Parteien das Thema auf sich beruhen.

Am Morgen des Starttages waren unsere Vorbereitungen abgeschlossen. Ein letztes Mal saßen wir in unserem Zelt beim Früh-

stück beisammen, als plötzlich eine riesige Karottentorte samt bren-
nender Kerzen hereingetragen wurde. Alle sangen „Happy Birth-
day". Sofia hatte Geburtstag, und irgendwie erschien uns das als
gutes Omen für die nächste Etappe. Es war sogar ein Doppelge-
burtstag, denn auch Matts Freundin Ulrika feierte ihren Ehrentag.
Höchst fröhlich und mit ein paar Bissen Karottenkuchen im Magen
begaben wir uns auf unsere Yacht. Beim Ablegen spielten die australischen Organisatoren traditionell die Hymnen der jeweiligen
Projekte. Unsere – wie könnte es angesichts der Zündhölzer-Pro-
duktion unseres Sponsors anders sein – war „Smoke on the Water"
von Deep Purple. Genau das wollten wir für die Konkurrenz auf der
kommenden Etappe sein: Rauch auf dem Wasser! Insbesondere,
weil es für unsere fünf Kiwis heim nach Auckland ging und wir
dort natürlich unbedingt als Erste ankommen wollten. Mit der ver-
besserten Ausgangsbasis war auch unser Selbstvertrauen weiter
gestiegen: Inzwischen lagen wir auf Rang drei der Gesamtwertung.
Vor uns führte EF LANGUAGE mit 302 Zählern auf dem Konto, dahinter folgte INNOVATION KVAERNER mit 267 Punkten. Unser Rückstand
auf die Norweger betrug lediglich 14 Punkte – alles war also offen,
alles war möglich.

Die vierte Etappe

Ein Sieg, so nah und doch so fern

Ein grauer Schleier liegt über Sydney Harbour. Die Sonne hat sich nicht dazu durchringen können, uns ein paar Strahlen hinabzuschicken. Über uns braut sich ein neuer Helikopter-Rekord zusammen – etwa 25 dieser Brummer samt Fotografen und Fernsehteams kreisen am Himmel und nehmen ihre Beute ins Visier: uns! An der Startlinie herrscht Gedränge. Erstmals ist bei diesem Rennen auch Toshibas Syndikatsboß Dennis Conner selbst im Einsatz. Majestätisch und mächtig hat „Big Bad Dennis" sich am Ruder aufgebaut. Als Medienstar weiß er genau, daß es sich am nächsten Tag in dicken Schlagzeilen auszahlen wird, wenn er den Start gewinnt.

Toshiba attackiert früh und riskiert viel. Zuviel. Per UKW und dem eindeutigen Flaggensignal pfeift ihn die Wettfahrtleitung zurück – Frühstart! Die Helis haben ihr erstes Motiv. Schon Sekunden später erwischt es uns allerdings selbst. Während alle Crews locker ihre Monster-Segel ausrollen, versagt bei uns ein Detail mit fatalen Folgen. Um ein zu frühes Öffnen oder Flattern des Segels zu verhindern, haben wir noch einen Strumpf mit Reißverschluß über das Segel gezogen. Aber das verdammte Biest will nicht aufgehen. Gunnar notiert später in seinem Logbuch mit Galgenhumor, daß er eine solche Panik sonst nur aus Situationen kenne, wenn sich „beim höchst dringlichen Gang zur Toilette der Reißverschluß nicht öffnet..."

EF Language gelingt wieder einmal der beste Start. Paul Cayard und Co. rauschen davon. Wir ziehen unsere Nummer drei, Vorschiffsmann Mikke, eiligst in den Mast, um das Chaos zu beseitigen. Das dauert und erscheint uns wie eine Ewigkeit. Inzwischen haben die Helikopter von Dennis abgelassen und uns als vielverspre-

99

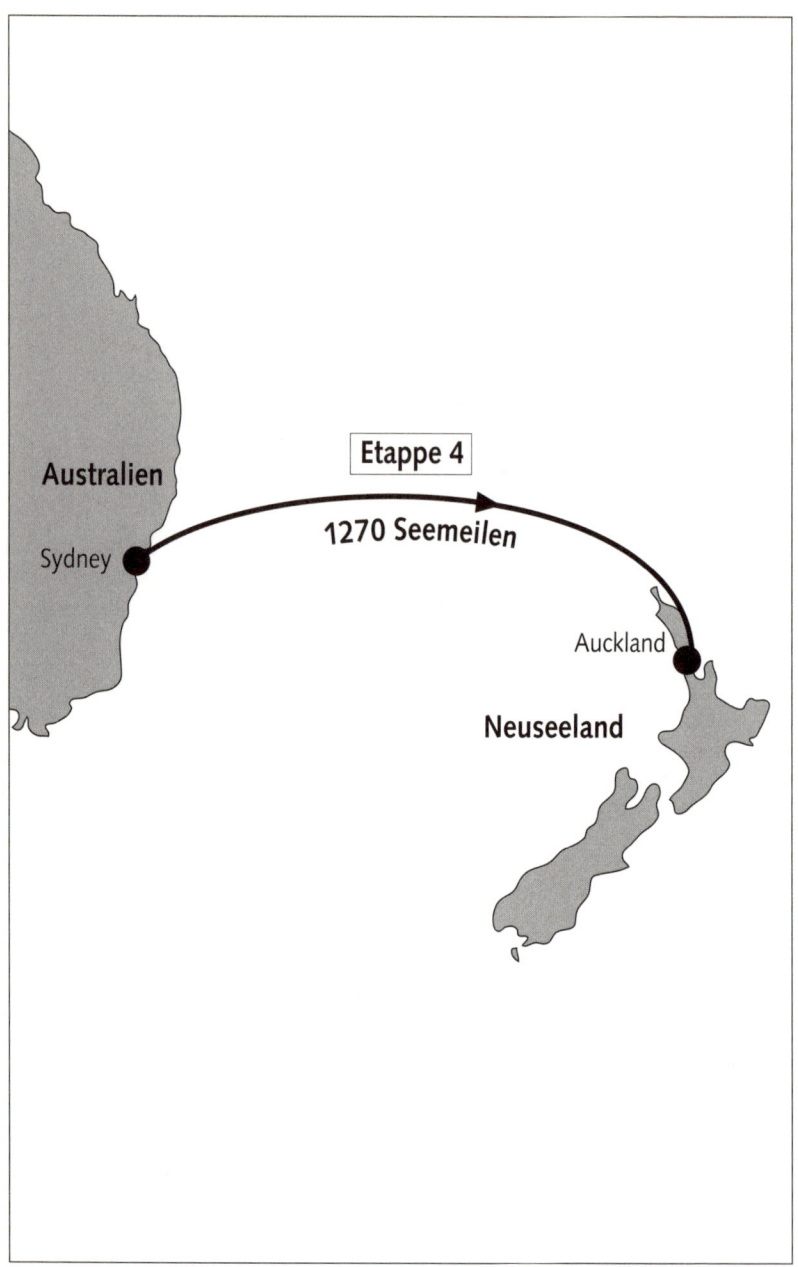

Australien

Etappe 4

Sydney

1270 Seemeilen

Auckland

Neuseeland

chende Beute ausgemacht. In diesen Sekunden erscheinen sie uns wie Aasgeier, aber natürlich können sie so ein Bild nicht verpassen. Wir verlieren wichtige Zeit. Als der Reißverschluß nach ewiger Zerrerei endlich aufreißt und das Segel steht, sind EF LANGUAGE, SILK CUT und INNOVATION KVAERNER schon an uns vorbeigezogen. Aus den Sydney Heads, der Aus- und Einfahrt von Sydney Harbour, kommen wir trotzdem als vierte. In uns brennt die Flamme des Ehrgeizes jetzt lichterloh.

Es ist sehr warm. Das Wasser hat eine Temperatur von 30 Grad. Unter Deck ist es unerträglich heiß. Aus Gewichtsgründen haben wir auf dieser vierten Etappe gar keine Schlafsäcke dabei – bei diesen Temperaturen ist das auch wirklich nicht notwendig. Bei der Bekleidung sind wir mal wieder am Minimum angelangt. Eine kleine Tasche, groß wie ein Schulranzen, muß diesmal nicht für eine Person, sondern für eine ganze Wache von drei Leuten reichen.

Ungefähr 300 Meter vor unserem Bug taucht am nächsten Morgen ein Wal auf. Er taucht und stellt dabei imposant seine riesige Schwanzflosse zur Schau. Erinnerungen werden wach an unsere Kollision auf der zweiten Etappe. Rodney steuert das Boot genau auf die Stelle zu, an der er eben verschwand. Dort kann er jetzt ja nicht mehr sein...

Der Wind nimmt schnell zu, und wir donnern durch die Tasmanische See. TOSHIBA segelt nur eine halbe Meile vor uns. Wir kämpfen um jeden Meter, wollen sie unbedingt überholen. Rodneys Wache ist im Einsatz, meine auf Standby. Rodney steht am Steuer, Tony trimmt das Großsegel, Mikke hat die Spinnakerschot in der Hand, Dingo und ich grinden und Magnus kurbelt für „Big Tone" (Tony) an der Großschotwinsch. Erle sitzt als Supervisor hinten auf der Kante. Die nächste Welle rollt von hinten ran, von schräg achtern kommt zusätzlich eine Bö. Erle sagt für Rod die Bö an: „Puff in five!" Mit höchster Anspannung erwarten Dingo und ich am Grinder die Bö, die uns in fünf Sekunden treffen wird, bevor das Boot wieder mit mehr als 20 Knoten die Welle heruntersurft. Und da ist sie schon. Rodney fällt auf dem Wellenkamm etwas ab, zeitgleich brüllt Mikke: „Trimm!" Dingo und ich hauen in die Tasten. Parallel sagt Tony zu Magnus: „Go, main – Großsegel dichter!" Und auch Magnus kurbelt los...

Verflucht, denke ich im Schweiße meines Angesichts, der Druck dieser Plastikgennaker ist immens. Und er wird direkt in Bootsgeschwindigkeit umgesetzt, Energieverluste gibt es kaum. Dingo und ich müssen im zweiten Gang kurbeln, anders sind die gewaltigen Kräfte nicht mehr zu bändigen. Das aber heißt, daß wir natürlich schneller als im ersten Gang drehen müssen. Kopf an Kopf prusten wir uns gegenseitig ins Ohr. Nach 20 bis 30 Sekunden erklingt das erlösende „Stopp" des Trimmers. Doch lange Verschnaufpausen gibt es selten. Die nächste Welle ist schon im Anrollen, die nächste Bö kommt bestimmt. Den Job des Grinders hält man auf einer Whitbread-Yacht etwa eine halbe bis Dreiviertelstunde durch, dann muß die Ablösung erfolgen, um durchgehend höchste Leistung zu gewährleisten.

Nachmittags bläst es bereits mit 30 bis 35 Knoten, guten sieben Windstärken. Wir sind schneller als TOSHIBA. Die inzwischen vier, fünf Meter hohen Wellen kommen von achtern, schicken uns unter Spinnaker eine Dusche nach der nächsten übers Deck. Unter Deck sorgt der Watermaker wieder einmal für Ärger. Das Wasser schmeckt schlecht, und die Jungs sind nicht so ganz zufrieden mit mir, denn die Entsalzungsanlage unterliegt meiner technischen Obhut. Später fand ich heraus, daß eine der beiden Filtermembranen einen Riß hatte und ihren Entsalzungszweck nicht mehr erfüllen konnte. Gemeinerweise platzt auch noch einer der beiden Druckbehälter mit einem dumpfen Knall. Zwei, drei Liter Wasser ergießen sich auf den Boden in Magnus Media-Station. Den Behälter kann ich Gott sei Dank wieder reparieren. Es sah zunächst schlimmer aus als es war.

Am Abend liegen wir mit MERIT CUP und TOSHIBA fast gleichauf. Dann verschluckt uns die Nacht. Es ist pechschwarz, und plötzlich dreht der Wind um 100 Grad! Das Großsegel schlägt komplett über, und wir schießen beinahe in den Wind. Gott sei Dank reagiert unser Skipper am Rad schnell und bringt das Boot wieder auf Kurs. MERIT CUP geht es nicht so gut. Die Jungs schmieren ab, müssen das Fall des Spis kappen und drehen sich einmal um 180 Grad! Wir sehen ihre Buglaterne noch wild tanzen, bevor wir sie aus den Augen verlieren. Das Chaos auf MERIT CUP hat Daltons Männer fünf Seemeilen gekostet, die wir jetzt vor ihnen liegen. Dank einer schnellen Halse konnten wir uns nach diesem starken Winddreher einigermaßen unbeschadet aus der Affäre ziehen. Wenige Stunden später bergen wir den Spi, um die Jib 2 zu setzen. Der Wind dreht weiter auf die Nase. Durch diese Aktion haben wir auch auf TOSHIBA einige Meilen gutmachen können und liefern uns ein spannendes Wendeduell mit Dennis Conner und seinen Männern.

Am vierten Renntag raumt der Wind wieder, und wir können den großen Reacher R1 setzen. Das überlappende Vorsegel, das im Vorstag gefahren wird, verschafft uns gegenüber TOSHIBA einen Vorteil. Wir können ihr weitere Meilen abnehmen. Wir führen, und es sind noch 240 Seemeilen bis nach Cape Reinga, der Nordspitze Neuseelands. Die anderen Boote hinter uns sind aufgereiht wie auf einer Perlenschnur. Das bedeutet zunächst eine sichere Position für uns. Überholen ist angesichts der konstanten Winde kaum möglich. Die Stimmung an Bord ist prächtig, die Kiwis sind natürlich alle mächtig stolz. Jeder von ihnen malt sich die triumphale Ankunft in Auckland schon in den allerschönsten Farben aus, denn Rogers Wetterinformationen besagen, daß wir viel Wind bekommen und bis ins Ziel keine Flauten in Aussicht haben! Trotzdem hören wir nicht auf, das Boot zu pushen. Wir sind weiter bis in die Haarwurzelspitzen motiviert.

Am 8. Januar sind es nur noch wenige Meilen bis Cape Reinga. Die Küste Aoatearoas liegt vor uns, das „Land der Langen Weißen Wolke". Die Maoris haben diesen Namen geprägt, denn über dieses Stückchen Land ziehen sehr oft dicke weiße Quellwolken. Nichts scheint uns mehr aufhalten zu können. TOSHIBA und MERIT CUP sind über 20 Seemeilen hinter uns. 100 Meilen noch bis ins Ziel.

Um 10 Uhr morgens komme ich mit meinen Jungs, David und Magnus, wieder auf Wache. Wir reachen mit vollem Speed in Richtung Osten. Cape Reinga liegt direkt vor uns. Nahezu aus heiterem Himmel trifft uns dann der Schicksalsschlag. Je näher wir an das Kap herankommen, desto mehr läßt uns der Wind im Stich. Vor uns öffnet sich wie ein unbarmherziger Schlund ein riesiges Flautenloch. Wir versuchen, es zu umsegeln. Wir ziehen Erle hoch in den Mast, aber auch er kann keinen Wind erspähen. Wir sind gefangen, die Segel hängen schlapp am Mast. Wir wenden, halsen, überlegen hin und her. Sollen wir unter Land oder auf See?

Eine Stunde später. Es ist absolut kein Wind, und Erle kann Toshiba und Merit Cup aus dem Mast schon am Horizont entdecken. Wir sind hilflos, zornig und bedrückt, sehen das Desaster kommen und haben nicht den Hauch einer Chance, uns aus der Falle zu befreien. Wir sind wie paralysiert und wissen keinen Ausweg. Wir sind alle sicher, die schwärzeste Stunde unseres seglerischen Daseins zu erleben.

Toshiba kommt mit dem alten Wind angesegelt und sieht uns im Öl liegen. Sie segelt kurzerhand unter Land und umschifft uns. Dann kommt auch schon Merit Cup, geht noch weiter unter Land, findet dort noch mehr Wind und segelt an uns beiden vorbei. Einfach so. Das nenne ich „modernes Raubrittertum" im Segelsport.

Chessie Racing und EF Language machen das gleiche. Wir sind fassungslos. Die Flotte zieht an uns vorüber, und wir können uns nicht einmal verteidigen! Ein Bild des Jammers, das von außen wie ein schlechter Witz aussehen muß. Wir fühlen uns bestohlen, schnöde um den nahen Sieg beraubt. Erle und Gurra toben, uns anderen hat es die Sprache verschlagen. Aber auch ein solches Erlebnis gehört leider zum Regattasegeln. Als wir endlich wieder Wind bekommen, sind wir fünfte, und EF Language liegt als viertes Schiff schon sechs Seemeilen vor uns. Eine schöne Bescherung! Wir setzen in der letzten Nacht noch einmal alles daran, die fünf Boote einzuholen. Wir dösen auf der Kante, und ein Segelwechsel folgt auf den nächsten. Keiner von uns kann jetzt mehr schlafen.

Als sei die Flaute nur ein böser Alptraum gewesen, begleitet uns am letzten Tag ein Sturm von über 40 Knoten Wind auf der Kreuz ins Ziel. Die Ankunft aller Boote wird hier frenetisch gefeiert. Die Ureinwohner Neuseelands, die Maori, führen Stammestänze auf. Tausende Fans jubeln rund um das Viaduct Basin, denn Segler sind hier noch wahre Sporthelden. Heute vor allem der in Auckland lebende Grant Dalton und seine Männer auf Merit Cup, denn die weiß-gelbe Yacht holt ihren ersten Etappensieg. Mit Können, aber auch viel Glück. Nur zehn Sekunden nach dem Kreuzen der Ziellinie platzt auf Merit Cup der Halsbeschlag des Großsegels, das sofort geborgen werden muß. Wäre das ein paar Stunden früher passiert, wäre das Rennen anders ausgegangen.

Auch Silk Cut erwischt es im Schlußspurt: Der Schäkel des Vor-

24

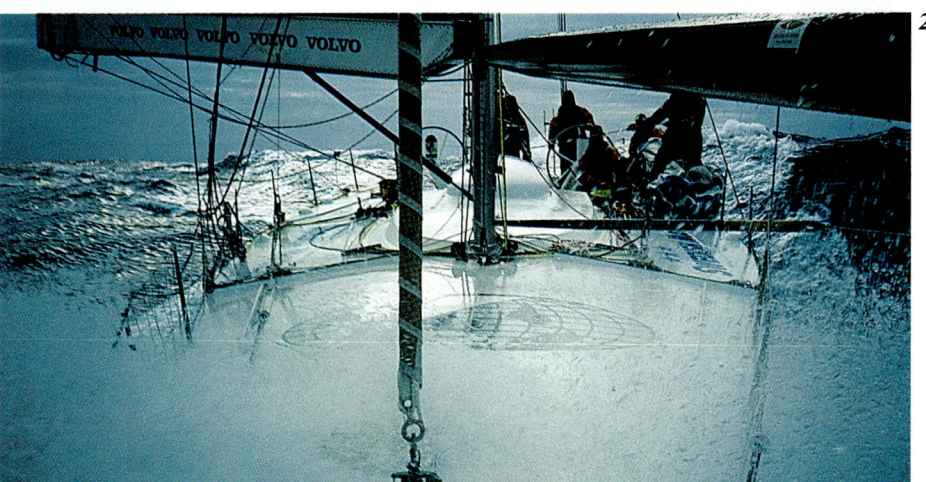

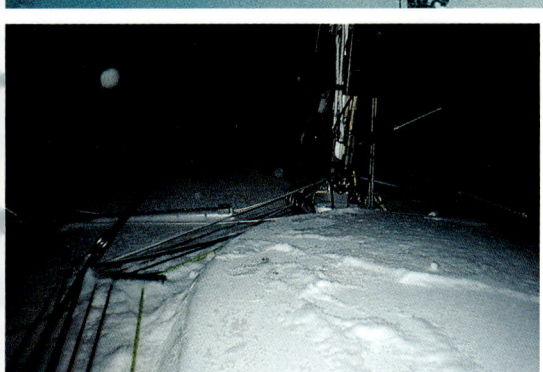

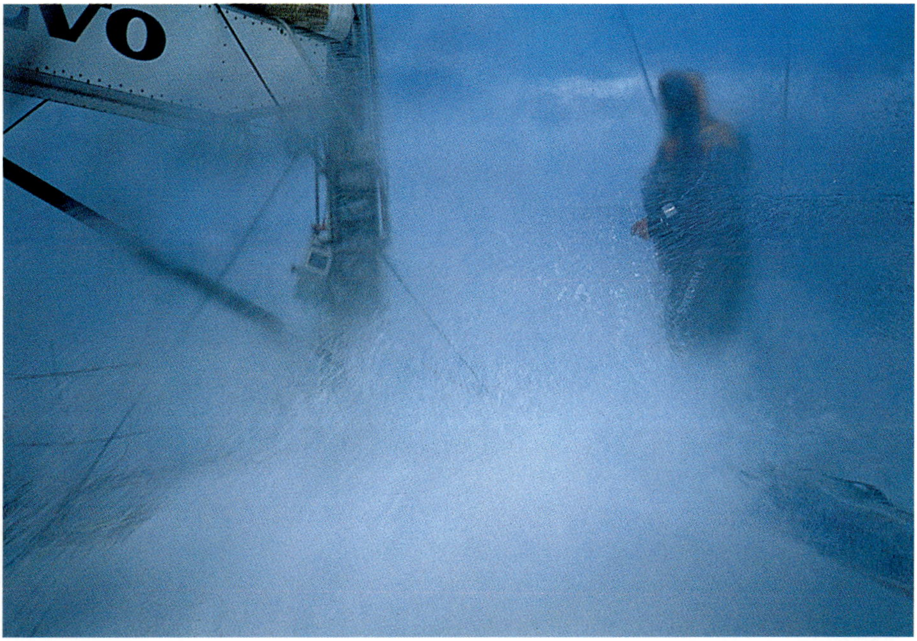

25

26

24 Deep Blue: Momentaufnahme in den Roaring Fourties

25 Schneller Ritt: mit bis zu 30 Knoten Speed die Wellen hinunter

26 Einladung zur Schneeballschlacht im Südpolarmeer

27 Kurz nach dem Start in Sydney:
Segelpacken an Deck

28 Im Augenblick des Triumphs:
Zieleinlauf in Fremantle

29 „Dirty Dozen": Eine Zigarre zu Ehren
Kap Hoorns...

30 Strahlende Sieger der zweiten Etappe

37

38

39

44

45

44 Segeltest vor dem Opernhaus: TOSHIBA in Sydney
Harbour

45 Sexy „Ingrid" alias Craig
Satterthwaite

46 Wahl zur „Miss Whit-
bread" in Fremantle

47 Surf & Sail: Kröger mit
Andrea Höppner und
Amelie Lux (r.) in Freo'

47

segelhalses bricht etwa zehn Seemeilen vor dem Ziel. Das Vorsegel verabschiedet sich aus dem Profilvorstag, flattert wild nach hinten um das Rigg herum und schlägt dabei mit Wucht in die Leeseite des Großsegels. Die scharfkantigen Überreste des gebrochenen Schäkels perforieren das Groß und bringen es binnen Sekunden zum Platzen. Bei Böen bis zu neun Beaufort muß Lawries Crew die zerschredderten Reste der beiden Segel hektisch bergen und die letzten Meilen unter Sturmfock und Trysegel zurücklegen. Mit Ach und Krach kommen sie als sechste nach uns ins Ziel.

Unsere Neuseeländer sind niedergeschmettert. Ausgerechnet ihr Rivale aus dem gleichen Land hat die Lorbeeren eingeheimst, die sie eigentlich selbst verdient hatten. Ich kann sie gut verstehen. Man stelle sich nur vor, eine Whitbread-Etappe würde nach Hamburg führen und mein Team läge über tausende von Seemeilen an der Spitze – bis „Elbe 1", würde dann in einer Flaute einparken und müßte vier Konkurrenten passieren lassen – grausig!

Als wir endlich im Hafen von Auckland festmachen, erleben wir eine ungewöhnliche Welle der Sympathie. Sogar der im Umgangston oft grantige Grant kommt zu uns und schüttelt nur den Kopf: „Tut mir leid für euch Jungs, sorry". Wir können nichts tun als ihm zu gratulieren und uns in unser Schicksal zu fügen. Auch Dennis Conner, nicht eben bekannt dafür, daß er seine Gegner in der Niederlage aufbaut, sagt später in der Pressekonferenz: „Niemand von uns hatte daran gezweifelt, daß SWEDISH MATCH diese Etappe gewinnt. Das war unglaubliches Pech." Leider zählt im Sport nur das Resultat und nicht, wie es entstand.

Wir versuchen, uns mit dem Gedanken zu trösten, daß wir sie eigentlich alle im Sack hatten und die moralischen Sieger dieser Etappe sind. Wir versuchen, nicht daran zu denken, daß wir während dieser 1317 Seemeilen kurzen Etappe 100 Stunden lang top waren und uns erst in den letzten 19 Stunden diesen ärgerlichen Flop eingefangen haben. Auch sind wir mit Rang drei im Gesamtklassement nicht unzufrieden. Darauf läßt sich aufbauen.

Zwischenstopp in Auckland

Halbzeit bei der Jagd um die Welt

Wir sind im Heimatland des Segelsports. Hier, wo 1995 eine Million Menschen auf die Straße gingen, um ihre neuen America's Cup-Sieger Russell Coutts, Peter Blake und das „Team New Zealand" frenetisch zu feiern, versteht man viel vom Segeln. Hier, wo mehr Boote als Autos registriert sind, hat man ein großes Herz für den Wassersport. Nicht umsonst wird Auckland in Seglerkreisen nur „City of Sails" genannt. Eine kleine Einschränkung jedoch muß ich machen. Auf der Welle des America's Cup-Erfolges und in Ermangelung einer eigenen neuseeländischen Whitbread-Yacht in diesem Rennen erschien mir die enorme Begeisterung, die mich bei meiner ersten Whitbread-Teilnahme 1993/94 in Auckland so fasziniert hatte, bei diesem Zwischenstopp etwas abgenommen zu haben. Alle Kräfte des Landes scheinen auf den Cup konzentriert, während fast überall im Ausland der Trend genau in die entgegengesetzte Richtung zeigt. Das allerdings soll die Herzlichkeit nicht schmälern, die uns entgegengebracht wurde.

Rund 15 500 Seemeilen rund um die Welt haben wir inzwischen absolviert – etwa die Hälfte der Gesamtstrecke von 31 200 Seemeilen, die wir in neun Etappen bewältigen müssen. Der Stopp in Auckland, gut drei Wochen lang, läßt uns endlich einmal wieder ein paar Tage am Stück zum Verschnaufen. Und Zeit zur Besinnung. Das Rennen und unsere Trainingsphase waren, so erscheint es rückblickend, eine einzige Hatz. Harte, bisweilen dramatisch enge und spannende Etappen, Rennen wie im Matchracing Circuit und kurze, äußerst arbeitsame Etappenstopps. Das zerrt an den Nerven.

Aber ist es nicht genau das, was wir uns alle gewünscht haben? Ich kann nur sagen: Ja! Es ist hart und anstrengend für uns Sportler, aber auch mitreißend und aufregend. Und ich glaube und hoffe, spannend für die Zuschauer und alle Segelbegeisterten. Unser Sport braucht Ereignisse wie das Whitbread, um ins Rampenlicht zu gelangen und aus dem Schatten einer Randsportart zu treten. Ich bin sicher, daß dieser wichtige Schritt bei dieser siebten Auflage des Whitbreads endgültig und eindrucksvoll gelungen ist.

Und noch etwas ist mir aufgefallen, das uns alle ziemlich freudig stimmte: Inzwischen war unsere Crew auf SWEDISH MATCH die einzige, in der noch niemand geschaßt worden war. Wir segelten immer noch in der Erstbesetzung, abgesehen einmal von Matt Humphries, der als zwölfter Mann nach Etappe eins dazu kam und eine Verstärkung ist. Klar, daß auch bei uns mal Streit und Unfrieden ausbrachen. Das ist ja nicht zu vermeiden, wenn man über eineinhalb Jahre auf engstem Raum zusammen lebt und arbeitet.

Es ist so gut wie unmöglich, zwölf Männer zu finden, die über eine so lange Zeit im Erfolg wie in der Niederlage immer nur nett und lieb zueinander sind. Aber insgesamt haben wir alle Stürme – die auf See und auch die menschlichen – überstanden. Das ist etwas, das uns Selbstbewußtsein gab. Auch wenn die eigenen Wünsche und Belange dabei manchmal zu kurz kamen. Wer dieses Rennen beenden will, muß sich der jeweils an Bord herrschenden Hierarchie mitunter bedingungslos unterwerfen, das gehört zum beruflichen Alltag eines Profis. Schließlich kann auch ein Bankangestellter nicht jedes Mal das Handtuch werfen, wenn ihn der Abteilungsleiter aus unverständlichen Gründen heraus zusammenstaucht.

Natürlich war in Neuseeland nicht nur Reflektion angesagt. Der Southern Ocean mit seinen stürmischen Winden und Eisbergen streckte schon seinen gewaltigen Arm nach uns aus. Um in dieser nahen Zukunft keinen Schiffbruch zu erleiden, hatten wir eine lange Jobliste abzuarbeiten. Dabei fehlte uns zu Beginn Dingo, der sich endlich seiner bereits lange aufgeschobenen und dringend notwendig gewordenen Knieoperation unterzog. Sie verlief gut, und nach einem dreitägigen Ruheaufenthalt bei seinem Vater, der außerhalb Aucklands einen Pub betreibt, kehrte Dingo umgehend zum Arbeitseinsatz zurück. Whitbread kennt keine Rekonvaleszenz.

Unsere wichtigste Verbesserung: ein neuer Mast! Um genau zu

sein, ein neues Rohr. Bekanntermaßen hatten wir auf der dritten Etappe einige Probleme mit unserem Mastfuß. Die Regeln erlaubten uns, Ausrüstungsgegenstände aus Gründen der Sicherheit zu erneuern und/oder einen Gegenstand zu ersetzen, wenn dieser stark beschädigt war. Beides traf bei uns zu, und somit durften wir – zum Neid und Ärger einiger Konkurrenten – in Auckland einen neuen Mast ins Boot stellen. Außerdem wurde das Ruder noch einmal nachgeschliffen und die ganze Decksausrüstung gewartet.

Um uns vor unliebsamen Überraschungen wie auf der zweiten Etappe zu schützen, entschieden wir uns trotz unseres Leitmottos „Gewicht sparen, wo es geht", eine zweite Heizung im achteren Ende des Bootes einzubauen. Das mag unglaublich klingen angesichts der Tatsache, daß sogar unsere Suppenkelle extra eingestanzte Löcher aufwies, um leichter zu sein, sollte uns später aber wichtige Dienste leisten. Denn letztendlich ist ein durchgewärmter und somit energiegeladener Segler doch weitaus wertvoller als ein paar Kilo Gewichtsersparnis. Zusätzliches Plus: Sollte eine der beiden identischen Heizungen ausfallen, dann hat man die passenden Ersatzteile gleich dabei.

Pünktlich zum Beginn unseres fünftägigen und damit längsten Urlaubs während des ganzen Rennens wurde ich von einer Grippe dahingerafft, verbrachte zwangsweise fast die gesamte Freizeit im Bett. Da ich über diese Zeit nur wenig Gehaltvolles berichten kann, möchte ich an dieser Stelle des Buches einen kleinen Exkurs machen und Sie – rechtzeitig vor dem Start zur „Whitbread-Königsetappe" – ein wenig besser mit unserer Ausrüstung für schwerste Bedingungen bekannt machen.

Unsere gesamte Bekleidung wurde in Zusammenarbeit mit dem britischen Hersteller „Henri Lloyd" entwickelt. Bei uns im Team war Mikke Lundh nicht nur für die Ernährung, sondern auch die „Kleiderkammer" verantwortlich. Er gab kontinuierlich unsere Wünsche, Erfahrungen und Tips an den Hersteller weiter, der diese wiederum in neue Produkte einfließen ließ. Eine bessere Testmannschaft als eine Whitbread-Crew dürfte kaum zu finden sein, und die Teamarbeit mit den Engländern klappte ganz hervorragend.

Ich werde nun einfach imaginär das anziehen, was ich auch bei eisigsten Bedingungen tief unten im Southern Ocean trage. Dabei gilt es zu bedenken, daß ich für das Ankleiden beim Test an Land zwar nur 10 bis 15 Minuten brauche, unter Deck bei rauher See aber bis zu 30 Minuten kämpfen muß.

Ich beginne mit einer dünnen, sehr leichten Fleece-Unterwäsche, streife darüber einen zweiten Satz mitteldickes gelbes Unterzeug aus festerem Fleece. So vorbereitet, streife ich eine flauschige blaue Fleece-Weste darüber. Als nächste Lage folgt eine mitteldicke, mit Fleece gefütterte Goretex-Jacke und die dazugehörige Hose. In diesem Outfit ist man für kühlere Tage gut gewappnet. Für das Südpolarmeer jedoch noch lange nicht. Wird es naß, zieht man das schwere Ölzeug darüber und schützt den Kopf mit einem weichen Fleece-Käppi und nötigenfalls einem zusätzlichen Goretex-Käppi.

Die Ölhose zeichnet sich besonders durch abriebfeste Knie- und Gesäßverstärkungen aus, deren Gummimaterial von Fußmatten in Helikoptern stammt. Alternativ zur Ölzeug-Jacke konnten wir das „Trockentop" (Sturmtop) wählen. Es hat den Vorteil, daß es aufgrund seiner Gummi-Halsmanschette wasserdicht ist und besitzt außerdem eine Fronttasche, die wie ein Muff von innen mit samtweichem Fleece gefüttert ist. Ist das alles noch nicht ausreichend, kommt der drei Kilogramm schwere Überlebensanzug zum Einsatz. Der ist auch aus Goretex, hat einen wasserdichten Trockenreißverschluß am Rücken, verfügt über Handgelenk- und Halsmanschetten und geschlossene Beine. Wichtig: der vorderseitige vertikale Reißverschluß für „eilige Geschäfte".

Um die Hände vor Erfrierungen zu bewahren, stehen drei unterschiedliche Lagen zur Verfügung: Es gibt dünne Fleece-Handschuhe für trockene, kühle Abende. Darüber streifen wir bei ärgeren Bedingungen die dünnen Neopren-Fingerhandschuhe, die ich selbst allerdings kaum benutzt habe. Wenn es richtig eisig wurde, bin ich gleich zu den fünf Millimeter dicken Neopren-Handschuhen übergegangen – meine Favoriten. Die gab es als Fünf-, aber auch als Dreifinger-Version. Ich bevorzuge die Dreifingervariante, weil sich dabei Mittelfinger, Ringfinger und kleiner Finger gegenseitig wärmen können.

An Schuhwerk hatten wir zwei Auswahlmöglichkeiten: leichte Segelsportschuhe in Verbindung mit Goretex-Socken für trockene

Füße oder die klassischen französischen „Le Chameau", dicke Stiefel aus hochwertigem Gummi mit Spezialgamaschen und einer drei Millimeter dicken Neopren-Innenbeschichtung. Letztere erfreuten sich – völlig zu Recht – bei vielen Mannschaften allergrößter Beliebtheit. Sie werden jetzt vermutlich verstehen, warum wir uns manchmal bis zu einer halben Stunde mit dem Anziehen quälen, wenn die Yacht über die Wellen rockt und bockt.

Kaum war ich von meinem lästig-langweiligen Krankenbett wieder aufgestanden, wurde bei uns eine weitere Segeltestserie eingeläutet, denn Stillstand in einer Whitbread-Kampagne kann sich niemand leisten. Wir ließen neue Raumschotssegel und Spinnaker einfliegen, die entweder für gut befunden oder nochmals durch Tony und Dingo bearbeitet wurden. Außerdem haben wir bei Tonys ehemaliger Segelmacherei „Windward Sails" ein neues Monster nach seiner Vorstellung fertigen lassen. Dieses Riesensegel sprengte alle bis dahin existierenden Dimensionen, war 280 Quadratmeter groß und sollte uns insbesondere bei leichten Winden eine bessere Beschleunigung bringen. Als wir es das erste Mal hochzogen, entdeckten wir verwundert die Kodierung, die ihm die Segelmacher verpaßt hatten: „Waha". Damit wußten wir gar nichts anzufangen, doch Tony klärte uns schnell auf. In der Sprache der Maori heißt das soviel wie „Big Boy – großer Junge". Unser Design-Duo hatte wieder einmal ganze Arbeit geleistet.

Eines Tages, ich arbeitete gerade unter Deck am Motor, steckte Tony den Kopf zu mir herunter und sagte, daß am Dock ein deutscher Fan nach mir suchen würde. Das war an sich nichts Ungewöhnliches und kam immer mal wieder vor. Also kletterte ich aus dem Boot und ging in die von Tony beschriebene Richtung. Ein freundlicher älterer Herr mit Brille stellte sich mir höflichst und mit Bremer Einschlag in der Sprache vor: „Hallo, ich bin Bernie Hoffmann, ich kenne ihre Mutter aus Blumenthal." Ich ließ ihn weiter reden und erfuhr, daß er zur Zeit mit dem Passagierdampfer COLUMBUS von Hapag Lloyd auf Weltreise war. Hoffmann war früher in Bremen-Blumenthal Abteilungsleiter einer Bank gewesen und kannte daher meine ganze Familie. Der Zufall hätte ihn nun nach Auckland verschlagen und neugierig, wie er nun einmal sei, hätte er herausfinden wollen, ob ich denn wieder dabei sei.

Ich führte Berni Hoffmann gleich durch unser Boot – ein verständlicherweise krasser Gegensatz zu einem Luxusliner. Zum Dank dafür lud er mich für den nächsten Tag zum Mittagessen an Bord der COLUMBUS ein. Dort zeigte er mir dann „sein" Schiff. Weil das Weltenbummeln schon so lange sein Lebenselexier war, kannte ihn die Besatzung bestens. Berni Hoffmann hatte Brückenerlaubnis und führte mich überall herum. Eigentlich hatte er nämlich Seemann werden wollen, doch wie so oft hatte die Familie ihn zu etwas „Soliderem" gedrängt. „Wieder ein Traum, der zu spät in Erfüllung geht", dachte ich bei mir und dankte im stillen meinen Eltern, von denen ich dergleichen nie gehört hatte. Ich bin ihnen dafür sehr dankbar, denn der Beruf, den ich ausübe, erscheint vermutlich noch risikoreicher als der eines Berufsnautikers. Ich habe das Treffen mit Berni Hoffmann genossen, denn oft sind es gerade die kleinen zwischenmenschlichen Begegnungen, die dem Segelalltag ein bißchen zusätzliche Farbe geben.

Für den nächsten personellen Paukenschlag sorgte in Auckland SILK CUT-Skipper Lawrie Smith: Der junge, erst 25jährige Navigator Steve Hayles mußte für die Erfolglosigkeit des mitfavorisierten britischen Teams büßen und seinem erfahrenen Landsmann Vincent Geak Platz machen. Dafür übernahm Steve Vincents Job als Kommentator für den englischen Sender BBC 2. Offenbar hatte Lawrie nach einer Serie von Mißerfolgen und lediglich Rang sieben im Gesamtklassement jegliches Vertrauen in Hayles verloren. Daß er selbst an seinem Dilemma mitschuldig war, schien vergessen. Daß er sich bei Hayles noch in Fremantle öffentlich dafür entschuldigt hatte, oft nicht dessen Vorschlägen gefolgt zu sein und dabei selbst Fehler produziert hatte („Wir wären vielleicht besser gewesen, wenn ich seinem Rat öfter gefolgt wäre"), war plötzlich unwichtig geworden. Lawrie bat seinen Freund Vincent inständig, die Navigations-Ecke zu übernehmen, und Vince kam herbeigeeilt.

Ich kenne Lawrie recht gut, habe unter ihm als Skipper Etappe zwei bis sechs beim letzten Whitbread-Rennen absolviert und ihn als Führungspersönlichkeit schätzen gelernt. Ich weiß, daß er sich in der Öffentlichkeit bisweilen pampig und maulig wie ein Kind benimmt, aber gleichzeitig hat er diese ganz spezielle Art, ein Team zu motivieren, es anzutreiben und zu ungeahnten Höhenflügen zu pushen. Viele dieser Eigenschaften kamen bei diesem Rennen weniger zur Geltung als in der Vergangenheit. Private Probleme mögen dabei eine Rolle gespielt haben, doch zu schaffen machte Lawrie vor allem der Wandel des Whitbreads selbst. Er ist zwar ein ehrgeiziger Kämpfer, aber nicht gerade der fleißigste Arbeiter. Bei einem Empfang sagte er einmal zu mir: „Ach, Timmy, ist es nicht schade, daß das Whitbread heute soviel Arbeit mit sich bringt? Wäre es nicht toll, wenn pures Talent über Sieg und Niederlage entscheiden würde?" Aber so ist Whitbread eben heute nicht mehr.

Kurz vor dem neuen Start erwischte es den nächsten prominenten Segler. Mit dem Argument, er müsse sich einer schon lange fälligen Operation an der Hand unterziehen, verabschiedete sich MERIT CUPS italienischer Co-Skipper Guido Maisto aus dem Team. Schon lange war in der Szene klar, daß Guido und Grant nicht gerade blendend miteinander auskamen. Guidos Abgang erschien wie die logische Konsequenz. Ich bekam erst nach dem Startschuß mit, wer für die folgende Etappe durch das Südpolarmeer seinen Job übernommen hatte.

Als MERIT CUP uns gerade bedenklich nahe kam, entdeckte ich ein mir wohlbekanntes Gesicht. Es war der Niederländer Bouwe Bekking, mit dem ich vor vielen Jahren in Hamburg schon einmal die Wohnung geteilt hatte und der inzwischen in den erlauchten internationalen Kreis der begehrten Steuerleute vorgestoßen war. Wir winkten uns kurz zu, und dann ging es los: Vor uns lagen 6670 Seemeilen mit Kurs auf São Sebastião in Brasilien – die Königsetappe des gesamten Rennens.

Die fünfte Etappe

Bei Kap Hoorn schlug die Tür zu

Ein Start in Auckland ist immer etwas ganz Besonderes. Die Menschen hier wissen, wie man Segler richtig verabschiedet. Mehr als tausend Boote sind auf dem Wasser – ein Wonnegefühl. Die Sonne scheint, und wir sind trotz der bevorstehenden Strapazen bester Dinge. Bei wenig Wind kriechen wir allerdings wie die Schnecken über die Startlinie. Das Boot ist voller Ausrüstung für den eisigen Southern Ocean. All das will bei jeder Wende aus Gewichtsgründen hin- und hergeschleppt werden. Es gibt insgesamt zwölf Proviant-taschen – eine für zwei Tage. Ölzeug und schwere Segel für die Stürme im Südpolarmeer liegen bereit.

Am ersten Abend segeln wir als Dritte in den Sonnenuntergang. Es gibt dauernd Verschiebungen. Jeder bleibt mal in einem Windloch stecken. Schon am zweiten Renntag legt der Wind etwas zu. Wir sind weiterhin in der führenden Gruppe mit MERIT CUP und CHESSIE RACING. Die Flotte folgt etwa drei Seemeilen hinter uns. Oskar erlegt unter Deck eine Kakerlake. Wo das Ding herkommt, weiß niemand. Vielleicht aus einer der Sandwich-Boxen? Ich bestatte sie nach Seemannsart: Sie fliegt über Bord.

Am vierten Tag sind wir längst wieder voll im Wachrhythmus: segeln, schlafen, essen, segeln, schlafen, essen. Vier Stunden „On Watch", vier Stunden „Standby", vier Stunden „Off Watch". Es wird schon kühler. Das ewige Eis naht. Zwei Tage später weckt uns der Morgen bereits kalt und diesig. Ich gönne meinem Körper eine zusätzliche Lage Faserpelz. Nachts tragen wir Neoprenhandschuhe. Die Wassertemperatur liegt bei zehn Grad. Wir segeln jetzt auf 51 Grad Süd. Gurra weiht die neue zweite Heizung im hinteren Teil des Bootes ein. Auf Stufe eins erzeugt sie angenehme Wärme. Die

Beliebtheit des Geschirrspülens unter Deck wächst mit der Abnahme der Temperatur an Deck. Die Stimmung ist gut, denn wir segeln weiterhin in der Spitzengruppe. In 100 Stunden erwarten wir das erste schwere Tiefdruckgebiet: Sturm! Es mag für den normalen Fahrtensegler paradox klingen, aber im Gegensatz zu ihm suchen wir die Stürme, brauchen sie geradezu.

Am 8. Februar erreicht uns die erste Hiobsbotschaft. Die Mädchen von EF EDUCATION haben Probleme, ein Want ist gebrochen. Dadurch ist ihr Mast instabil geworden. Eine gefährliche Situation, denn er kann jetzt jederzeit brechen. Auch uns sucht der Materialbruch heim. Unsere Windinstrumente streiken. Wir wissen nicht genau, wie stark der Wind weht und auch nicht, welchen Winkel wir zu ihm segeln. Vor allem nachts können wir nur im Blindflug dahinrasen. Oskar, unser Elektronikfreak, versucht alles, um die Geräte zu reparieren. Die Whitbread-Presse hat ihn längst zum „meist überqualifizierten Crew-Mitglied dieses Rennens" gekürt. Oskar ist Elektronik-Ingenieur und hat an der Programmierung für die Ariane-Rakete mitgearbeitet. Deshalb nennt ihn alle Welt nur den „Raketen-Mann". Doch seine Mühe ist vergebens.

Die Wellen an Deck sind inzwischen so stark, daß sie uns immer wieder die schützenden Gesichtsmasken vom Kopf schlagen. Am Grinder ziehen wir es vor, mit Blick nach hinten zu arbeiten. Ich war gerade wieder selbst an der Reihe, hatte meine Hände um die Kurbeln geschraubt, als mir eine dieser Monsterwellen von hinten in den Rücken kracht. Mit ihrer Wucht hebt sie mich von den Beinen. Ich absolviere einen Zwangssalto über die Grindersäule, bleibe dank meines Lifebelts auf der anderen Seite hängen. Das sind Momente, in denen du merkst, wieviel Respekt du dieser Urgewalt entgegenbringen mußt und wieviel Vorsicht bei der Arbeit an Deck geboten ist.

Ein Logbucheintrag von EF LANGUGE-Navigator Mark „Rudi" Rudiger beschreibt die inzwischen erbarmungslosen Bedingungen: „35 bis 45 Knoten Wind. Bootsspeed: 16 bis 24 Knoten. Wassertemperatur: 7,5 Grad Celsius. Lufttemperatur: 8,5 Grad Celsius. Das Barometer hat schon wieder einen Kopfsprung nach unten gemacht und fällt weiter. Gerade haben wir im Nebel unseren ersten Eisberg gesehen. Wie war denn euer Montagmorgen im Büro? War der Boß ein bißchen genervt über sein nicht optimales Golfspiel?

Bei diesen Bedingungen war ich bislang nicht imstande, nach vorne zu gehen und mir einen Becher Kaffee zu holen, weil wir mit dem Bug ständig tief tauchen und jedes Gramm Gewicht so weit hinten wie möglich benötigen. (...) Ich hatte den Jungs draußen gerade zugeschrien, daß sie ganz besonders wachsam vorne in Lee nach Eisbergen Ausschau halten sollen, weil SWEDISH MATCH in der Gegend war und ihr Radar dort nicht funktionierte. Der Ruf kam keine zehn Minuten später: ‚Eisberg in Sicht!' Ich habe meinen Kopf aus dem Niedergang rausgesteckt, weil ich es nicht glauben konnte. Aber zur Hölle, da war er – eine Meile lang und 100 Fuß oder so hoch. Ich habe die Position sofort eingegeben, damit das Headquarter und die anderen Boote Bescheid wissen. Natürlich hoffe ich, daß es ein Einzelgänger war. (...) Die Heizung ist wieder kaputt und ich gehe jetzt mal nachsehen, ob ich helfen kann, bevor ich mich wieder mit den Wettervorhersagen beschäftige. Ende, Mark Rudiger, EF LANGUAGE.“

Wir schreiben den zehnten Renntag. Alarm im Southern Ocean! Über Satellit informiert uns SILK CUT über ihre Kollision mit einem kleinen Growler (abgebrochenes Stückchen eines Eisberges) – willkommen in Eisbergland. Es gibt zunächst keinen größeren Schaden. Zwei Stunden später aber folgt das Drama. In weißen Lettern auf blauem Hintergrund blinkt die Nachricht auf unserem Computer auf: „SILK CUT hat um 8.47 Uhr in pechschwarzer Nacht den Mast gebrochen.“ Wenn es einen Ort auf der Welt gibt, wo das nicht passieren darf, dann hier, so weit entfernt von Land und Hilfe, den Naturgewalten total ausgeliefert. Die Männer werden einen langen und harten Weg gehen müssen, bis sie wieder festen, sicheren Boden unter den Füßen haben. Und es ist das Ende aller Siegträume für meinen ehemaligen Skipper Lawrie Smith und die Crew.

Wir verbliebenen acht Yachten im Rennen rasen weiterhin bei mitunter orkanartigem Wind bis zu zwölf Beaufort durch das Südpolarmeer. Wir wissen, daß hier Eisberge über und unter der Wasseroberfläche lauern können und müssen die Gefahr doch weitgehend ignorieren. Die eisigen Temperaturen machen uns das Leben zur Hölle. Du fühlst dich hier draußen klein und allein. Das monotone Grau um dich herum – der Himmel, die See und unser Deck scheinen eine Farbe zu haben – lassen dich stoisch arbeiten. Du nimmst hin, was das Meer dir gibt. Gäbe es nicht die grellfarbigen Schoten an Deck, dann würde man sich in einem Schwarz-Weiß-Film wähnen. Die physischen und psychischen Strapazen zeichnen die Gesichter unserer Crew. Unsere ganz jungen Segler, Mikke, Magnus oder auch Tony, haben ihre Buben-Gesichter längst verloren. Ich sehe gestandene Männer vor mir, die ihre ganze Kraft auf ein Ziel konzentrieren: schneller segeln!

INNOVATION KVAERNER-Skipper Knut Frostad notiert am 10. Februar in seinem Logbuch:

„Das hier ist kein Rennen mehr, sondern purer Überlebenskampf. Es ist bitterkalt: Lufttemperatur sechs Grad, Wasser acht Grad. Wir peilen den 62. Breitengrad an, sind bald das südlichste aller Boote und damit der gefährlichen Eisbergzone ganz nah. Das Segeln wird immer mehr zu einem Höllenritt. Wir sind schnell, haben gerade EF LANGUAGE vier Meilen abgenommen. Sie liegt nur noch vier Meilen voraus. Hinter uns hat MERIT CUP immerhin schon 17 Seemeilen Rückstand."

Am nächsten Tag pflügen wir bei Starkwind durch die See, als Gurra die Position am Grinder von Dingo übernimmt. Ich schieße noch im Fallencockpit ein paar Leinen auf, bin schon auf dem Sprung, ihn beim nächsten Kommando „Trimm" zu unterstützen. Gerade als ich mich auf die Grindersäule zubewege, sehe ich, wie Gurras Hand die linke Kurbel fest umschließt und loskurbeln will. Ich will mit an die Griffe, doch da hat Gurra schon den linken Handgriff in der Hand. Er ist einfach abgebrochen. Ein Materialfehler oder einfach nur ein Brachialakt unseres Skippers? Wir lachen wie verrückt. So etwas haben wir noch nie gesehen. Nun müssen wir für eine Weile mit einer 0815-Kurbel an die Winsch, während Craig damit beginnt, eine neue Kurbel als Ersatzgriff an die Überreste des Grinders zu schrauben. In Ermangelung an Original-Ersatzteilen wird die Kurbel wie ein Griff mit acht Millimeter dicken Bolzen an das Aluminium geschraubt.

Die Liste unserer Materialbrüche ist nach elf Tagen schon recht lang: Die Windinstrumente funktionieren nicht, der Watermaker fabriziert Trinkwasser nur auf halber Lunge, die vordere Heizung für die Trockenkammer ist kaputt, wir haben einige gebrochene Segellatten zu verzeichnen, alle Taschenlampen sind hin, ein Sparcraft-Schäkel für das Toppmast-Backstag ist gebrochen, konnte aber ausgetauscht werden, bevor Schlimmeres passierte.

Es ist Freitag, der 13. Februar, als wir uns entscheiden, den extrem südlichen Kurs zu verlassen und einen Abstecher nach Norden zu machen. Roger hat an der chilenischen Küste ein Tiefdruckgebiet ausgemacht, das nach Süden wandern soll. Das wollen wir nutzen. Wie sich ein paar Tage später herausstellen würde, ist das ein großer Fehler, denn dadurch lösen wir uns von EF LANGUAGE und lassen sie unbehelligt nach Süden davonziehen.

Drei Tage später erhalten wir die traurige Nachricht, daß auf EF EDUCATION um 13.15 Uhr (GMT) bei nördlichen Winden um 35 Knoten der Mast gebrochen ist. Bereits seit mehr als einer Woche waren Skipperin Christine Gullou und ihre elf Mitstreiterinnen aufgrund ihres gebrochenen D2-Wants nur langsam vorangekommen. Die Position der Yacht während des Unfalls: 55°13'S/102° 15'W. Die Crew ist glücklicherweise unverletzt und steht in ständigem Kontakt mit dem Rennbüro. Ihr Rigg ist zwischen der ersten und zweiten Saling weggebrochen. Navigatorin Lynnath Beckly vermeldet in einem ersten Bericht:

„Alle sind an Deck. Das Rigg brach zwischen erster und zweiter Saling. Wir haben Großsegel und Baum gesichert, alles o.k. Auch das Sturmsegel ist unten. Wir versuchen nun, die Reste des Riggs abzutrennen, um das zappelnde Ungetüm an Deck zu bekommen, bevor es das Boot beschädigen kann. Derzeit haben wir es noch außenbords festgelascht. Wir arbeiten nun daran, es hochzuziehen."

Die Frauen wollen den chilenischen Hafen Ushuaia anlaufen, das Rigg dort reparieren und die Etappe dann fortsetzen. Wir drücken die Daumen, denn die Vorstellung, tausende Seemeilen mit gebrochenem Mast in familienhaushohen Wellen umherzueiern, ist wahrlich wenig lustig.

Inzwischen machen sich die bekannt stürmischen Bedingungen rund Kap Hoorn bei uns Verfolgern ausschließlich durch Abwesenheit bemerkbar. EF LANGUAGE hat das Kap bereits gerundet und baut derzeit ihre Führung ständig weiter aus, während sich die Jäger bei leichten Winden mit durchschnittlichem Bootsspeed von drei bis fünf Knoten dem berühmten Felsen nur mühsam nähern. Als hätten Skipper Paul Cayard und seine Männer einfach die Tür hinter sich zugeschlagen...

Merit Cup-Skipper Grant Dalton (Neuseeland) notiert in seinem Logbuch:

„Wenn wir schon frustriert sind, dann ist das noch lange nichts gegen den Frust bei Swedish Match. Die haben zunächst nur hauchdünn den Brisenstrich verpaßt, der EF Language dahin gebracht hat, wo sie jetzt sind, und dann auch noch in der letzten Nacht 45 Seemeilen an uns verloren. Es ist schon unglaublich, wie ruhig es plötzlich nach all den Stürmen geworden ist. Hätten wir ein Dinghi, dann könnten wir vermutlich gemütlich bei Kap Hoorn an Land rudern.“

Der Wind ist uns nicht hold. Es scheint, als bedeute das Wort „Kap“ für uns immer nur Flaute. Wir sind nur noch ein paar Stunden von Kap Hoorn entfernt, haben uns Stunden und Stunden mit den anderen Flautenduelle geliefert. Endlich haben wir bei ganz leichter Brise wieder Toshiba und Merit Cup etwas abhängen können. Sie befinden sich zwei Meilen hinter uns in Lee, Innovation Kvaerner ist noch dahinter. Es geht immerhin wieder voran, und wir hoffen, schnell mehr Vorsprung heraussegeln zu können.

Wir hadern natürlich noch immer mit unserer großen Fehlentscheidung. Dieses Tief, das die Satellitenbilder vor einigen Tagen so deutlich im Norden zeigten, haben wir nie zu sehen bekommen. Dadurch haben wir in etwa 150 Seemeilen eingebüßt. Sonst wären wir längst rum um den alten Felsen. So aber müssen wir weiterkämpfen, zusehen, daß wir wieder Boden gutmachen. An Bord glauben alle, daß wir noch eine Chance bekommen, EF Language wieder einzuholen. Noch ist nichts verloren, auch wenn Paul und Co. sich ganz schön weit abgesetzt haben.

Noch immer ist das Wasser fünf Grad kalt. Meine Bartlänge beträgt etwa einen Zentimeter – die Rasur fällt aus bis ins Ziel. Meine acht Stunden Schlaf, die wir alle zum Aufladen als eine Art „Sonderration“ erhalten haben, waren ganz erholsam. Leider habe ich aber in Lee auf einem Spantenrahmen gelegen – mein Rücken hat sich für die Mißhandlung entsprechend gerächt.

Am 17. Februar runden wir Kap Hoorn! Es ist nicht ganz so aufregend wie bei meinem ersten Mal mit INTRUM JUSTITIA. Damals führten wir die Fotte an, und es war meine Hoorn-Premiere. Ein doppelt tolles Gefühl. Dieses Mal hat EF LANGUAGE schon 200 Seemeilen Vorsprung. Wir bleiben stecken. Und hinter uns sind schon TOSHIBA und MERIT CUP in Sichtweite. Zur Feier des Tages schmauchen wir alle eine Zigarre im Heck. Das Bild, das Magnus mit der Digitalkamera schießt, geht noch am gleichen Tag mit der Überschrift „The Dirty Dozen" um die Welt.

Zwei Tage später herrscht wieder absolute Flaute. Wir liegen gemeinsam mit MERIT CUP und TOSHIBA im Zentrum eines Hochs. EF LANGUAGE hat mehr als 500 Seemeilen Vorsprung. Es ist frustrierend! Wir haben nur noch 40 Liter Diesel, um den Generator zu betreiben, die Batterien zu laden und Wasser zu produzieren, das auch für die Zubereitung der gefriergetrockneten Nahrung unerläßlich ist. Es wird eng. Wir beginnen mit der Rationierung des Wassers: Es gibt nur noch zweieinhalb Becher pro Mann und pro Tag. Die Gefahr der Dehydrierung mit allen Nebenwirkungen wie schweren Kopfschmerzen und rissiger Haut wächst täglich.

Während wir nordwestlich der Falklandinseln dahindümpeln und unsere schwersten Kämpfe dem Vertreiben von Seegras gelten, gelingt der Crew auf BRUNELSUNERGY ein Husarenstück. Sie schnappt uns den zweiten Platz weg, indem Skipper Roy Heiner und Navigator Stuart Quarrie für eine radikale Kursänderung votieren und die gelbe Yacht schlicht östlich um die Falklands herumsteuern.

Sie würden sicher das gleiche tun, wenn Sie von einem 30-Kilometer-Stau auf der Autobahn hören. Sie nehmen auch den Umweg über die Landstraße in Kauf und sind am Ende doch schneller da. Roy hat mir später an Land allerdings erzählt, daß er diese Strategie schon vor der Rundung Kap Hoorns ernsthaft ins Auge gefaßt hat. Das glaube ich ihm aufs Wort, denn er ist ein smarter Kerl. Auch in meinen Gesprächen mit Roger kamen wir zur gleichen Auffassung: BRUNELSUNERGY mußte sich so entscheiden. Kurze Zeit später ist die US-Yacht CHESSIE RACING auf dem besten Weg, es BRUNELSUNERGY gleichzutun. Wir sind ohne Wind wehrlos.

Ich gebe zu, daß BRUNELSUNERGYS Extremschlag uns wenig erfreut

128

hat, sportlich aber wohlüberlegt war. Diesem Team, das bislang meist nur der Flotte hinterherfuhr, winkte plötzlich der lang ersehnte Erfolg. Warum auch nicht? Wir haben uns alle geärgert, als wir später hörten, wie unsportlich und sauer einige der Konkurrenten auf den „Flyer" von Heiner und Co. reagiert haben. Einige der Superstars konnten sich ein paar häßliche Kommentare offenbar nicht verkneifen. Allen voran Grant Dalton, der sein Herz oft auf der Zunge trägt, und TOSHIBAS Navigator Andrew Cape, der seinen Unmut über die Flautendümpelei ebenfalls an BRUNELSUNERGY ausließ. Hier Auszüge aus den Logbüchern der beiden:

„Von Grant Dalton, Skipper MERIT CUP
14.19 Uhr (GMT), 20. Februar 1998
Mir fehlen die Worte, um das zu beschreiben, was hier in den letzten Tagen passiert ist. Unfair ist wohl der richtige Ausdruck. (...) Und das, was mit BRUNELSUNERGY passiert ist, würde ich als nichts als einen Scherz bezeichnen, wenn es nicht auch einen sehr ernsten Aspekt hätte. Wenn sie damit durchkommen, und so sieht es derzeit aus, dann plazieren sie ihr Boot zwischen die führenden EF LANGUAGE und die wahren Spieler. Was den Ausgang des Rennens angeht, ist das nicht gut. (...) Es wird auch interessant sein, sich die Regeln im Falle von CHESSIE RACING anzusehen, wenn sie wirklich aufgrund ihres kaputten Generators gestoppt haben. Das weiß ich natürlich im Moment nicht so ganz genau. Kap Hoorn ist eine Gegend, wo du zwischen lauter Inseln und Buchten durchsegelst. Es ist dort relativ leicht, mehr Diesel, Essen und Vorräte in einer dieser Buchten aufzunehmen und trotzdem die Regel zu beherzigen, innerhalb von einer Seemeile von Land zu ankern (aber wer checkt eigentlich, ob der Anker wirklich den Boden berührt hat?) und dann schnell weiterzusegeln (dabei kann man sogar das Großsegel oben lassen).

Damit hätte man nicht nur mit viel leichterem Gewicht zum Hoorn segeln können, sondern ist außerdem für die noch bevorstehenden Tage auf See viel besser gerüstet. Man kann einfach in Ruhe überlegen, was man noch so braucht und diese Liste jemandem an Land durchtelefonieren. Das verspricht ein interessantes Szenario für die nächste Etappe von Brasilien nach Fort Lauderdale, auf der man sich üblicherweise auf Höhe von Recife sehr dicht entlang der Strände bewegt. Und noch einmal beim Eingang in die Karibik bei Barbuda. Ein paar Boote könnten sich zusammentun und die Kosten für ein Versorgungsschiff teilen. Der Punkt ist doch der, daß ein Boot, das sich für einen Stopp entscheidet, dafür auch bezahlen muß. Es darf nicht auch noch davon profitieren, wie es im Fall von CHESSIE RACING zu sein scheint. Das gleiche gilt für die dritte Etappe, als KVAERNER und SWEDISH MATCH ein ähnliches Problem mit ihrem Mast hatten. SWEDISH MATCH hat sich durchgekämpft, und KVAERNER hat einfach Geld auf den Tisch gelegt und sich danach zügig wieder in die Flotte eingereiht. Ich frage euch: Was entspricht dem Spirit eines Weltrennens mehr? Wenn CHESSIE RACING wirklich gestoppt hat, dann sollten sie eine Punktstrafe erhalten. (...)"

„Von Andrew Cape, Navigator TOSHIBA
16.18 Uhr (GMT), 20. Februar 1998
Zehn Knoten Bootsspeed wären vor sieben Tagen da unten im Southern Ocean noch ein echter Witz gewesen. Aber hier, nach drei Tagen fast ohne Wind, sind sie purer Luxus. (...) Das einzig Gute daran ist, daß wir immer dicht zusammen mit unseren Gegenspielern bleiben, abgesehen von EFL, die ihrem Sieg entgegenfährt. Um dann noch Beleidigung zur Schmach zu addieren, haben uns zwei Yachten eingeholt, die noch vor wenigen Tagen über 200 Seemeilen hinter uns lagen. Was mich daran wirklich ärgert, ist, daß die Leute denken, daß diese beiden besonders clever sind. In Wirklichkeit haben sie nichts anderes gemacht als mein zweijähriger Sohn, wenn er seinen Plastikrasenmäher übers Gras schiebt und dabei störenden Objekten aus dem Weg geht.

Es ist auch berichtet worden, daß CHESSIE RACING Essen und Diesel geladen hat. Das verstehe ich nicht. (...) Daß sie mehr brauchen, um ins Ziel zu kommen, ist ungerechtfertigt, denn sie haben inzwischen einen kürzeren Weg ins Ziel als wir. Die logische Folge dieser Regel wird nun sein, daß alle bei der nächsten Etappe rund um Brasilien das absolute Minimum an Essen und Vorräten mitnehmen. Und wenn sie dann hungrig werden, dann müssen sie einfach nur ihren Anker ins Wasser schmeißen und neu versorgt werden.
Andrew Cape"

Es war eine hitzige Debatte, die beim Stopover in São Sebastião ihre Fortsetzung finden sollte.

Am 23. Februar hat uns auch CHESSIE RACING überholt. Wir sind vierte und haben wieder etwas Wind. Die Wassertemperatur ist auf 22 Grad hochgeschnellt, im Boot sind es schon 20 Grad. Balsam für Leib und Seele. Heute morgen habe ich zwei Lagen Klamotten abgelegt. Alles stinkt nach drei Wochen fürchterlich, aber dafür ist es wieder warm.

Zwei Tage später müssen wir aufkreuzen. EF LANGUAGE hat nur noch 90 Seemeilen bis ins Ziel, wir leider noch 650. „Freitag, der 13.", denke ich bei mir, „hätte es den nur nie gegeben." Dieser 25. Februar ist auch ein schwarzer Tag für SILK CUT: Lawries Jungs geben nach langem, hartem Kampf endlich auf. Sie haben berechnet, daß sie diese Etappe mit ihrem Notrigg nicht rechtzeitig würden beenden können, um zum Neustart von Etappe sechs wieder fit zu sein. Über das Whitbread-Hauptquartier erfahren wir, daß SILK CUT ab sofort die Küste hinauf in Richtung Zielhafen motort.

Am 26. Tag auf See hat der Wind auf 30 Knoten zugenommen. Ein Mini-Tiefdruckgebiet beschert uns den tropischen Sturm. Der Brasilstrom kommt von achtern und erzeugt eine steile Welle, gegen die wir ansegeln müssen. Der Gang zur Toilette wird zur Qual, denn man muß sich geradezu an der Schüssel festkrallen, um nicht mit dem blanken Hinterteil durchs Boot zu fliegen. Zu fest darf man allerdings auch nicht aufsitzen, denn sonst zerbricht man die kardanisch aufgehängte Schüssel und möglicherweise sogar das Steißbein beim nächsten heftigen Knall in eine Welle.

TOSHIBA und MERIT CUP sitzen uns im Nacken, BRUNELSUNERGY und CHESSIE RACING sind nicht mehr einzuholen. Die Crew von EF LANGUAGE tanzt im Ziel schon Samba. Es sind noch 180 Seemeilen bis São Sebastião. Bei leichtem Wind dürfen wir uns keinen Fehler leisten. Die anderen warten nur darauf. Der Proviant ist fast futsch, denn wir hatten die Etappe mit 25 Tagen auf See geplant. Und alle reden übers Essen – wie fürchterlich! Dingo und Matt malen sich ihr nächstes Essen bei McDonalds in den herrlichsten Farben aus, Oskar träumt von klassischen schwedischen Mahlzeiten. Wir haben weiche Beine, kaum noch Kraft. Für Jobs, die wir sonst mit zwei Mann locker erledigen, brauchen wir jetzt vier Leute.

Mit dem Mangel geht jeder anders um. Matt Humphries beispielsweise nimmt seine Ration von zweieinhalb Tassen Wasser pro Tag in Vierteln und Achteln zu sich, vermerkt das entsprechend auf dem Stück Papier, das in der Pantry hängt. Ich selbst trinke tassenweise, um wenigstens einige Sekunden lang das Gefühl des Überflusses zu haben. Natürlich stürze ich es nicht hinunter wie einen Schnaps, sondern genieße es eher wie einen 84er Barolo.

Am 28. Februar haben wir das Ziel vor Augen, können aber nicht glauben, daß wir heute wirklich ankommen. Erst zwei Meilen vor der Ziellinie sind wir sicher, daß TOSHIBA und MERIT uns nicht mehr einholen können. Als wir uns der Ilha Bella gegenüber des Hafens nähern, entladen sich mehrere Blitze am Firmament. Es herrscht eine gespenstische Stimmung. Kurz vor Mitternacht gehen wir über die Linie. Im Hafen dann ein fantastisches Bild: Tausende von Menschen erwarten uns! Sie schreien, sie jubeln und freuen sich mit uns. Als erstes bekommen wir Bananensandwiches und Wasser. Gunnar läßt bei der Preisverleihung die Champagner-Korken knallen, und wir müssen zwanzig Minuten lang Autogramme geben. Es grenzt an ein Wunder, was Emotionen an neuen Energien freisetzen können. Ein heißer Empfang für Rang vier – einfach toll!

Der Vorsprung der Etappensiegerin EF LANGUAGE war auf der 6670 Seemeilen langen Etappe mit über 600 Seemeilen so groß, daß ihr Sieg weit weniger für Diskussionsstoff sorgt als die spannenden Duelle um die Plätze. Dieser dritte Etappensieg von Cayard und Co. ließ die schwedische Yacht mit 97 Punkten Vorsprung im Gesamtklassement schier davonstürmen. Die meisten Skipper waren sich nach ihrer Ankunft einig, daß nur noch Materialbruch Cayard und sein Team vom Gesamtsieg abhalten könne. Sogar Cayard selbst gab zu: „Das wird ja fast ein bißchen langweilig...“

Und wieder bekommen wir Blumen von der Konkurrenz. Mark Rudiger läßt offiziell wissen: „SWEDISH MATCH hätte Rang zwei auf dieser Etappe hoch verdient. Sie hätten den Rest der Flotte mit dem gleichen Abstand abhängen müssen wie wir sie. Doch Gunnar Krantz und seine Jungs hatten enormes Pech am Kap Hoorn, als sich die Tür für sie schloß.“ Dem ist nichts hinzuzufügen.

Zwischenstopp in São Sebastião

Tapfere Frauen und eine harte Disqualifikation

Whitbread zu segeln, das bedeutet auch, in Kontrasten zu leben. Brasilien empfing uns in jeder Hinsicht extrem: 40 Grad Hitze im Schatten, Millionen Moskitos auf der Jagd nach unserem Blut, Tausende Fans mit Autogrammwünschen, Karnevalsstimmung in den Straßen und – zum Auftakt gleich Ärger mit den Zollbehörden, denn unsere Luftfracht-Container waren zur Karnevalszeit in São Paulo steckengeblieben. Nun werden Sie sagen, daß man in Brasilien nicht so kleinlich sein sollte; insbesondere, wenn es sich um die Karnevalszeit handelt. Doch es ist eben nicht komisch, nach 28 Tagen Strapazen auf See in den Hafen einzulaufen und nicht ein einziges T-Shirt oder eine Unterhose zum Wechseln zu haben.

In der Not machte unsere Teamleitung ein paar Dollar für jeden von uns locker und stattete uns mit einer Erstausrüstung aus. Pech für diejenigen von uns, die nicht ganz der brasilianischen Durchschnittsgröße entsprachen und vorerst mit Bekleidung in Größe S oder M auskommen mußten. Schlimmer noch für unser Projekt: In den Containern befanden sich wichtige Werkzeuge und Ausrüstungsgegenstände, die wir nicht doppelt hatten und die daher stets von einem Zwischenstopp zum nächsten geflogen werden.

Unser Shore-Manager Scott McAllister war mit seinen Nerven fast am Ende, als die Container endlich eintrafen. Mit uns litten die Jungs von EF LANGUAGE und BRUNELSUNERGY, und so bot sich zu Beginn unseres Zwischenstopps in den kleinen staubigen Gassen des verschlafenen Hafenstädtchens ein mitunter grotesques Bild: In ganzen Horden stürmten wir die drei, vier Klamottenläden der Stadt. Ich denke, daß Unterhosen bereits nach zwei Tagen ausverkauft waren.

133

In Brasilien gehen die Uhren anders. Das war uns ganz schnell klar. Als wir am Nachmittag nach unserer Ankunft zum ersten Mal bei den Arbeitscontainern eintrafen, bot sich ein Bild des Jammers. Dicht an dicht waren sie in Zweierreihen aufgestellt, für die Autos blieb eine winzige Gasse zum Durchkommen. Die Verkabelung des Container-Dorfes hatte man ganz in südamerikanischem Stil arrangiert – zwei dicke Kabel (Phase und Masse) umspannten den gesamten „Park". Überall dort, wo man Strom abnehmen wollte, hatte man kurzerhand die Isolierung abgeschält. Um die so entstandenen blanken Stellen hatte man schlicht zwei dünne, abisolierte Kabel herumgewickelt und zu den jeweiligen Schaltkästen in den Containern geführt. Flugs hatte man darum wieder Isolierband gewurstelt (gegen die tropischen Regenfälle).

So konnten wir unsere Klimaanlagen und Elektrogeräte betreiben. Oder eben auch nicht. Erdung? Fehlanzeige! Zwar flogen hin und wieder die Sicherungen raus, doch was macht das schon in Brasilien? Von den Journalisten erfuhren wir, daß es denen im Pressezentrum ähnlich ging. Viele von ihnen haben Stromschläge bekommen, weil auch deren Leitungen nicht geerdet waren. Irgendwann – so erzählte mir meine Freundin – wurde die Presse sogar gewarnt, bei Gewitter zu telefonieren, denn dabei seien schon Menschen ums Leben gekommen. Na, man muß es ja nur wissen.

Was an technischen Grundvoraussetzungen fehlte, machten die Crews im hilfsbereiten Umgang miteinander wett. Endlich waren fast alle Dämme gebrochen. Wer hier ein Problem hatte, mußte sich ohnehin auf die Konkurrenz verlassen. Die Ersatzteillage in der 50 000 Einwohner zählenden Stadt war mies. Ich selbst kaufte gerne im „Baumarkt Kvaerner", ging dort frech ein und aus. Schon nach wenigen Tagen wußte ich genau, was sich in welchen Schränken befand. Das lag zum einen daran, daß ich mit dem Skipper Knut Frostad schon beim letzten Whitbread auf INTRUM JUSTITIA zusammen gesegelt hatte, zum anderen aber auch daran, daß es sich bei KVAERNERS Bootsbauer Laurie Smith (nicht verwandt mit dem gleichnamigen englischen Skipper) ebenfalls um einen alten Bekannten, nämlich unseren Bootsbauer aus INTRUM-Tagen handelte. Freimütig erhielt ich hier Sprühkleber, Verbindungsteile für Plastikschläuche und auch mal ein wohltuend kühles Bier.

Als wir uns am Abend unseres ersten Arbeitstages alle in der Zelt-stadt auf einen Caipirinha zur Begrüßung trafen, kam mir Grant Dalton entgegen. Seine ganze Schulter und Brustpartie waren in ein weißes Verbandskorsett gehüllt, und ich fragte, was ihm denn widerfahren sei. Kopfschüttelnd, aber schmunzelnd berichtete er, daß er kurz vor Zieldurchgang gerade von achtern vom Pinkeln kam und möglichst schnell wieder unter Deck wollte, um sich vor der nächsten heranrollenden Welle zu schützen. Weil er auf Frei-wache war, trug er kein Ölzeug. Also schoß er den Niedergang run-ter, verlor dabei den Halt, schlug krachend auf den harten Boden auf und brach sich dabei das Schlüsselbein. Der Unfall war ihm ziemlich peinlich, und deshalb hat er davon auch in den täglichen E-Mails von Bord nichts berichtet. Dabei muß er höllische Schmer-zen gehabt haben.

Als nächstes entdeckte ich ein weiteres, mir wohl bekanntes Gesicht in der grölenden Menge. Da stand Omar, wie er leibte und lebte. Sein zerfurchtes Gesicht mit den vielen Falten und den lieben Augen blickte aufmerksam umher. Den Brasilianer hatten wir beim letzten Whitbread-Rennen in Uruguay kennengelernt. Ein alter Fischer, den seine Seefahrten in früheren Jahren sogar einmal bis nach Hamburg geführt hatten – er erinnerte sich noch gut an die Reeperbahn. In Punta del Este hatten wir ihn damals als Helfer angeheuert. Er hatte dort in einer großen Garage gewohnt, in der Oldtimer untergestellt waren. Er war unser größter Fan und der genügsamste Mensch, den ich je kennengelernt habe. Inzwischen hatte Knut nach ihm fahnden lassen, doch niemand aus dem KVAERNER-Team konnte ihn ausfindig machen.

Wie gut, daß Omar längst wußte, daß wir bald in Brasilien ein-treffen würden. Den ganzen Weg von Punta del Este nach São Seba-stião war er über Tausende von Kilometern getrampt. Die letzten vier Tage vor unserer Ankunft hat er am Strand geschlafen. Als die Shore-Crews endlich in Brasilien landeten, nahm Laurie ihn gleich unter seine Fittiche, besorgte ihm ein kleines Zimmer in einer naheliegenden Pension. Fortan sah man ihn wieder jeden Tag im Container-Park arbeiten. Dabei hatte der braungebrannte, um die 60 Jahre alte Mann stets ein Lächeln und ein paar aufmunternde Worte für die Segler und Arbeiter parat.

Für uns waren es die härtesten Arbeitswochen dieses Rennens. Zum einen waren wir körperlich nach der langen Southern Ocean-Etappe noch nicht wieder fit, zum anderen quälten uns bei Arbeiten unter Deck 50 Grad Hitze und mehr. Der Schweiß lief in Strömen. Dagegen anzutrinken, war schon eine Kunst für sich. In dieser Zeit haben wir das Team von EF wirklich beneidet. Während wir kaum einmal zur Ruhe kamen, weil wir mit zwei Mann Shore-Crew und einem brasilianischen Hilfsarbeiter auskommen mußten, der nach einer Woche aufgrund konsequenter Unpünktlichkeit auch noch gefeuert wurde, konnte die Crew von EF Language es gemächlich angehen lassen. Cayard selbst und einige Mannschaftsmitglieder flogen gar für eine Woche nach Hause. Der Großteil der Reparaturen wurde vom dem riesigen EF-Shore-Team erledigt.

Weil das Frauen-Team noch immer unterwegs war, kümmerte sich eine Armada von etwa zehn Mann um EF Language. Was für ein Traum! Die Segler konnten ihre gestreßten Körper und Seelen pflegen, die Landmannschaft übernahm die Arbeit – so sollte es eigentlich sein. In unserem Projekt ist an dieser Stelle am falschen Ende gespart worden. Als wir zweieinhalb Wochen später an den Start zur sechsten Etappe gingen, fühlten wir uns fast so überanstrengt wie am Tag der Ankunft in São Sebastião. Alles andere als optimal, wenn man dieses Meeres-Marathon gewinnen will.

Doch zurück zum Stopover. Das begehrteste Produkt dieser Zeit war fraglos „Mozzie Off", ein Anti-Moskito-Spray, das ab 17 Uhr abends im Containerpark zur Grundausstattung jedes Seglers gehörte. Die Biester sind über uns hergefallen wie Vampire. Bis zu 50 und mehr Stiche quälten jene von uns, die anfangs aus Unerfahrenheit oder Leichtsinn auf das Spray verzichteten. Das hatte für manch einen unangenehme Folgen, denn mit so vielen Bissen in den Beinen schmerzte jede Bewegung.

Willkommene Abwechslung und Ablenkung bot der brasilianische Karneval. Gleich am zweiten Tag hatte man alle Whitbread-Teams zur Teilnahme an der großen und prunkvollen Parade durch die Stadt geladen. Pech für die Crews von EF Education und Silk Cut, die immer noch auf See waren. Glück für Innovation Kvaerner, die gerade an diesem Abend in São Sebastião einlief. Wir trafen uns nach dem Empfang beim Bürgermeister und einer kleinen Samba-

Lehrstunde alle an einem Sammelplatz und wurden zunächst einmal von den verzückten Brasilianern über und über mit Goldpuder bedeckt. Die Stimmung stieg, rassige Tänzerinnen heizten der Truppe ein. Gemeinsam mit den siegreichen Gruppen der diesjährigen Karnevals-Umzüge wurde die Whitbread-Familie auf den Party-Parcours geschickt. CHESSIE RACING-Skipper Dee Smith versuchte sich an einer Samba-Trommel, TOSHIBA-Crewmitglied Sean Clarkson stahl einen Trommelstab und verwechselte fortan menschliche Köpfe mit dem Trommelfell, sorgte so für diverse blaue Flecke. Clarkson schleppte seine „geliehene" riesige aufblasbare Heineken-Bierflasche fünf Stunden lang mit sich herum, bis sie irgendwann platzte. Sieger des internen Whitbread-Tanzwettbewerbes aber war eindeutig Steve Erickson, der gemeinsam mit EF LANGUAGE-Skipper Paul Cayard 1988 Starboot-Weltmeister wurde. Geschwind hatte sich der schwere Junge einen Federhut und einen paillettenbesetzten Kittel geliehen, beeindruckte mit heißem Hüftschwung und viel Drive beim Trommelschlag.

Am nächsten Morgen traf ich Jean-Yves Bernot, einen der bekanntesten Wetter-Gurus und Navigatoren der Welt. Der Franzmann war an Land für das Routing von INNOVATION KVAERNER verantwortlich und soeben aus Paris eingeflogen, um mit KVAERNERS Navigator Marcel van Triest die kommende Etappe vorzubereiten. Mit einem verschmitzten Lächeln auf den Lippen berichtete er von seinem kleinen Rendezvouz mit den brasilianischen Zollbehörden. Auf Wunsch von KVAERNER hatte er zwei neue Lichtmaschinen für die Yacht mitgebracht und wußte natürlich, daß diese Art von Mitbringseln bei der Einreise für Probleme sorgen würde.

Smart, wie Jean-Yves nun einmal ist, hat er also zusätzlich T-Shirts und Poster mit Motiven von der bevorstehenden Fußball-WM in Frankreich eingepackt. Man wisse ja nie, so dachte Jean Yves, wofür die gut sein könnten. Prompt fingen die Zöllner ihn bei der Einreise ab: „Öffnen Sie doch mal die Taschen!" Der Fund der Lichtmaschinen verursachte umgehend einen großen Auflauf und ein langes Palaver. Doch dann entdeckten die „Fahnder" die T-Shirts und Poster. Jean-Yves mußte noch beim Erzählen lachen: „Die Blicke der Männer wanderten hin und her, wurden ganz glasig: Lichtmaschinen. Poster. Lichtmaschinen. T-Shirts. Sie waren absolut fasziniert. Irgendwann habe ich dann wie nebenbei gesagt, daß sie die T-Shirts und Poster gerne haben dürften. Es dauerte kaum mehr als ein paar Sekunden, da waren alle Formalitäten geklärt."

Ein paar Minuten später bestätigte ein Vertreter von Hyundai erneut die brasilianische Mentalität nach dem Motto „Leben und leben lassen". Einer unserer Jungs hatte eine kleine Delle in den zur Verfügung gestellten Hyundai-Bus gefahren, und das beichtete Scotty nun dem Autohändler. Statt zu schimpfen oder sich aufzuregen, setzte der Mann sein strahlendstes Lächeln auf und schnatterte los: „Ach, das macht doch überhaupt nichts, das passiert hier in Brasilien doch dauernd. Und überhaupt, gefällt es euch bei uns nicht gut?" Wir nickten hocherfreut: „Ganz fantastisch!"

Zur Halbzeit bei diesem Zwischenstopp erhielten wir drei Tage Urlaub, von denen meine Freundin und ich allerdings nur zwei nutzen konnten. Unseren geplanten Abfahrtstag mußte Tatjana im Pressezentrum am Computer verbringen, da mit dem unerwarteten Protest gegen TOSHIBA eine nachrichtliche Bombe geplatzt war. Ich konnte kaum glauben, was ich hörte: Die Crew hatte während der vergangenen Etappe tatsächlich den Motor angeschmissen, um den Propeller von lästigem Seegras zu befreien. Dazu mußte die Mannschaft die Versiegelung des Propellerschaftes aufbrechen. Das ist aber ausschließlich aus „Sicherheitsgründen" erlaubt, etwa zur Rettung eines Crew-Mitgliedes, das über Bord gegangen ist. Außerdem muß der Schaft anschließend neu versiegelt (das muß per Videokamera festgehalten werden) und der Vorfall umgehend dem Race Committee mitgeteilt werden. Beides hat die Crew versäumt.

Erst nach Abgabe der Deklarationen im Ziel wurde das Race Committee aufmerksam: Sowohl Wachführer Kelvin Harrap als auch Skipper Paul Standbridge hatten angegeben, den Propeller genutzt zu haben. Händeringend wurde die Aktion vom Team TOSHIBA als harmlose Säuberungsaktion ohne Beschleunigungseffekt dargestellt, doch die internationale Jury kannte kein Erbarmen, wollte ein Zeichen setzen und disqualifizierte die US-Yacht von der Etappe. Ein hartes Urteil, das wir anderen für übertrieben hielten. Ich bangte um meinen Freund, TOSHIBAS Skipper Paul Standbridge. Würde ihn Teamboß Dennis Conner feuern? Mir war klar, daß dieses verbotene Manöver nur zu einer Zeit stattgefunden haben konnte, da Paul schlief. Er ist zu sehr fairer Sportsmann, als daß er sich auf so eine Nummer einlassen würde. Und trotzdem – als Skipper mußte er die Verantwortung übernehmen. Ihm war voll bewußt, daß sein Job gefährdet war. Es kam dann auch zum Gespräch mit Dennis, doch das nahm einen anderen Verlauf, als viele von uns dachten. Natürlich war Dennis nicht erfreut, doch sein Ärger richtete sich eher gegen die Jury. Für Paul hatte er überraschend verständnisvolle Worte, sagte ihm schließlich, daß es viel Schlimmeres gäbe: „Ich habe als erster Amerikaner nach 132 Jahren den America's Cup für mein Land verloren. Das war schrecklich!"

Noch am gleichen Abend konnten wir endlich unseren wohlverdienten zweitägigen Urlaub antreten, nahmen gemeinsam mit Mikke und dessen Freundin Inga die Fähre hinüber zur Ilha Bella. Die „Schöne Insel" machte ihrem Namen wirklich alle Ehre. Mit einem gemieteten roten Strandbuggy erkundeten wir das wilde kleine Eiland, nachdem wir unsere Zimmer in einem Hotel mit Blick auf São Sebastião bezogen hatten. Für den nächsten Tag buchten wir eine Dschungel-Tour zum Strand auf der anderen Seite der Insel, die nur mit Führer und entsprechendem Fahrzeug zu bewerkstelligen ist. Pünktlich um 8.00 Uhr kam ein alter Chrysler-Jeep um die Ecke gebraust, um uns abzuholen. Der Fahrer stellte sich als Wilson vor, sah mit seinem grünen Armee-Hut, der Tarnkleidung und dem verdreckten Gefährt aus wie ein pensionierter Söldner. Wilson war in bester Laune, sprach aber wie die meisten Menschen hier im Süden Brasiliens kein Englisch. Über das Whitbread jedoch wußte er gut Bescheid. Über Stock und Stein düsten wir durch den lianenverhangenen Urwald der Insel.

Die Straßen verdienten diesen Namen nicht, wären für normale Autos kaum passierbar gewesen. Auf der anderen Seite angekommen, sprangen wir gleich in die Fluten, die angenehm waren, aber bei 27 Grad Wassertemperatur kaum Kühlung verschafften. In der einzigen kleinen Strandhütte, einer urigen Spelunke, die mit Strandgut und Fundstücken aus dem Meer geschmückt war, bekamen wir frischen Fisch und Wasser. Nach einer Stunde Pause zog es uns weiter, denn die Attraktion stand noch bevor. Wilson fuhr uns zum Fuß eines dicht bewachsenen Berges, und von dort aus ging es zu Fuß hinauf in luftige Höhen. Nach 20 Minuten Quälerei hörten wir das Rauschen – der Wasserfall war nah. Als wir ihn endlich sehen, umgibt uns eine herrliche Frische. Tausende kleiner Wasserpartikel verwandelten die Luft hier in ein flimmerndes Meer. Vorsichtig tasteten wir uns über die glitschigen Felsen, um eine kleine Lagune zu erreichen, in der wir ein kühles Bad nehmen wollten. Den besten Halt, so erklärte Wilson, habe man auf Socken. Ich vertraute lieber auf meine Hiking Boots und bezahlte dafür mit einem fünf Meter tiefen Sturz den Wasserfall hinunter. Dabei hatte ich Glück im Unglück, landete in einer kleinen Wassermulde direkt vor Ingas und Mikkes Füßen, die sich über das fallende Gut von oben nur wunderten. Schadensbilanz: abgeschürfte Hände und eine „ertrunkene" Kamera meiner Freundin.

Den letzten Ferientag verbrachten wir am Pool des Yacht-Clubs Ilha Bella, eine ebenso luxuriöse wie beschauliche Enklave mit 170 Mitgliedern und 240 Angestellten. Hier, so entdeckten wir, lebte die Crew von BRUNELSUNERGY während des gesamten Stopovers – wie beneidenswert. Totale Entspannung für einen Bilderbuchtag, der mit einem Wasserball-Duell im Pool endete: Frauen gegen Männer. Es ging unentschieden aus, was keinesfalls daran lag, daß wir Männer freiwillig einen Gang zurückschalteten.

Abends am Pool entwickelte sich eine philosophische Debatte über den Sinn und Unsinn gewisser Whitbread-Regeln. Wir waren uns alle einig darin, daß die 26 Punkte, die SILK CUT trotz Aufgabe auf der letzten Etappe bekommen hatte, ungerechtfertigt seien. Roy Heiner, nie um einen phantasievollen Gedanken verlegen, spann den Faden weiter: „Dann baue ich nächstes Mal eine Leichtwind-Yacht. Ich lasse einfach die beiden Starkwind-Etappen aus, gehe da lediglich an den Start und gebe gleich wieder auf. Dann chartere ich mir eine Antonov, fliege meine Yacht zum nächsten Stopover und lasse meine Crew – gut ausgeruht – erst bei der folgenden Etappe wieder starten. Zu solchen Schachzügen könnte es schon in naher Zukunft kommen, wenn das Regelwerk nicht in einigen Punkten klarer definiert wird." Ich finde, er hat recht, denn wer aufgibt, aus welchen Gründen auch immer, hat das Klassenziel nicht erreicht und sein Recht auf Punkte verwirkt.

Erschöpft, aber glücklich machten wir uns am Abend auf den Heimweg, bereit, am nächsten Morgen mit den letzten Vorbereitungen für das Rennen nach Fort Lauderdale zu beginnen.

Inzwischen hatten wir einige technische Sorgen. Rodney, der auch für den Mast verantwortlich war, hatte am Kopf eines der Zwischenwanten feine Haarrisse entdeckt. Behebt man einen solchen Fehler nicht, kann der Mast unter größerer Belastung irgendwann brechen. Um aber das Problem zu lösen, benötigten wir eine Spezialpresse, um das Want zu kürzen und den Kopf neu einzupressen. Solche Maschinen sind jedoch weltweit eine Seltenheit und in São Sebastião schon gar nicht aufzutreiben. Eilige Recherchen unseres Shore-Managements ergaben, daß sich die nächst erreichbare Maschine in Argentinien befand. Das aber kam für Scotty nach dem Zolldebakel nicht mehr in Frage: „Bevor ich noch einmal einem Südamerikaner traue, fliege ich lieber selbst um die halbe Welt." Also fahndeten wir weiter und wurden schließlich in Fort Lauderdale fündig. Es waren nur noch wenige Tage bis zum Start, und wir waren in höchster Eile. Wir setzten Dingo, der kurz zuvor in eine Glasscherbe getreten war und ohnehin auf der zusammengenähten Fußsohle kaum laufen konnte, in den Flieger nach USA.

Beim ersten Versuch jedoch, das alte Want erneut zu pressen, passierte gleich ein Malheur. Der frisch gepreßte Kopf wies wieder feine Risse auf. Fieberhaft versuchte Scotty, irgendwo auf der Welt ein Ersatzwant in passender Größe aufzutreiben. So kam es, daß wir nach dem gelungenen zweiten Preßversuch in Fort Lauderdale schlußendlich sogar über zwei Wanten verfügten.

Als bei uns die Vorbereitungen fast abgeschlossen waren, kamen nach einer unendlichen Odyssee und erst zwei Tage vor Zwischenstopp-Ende endlich die Frauen in São Sebastião ein. Sie hatten nach ihrer Notreparatur des Mastes im chilenischen Ushuaia zunächst die Wettfahrt wieder aufgenommen, wollten sich nach SILK CUTS Ausfall unbedingt die Punkte für Platz sieben erkämpfen. Sie gaben alles, um dieses Ziel zu erreichen. Doch dann zerplatzten mit dem Großsegel vor der brasilianischen Küste auch die letzten Hoffnungen wie Seifenblasen. Zwar verlieh Christine ihrer Mitseglerin Katie Pettibone nach dem erfolgreichen Flicken des Groß den „Ehrenorden für das beste Recycling des Jahres", aber in den inzwischen heftigen Winden hielt die notdürftige Reparatur des Kopfbrettes nicht lange durch. So mußten Christine und ihre Crew sich am Ende doch geschlagen geben und die Segel streichen, um überhaupt vor dem nächsten Startschuß im brasilianischen Hafen anzukommen.

Wir alle haben unseren Hut vor diesen Frauen gezogen, die, abgesehen von einer kurzen Unterbrechung, fast 50 Tage auf See verbracht hatten, für ihren Einsatz letztendlich nicht belohnt wurden und in zwei Tagen wieder am Start aufkreuzen sollten.

Ein letztes Highlight in Brasilien bescherte uns der Besuch des schwedischen Königspaares. Am vorletzten Tag unseres Aufenthalts kamen König Karl Gustav und seine Gemahlin Silvia mit einem Motorboot von der Ilha Bella, wo sie in der Ferienresidenz eines brasilianischen Politikers wohnten. Als gebürtige Brasilianerin zählt Silvia hier zu den beliebtesten prominenten Persönlichkeiten. Gemeinsam mit Gurra empfing ich die Besucher, die allen drei schwedischen Yachten der Flotte für die kommende Etappe Glück wünschten. Wir luden die beiden zu einem Rundgang durch unser Boot ein.

Gurra übernahm die Führung des Königs, während ich seiner Frau ein fröhliches „Willkommen an Bord, Königliche Hoheit" auf Deutsch entgegenrief. Erstaunt und amüsiert antwortete sie auf Deutsch und folgte uns ebenfalls unter Deck. Als sie sah, wie unsere Nahrungspakete aussehen, verglich sie den Inhalt mit Hundefutter. Im Stillen dachte ich, daß sie da in einigen Fällen gar nicht so unrecht hat. Dann entführten Gurra und ich die Königin in die Navigationsecke und bleiben dort fast 20 Minuten, während Gefolgschaft und Bodyguards sich wundern, wo Silvia solange blieb. In ihr hatten wir eine ebenso versierte wie interessierte Zuhörerin. Die Wassersportler Schwedens, die solche Staatsoberhäupter haben, können sich nur glücklich schätzen. Das hier war keine Routine-Visite, sondern eine Herzensangelegenheit.

Von der Hitze etwas geschwächt, aber doch motiviert, nahmen wir zwei Tage später das Rennen wieder auf.

EF EDUCATION-Skipperin Christine Guillou: „Am Ende wurde uns Respekt zuteil"

Die Skipperin von EF EDUCATION wurde am 6. Mai 1964 in St. Christophe du Foc geboren und gehört zur zweiten Generation erfolgreicher Profiseglerinnen in Frankreich, die auf den Erfolgsspuren der Einhand-Ikonen Isabelle Autissier und Florence Arthaud wandeln. Sie nahm zweimal am Figaro-Einhandrennen teil und gewann 1994 eine Zweihand-Atlantikregatta gemeinsam mit ihrem Kollegen Halvard Mabiere. Christine Guillou ist die erste Französin, die eine Yacht im Whitbread-Rennen skipperte. Doch die ebenso erfolgreiche wie humorvolle Sportlerin hat noch höhere Ziele...

Von Christine Guillou

Der erste Anruf von Mikaela von Koskul kam im März 1996. Mikaela war damals verantwortlich für das von EF ins Leben gerufene Frauen-Projekt mit dem Ziel, am kommenden Whitbread Round the World Race teilzunehmen. Sie wollte wissen, ob ich bereit sei, als Skipperin oder Wachführerin für das Syndikat zu arbeiten. Ich sagte zunächst einmal ja zur Position der Wachführerin, wollte mich aber wegen des Skipperpostens noch nicht entscheiden. Schließlich hatte ich zwar bis dato schon erfolgreich an Ein- und Zweihandregatten teilgenommen und auch den Atlantik ein paar Mal überquert, war aber beispielsweise noch niemals im Southern Ocean.

*Wenn man Skipperin sein will, dann muß man sicher
sein. Der Druck ist immens hoch. Du bist für alle verantwortlich. Und da gibt es ja ganz junge Mädchen in unserer Crew, die einem hohen Risiko ausgesetzt werden.*

*Erst nach einigen gemeinsamen Einsätzen und Trai-
ningsfahrten habe ich im Mai 1997 meine Meinung
geändert. Inzwischen war ich mir sicher, daß ich das
Projekt unbedingt mitmachen wollte. Es gab aber auch
andere Crew-Mitglieder, die den Job der Skipperin im
Auge hatten. Ich wußte, daß ich als Wachführerin unter
einigen von ihnen das Projekt verlassen hätte. Also sagte
ich zu, Skipperin auf EF EDUCATION für das Whitbread
Round the World Race 1997/98 zu sein.*

*Wir waren uns von Beginn an darüber im klaren, daß
wir gegenüber den Männern zwei Nachteile haben würden: Die mangelnde Erfahrung und die vergleichsweise
geringere körperliche Kraft würden uns die Sache schwer
machen. Wenn Männer es im Southern Ocean bei 30 und
mehr Knoten Wind zwei Stunden am Steuer aushalten,
dann ist für uns nach einer Stunde Schluß. Bei Manövern
in Starkwind müssen wir öfter kurz abfallen, um die
Segel etwas zu entlasten. Unsere Vorschiffsfrau Lisa
wiegt gerade mal 50 Kilo – die wird in haarigen Situationen einfach durch die Luft gewirbelt. Oder Bridget. Sie
ist auch nicht viel schwerer. Sie wurde auf der achten
Etappe von einer Welle über Bord gespült und kam, an
ihrer Überlebensleine hängend, sekundenlang zu einem
unfreiwilligen Bodysurf auf der Bugwelle, bevor zwei
der Mädchen sie wieder reinziehen konnten. Alles das
sind Situationen, in denen wir eben Zeit verlieren. Und
das addiert sich dann.*

*Als Einhandseglerin waren diese Dinge nie ein so
großes Problem für mich, denn da geht es eher um tech-*

*nisches Know-how und Durchhaltevermögen. Jetzt aber
traten wir ausschließlich gegen reine Männer-Crews an.
Ich habe es oft gesagt und bleibe dabei: Wir wollten mit
unserer Whitbread-Teilnahme kein „Frauen-Ding"
durchziehen. Es ist aber nun einmal so, daß Männer bei
diesem Rennen aufgrund der oben erklärten Vorteile
lieber mit Männern segeln. Ich verstehe das, finde es
aber schade, denn in Frankreich sind wir es gewöhnt, mit
gemischten Teams anzutreten. Das klappt ganz hervorragend. Es gibt viele Positionen an Bord einer Regatta-
Yacht, die Frauen ebensogut besetzen können wie Männer. Ich bin ganz sicher, daß die richtige Mischung aus
Frauen und Männern ein sehr, sehr starkes Team erge-
ben kann.*

*Für mich persönlich waren auch die Umgangsformen
zu Beginn ein großes Problem. Du kannst nicht du selbst
sein, wenn du dich nicht frei ausdrücken kannst. Das war
für mich anfangs wie ein Alptraum. Du fühlst dich
manchmal total doof. Ich mußte allerlei Konzessionen
machen. Es war dann sehr hilfreich, daß ich zu einigen
Crew-Mitgliedern einen besonders guten Draht hatte.
Etwa zu Kiny, die ich selbst ausgesucht hatte. Mit ihr
habe ich mich hervorragend verstanden. Natürlich
besteht auch der Rest der Crew aus netten Mädchen.
Aber ich habe nicht diese angelsächsische Kultur in mir.
Ich habe nicht den Drang, immer alles mit allen gemeinsam machen zu müssen. Ich muß auch mal privat sein
können. Und ich mag eigenständiges Denken. Ich fand es
schwierig, daß manchmal am Tag vier, fünf Mädchen
mit den gleichen Fragen zu mir kamen, statt die Aufgaben selbst zu lösen. Ich denke aber, daß wir uns auf EF
EDUCATION im Laufe der Zeit gegenseitig einiges beige-
bracht haben.*

Rückblickend war das Schlimmste, das uns passiert ist, natürlich der Mastbruch im Southern Ocean. Es war wie ein Schlag vor den Kopf. Wir hatten gerade das Gefühl, auf der Leistungs- und Erfahrungskurve nach oben zu klettern, als das Unglück passierte. Wir haben so sehr gekämpft, und dann passiert etwas, wofür man nicht einmal verantwortlich ist. Ein simpler Materialfehler im Want, schon ist es aus. Puff. Die Folge war, daß wir insgesamt fast zwei Monate am Stück gemeinsam auf diesem Boot saßen. Während die männliche Konkurrenz beim Zwischenstopp in Brasilien bis zu drei Wochen Zeit für Reparatur und Regeneration hatte, kamen wir nach dem Mastbruch und dem folgenden Notstopp in Ushuaia mit soviel Verspätung in Brasilien an, daß zur Vorbereitung von Etappe sechs nur knapp drei Tage Zeit blieben. Zuwenig, um Moral und Muskeln wieder voll in Gang zu bringen. Wir waren mit unseren Kräften am Ende. Wir konnten sehen und fühlen, wie die Männer davonzogen und hatten nicht mehr genügend entgegenzusetzen. Wir waren total ausgepowert. Dieser Mastbruch hat uns also tatsächlich zwei Etappen gekostet. Das war sehr frustrierend.

Aber natürlich gab es auch viele aufregende und befriedigende Momente. Tolle Surfs im Südpolarmeer oder das gute Gefühl, auf einigen Etappen der Konkurrenz ganz dicht im Nacken zu sitzen. Es war auch gut, im Verlaufe des Rennens den Respekt der männlichen Konkurrenten gewonnen zu haben. Den der meisten zumindest. Sogar ein Typ wie Grant Dalton, der immer wieder Sprüche geklopft hat, der sich kopfüber in den Mast ziehen lassen wollte, wenn wir ihn mal auf einer Etappe schlagen sollten, sogar er hat uns letztlich als echte Konkurrenz akzeptiert.

Klar ist, daß dieses Projekt die beste Möglichkeit für Frauen war, auf sehr hohem Niveau um die Welt zu segeln. Wir hatten außergewöhnliche Trainingsmöglichkeiten mit den Gewinnern dieses Rennens. Das hat uns im Verlauf des Whitbreads immer besser werden lassen. Unser Ergebnis war nicht gut, wenn man sich mit einem schlichten Blick auf die Liste begnügt. Aber zu Beginn wurden wir nur als die „Frauen-Crew" tituliert. Am Ende wurde uns deutlich mehr Respekt zuteil. Wir glauben, daß dies eine gute Leistung ist, wenn man unsere körperlichen Nachteile und den Erfahrungsmangel in Betracht zieht.

Wenn ich einen Wunsch für das Volvo Ocean Race in den Jahren 2001/02 hätte, dann den, daß dieses Rennen weniger angelsächsisch und mehr international geprägt wird. Und den Wunsch, daß es endlich gemischte Crews gibt. Denn das funktioniert ganz sicher. Es hängt nur von der Zusammenstellung ab. Die Finesse von Frauen am Steuer bei leichten Winden, ihre Sensibilität, könnte die perfekte Ergänzung zur Stärke der Männer sein. Ich selbst würde wieder dabei sein, wenn es ein Projekt nach meiner Fasson gäbe. Warum ich nicht wieder nur mit Frauen segeln würde, liegt auf der Hand: Es ist einfach zu schwer, dann Rennen zu gewinnen.

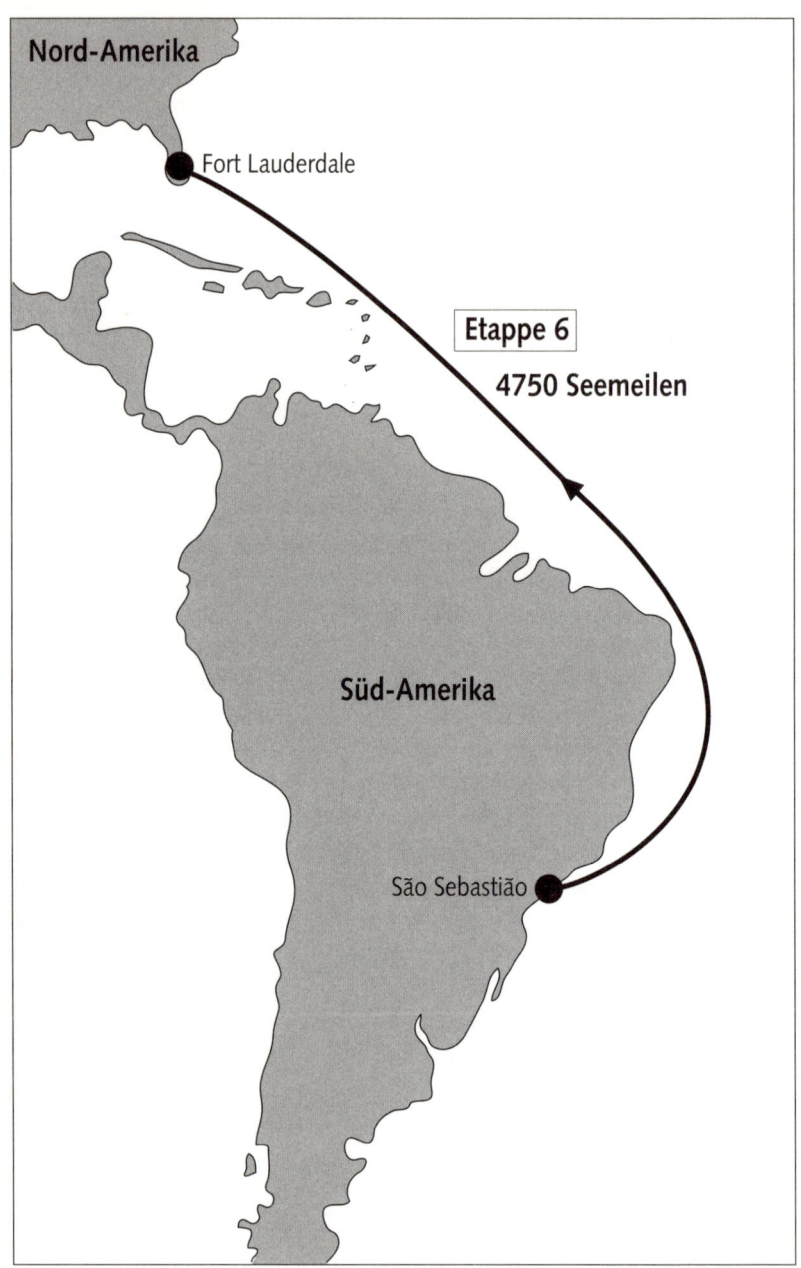

Nord-Amerika

Fort Lauderdale

Etappe 6

4750 Seemeilen

Süd-Amerika

São Sebastião

Die sechste Etappe

Wilde Brasilianer und wunde Körper

Schrill, chaotisch, einfach unglaublich – einen Start wie diesen hier am Nachmittag des 14. März vor São Sebastião haben wir alle noch nicht erlebt. Wir kommen uns vor wie gleißendes Licht im Moskito-Schwarm, um uns herum schwirren Zuschauerboote, Jet-Skis, Surfbretter, Segelyachten und mit ihnen eine tosende, tanzende Menge. Die Begeisterung kennt keine Grenzen. Vom Korridor, der sonst bei Whitbread-Starts für uns gebildet wird, ist nichts zu sehen. Kurzfristig überlegt die Rennleitung, den Start zu verschieben, verwirft den Gedanken aber schnell wieder in der Einsicht, daß sich die Bedingungen weder heute abend noch am nächsten Tag in irgendeiner Weise ändern würden. Also schickt man uns gnadenlos hinein ins Gewühl. Und warum auch nicht?

Fünf Minuten vor dem Start kommt plötzlich ein zehn Meter langes Fahrtenboot bedenklich nahe, schrammt fast an unserer Außenhaut entlang. Mit sorgenvoller Miene warten wir, was der wild gestikulierende Brasilianer und seine winkenden Gäste von uns möchten. Die haben Nerven, wollen einfach nur mit ihrem prall gefüllten Bord-Barbecue angeben und zeigen uns begeistert eine Lage brutzelnder Steaks. Mies, wenn man bedenkt, daß vor uns 4750 Seemeilen bei gefriergetrockneter Nahrung und Power-Snacks liegen.

Als der Startschuß endlich knallt, sieht es beinahe so aus, als befänden sich mehr Zuschauerboote als Whitbread-Yachten auf der Linie. Doch der zweieinhalbwöchige Aufenthalt in Brasilien hat uns gelehrt, gewisse Dinge in diesem Land zu akzeptieren. Dafür werden wir von den Fans mit Emotionen überschüttet. Zwar hatte mir eine hier geborene Journalistin noch kurz vor dem Start beim Anblick der johlenden, außer Rand und Band geratenen Menge verzweifelt gesagt: „Schau dir das an! Denen könntest du auch eine Kuh vorbeischicken, und sie würden klatschen." Ihr war es angesichts eines langjährigen Aufenthalts im geordneten Europa offenbar peinlich, daß ihre Landsleute so gar keine Regeln akzeptieren. Wir aber erinnerten uns in diesen Minuten auch an die ungehemmte Herzlichkeit der Menschen, die wir hier genossen haben. Schwierig war nach dem Start vor allem das Halsen, denn in dieser Gegend hält man mehr von Motorbooten als von Segelschiffen. Entsprechend schlecht konnten sich die Hobby-Schipper vorstellen, daß wir mit jedem Manöver unseren Kurs um etwa 90 Grad änderten. Ich glaube, daß auch die Polizisten auf ihren Jet-Skis keine Ahnung davon hatten und entsprechend erfolglos um Ordnung auf dem aufgewühlten Wasser rangen.

Nach einigen Fast-Kollisionen können wir uns alle unbeschadet auf den Weg in den Südatlantik machen. Gegen Abend legt der Wind zu, erste Gewitterwolken ziehen auf. Wir haben unser „Monster" gesetzt, den großen Gennaker, als plötzlich der Schäkel des Falls bricht, das unser Segel oben hält. Mit lautem Knall fällt das Monster ins Wasser. Jemand brüllt: „All hands on deck – alle Mann an Deck". Nach wenigen Minuten ist das schwere Tuch geborgen und die Situation entschärft.

In der Nacht bricht bei 30 Knoten Wind ein tropischer Regen los. Um uns herum nur Unwetter und Blitze. Später höre ich von meiner Freundin in einem Telefongespräch via Inmarsat B, daß in dieser Nacht in der Umgebung São Sebastiãos fünf Menschen in reißenden Fluten sterben. Niemand, nicht einmal die älteren Menschen, haben hier schon einmal einen solchen Regenfall erlebt. Unsere Familien kamen kaum aus der Stadt. Da, wo am Morgen noch Straßen und Wege waren, hatten sich am Abend kniehohe Sturzbäche entwickelt. Als sich Tatjana und einige Freundinnen am späten Abend von der Tochter des Gastwirtes unserer Pousada „Ana Doce" verabschieden, sagt die mit Tränen in den Augen: „Seht, sogar Gott weint, weil ihr uns verlaßt." Einer dieser Sätze, die ich nie vergessen werde...

Auf hoher See indes ist so ein gewaltiger Regenguß weniger gefährlich. Wir haben uns bereits am ersten Morgen von der Flotte nach Osten abgesetzt. Die anderen glauben an mehr Wind entlang der Küste, bleiben unter Land. Wir surfen die Wellen rauf und runter. Es ist heiß. Die Sonne sticht steil vom Himmel herab. Gut, daß wir uns vor dem Start noch Strohhüte aus einem der Touristenshops am Hafen besorgt haben. Mengen von Sonnenöl schützen uns. Die Wache an Deck sieht mitunter aus wie eine Gruppe älterer Damen beim Kaffeeklatsch.

Während die Hitze uns treu bleibt, werden wir am nächsten Tag wieder von dicken, dunklen Regenwolken belagert. Wir versuchen konzentriert, ihnen auszuweichen, denn genau unter ihnen oder an ihrer Vorderseite gibt es in der Regel keinen Wind. Doch diese Ausweich-Aktionen haben ihre Tücken. Wir werden angesogen, der Wind kommt spitzer, wir müssen auf den Reacher R1 wechseln und segeln eine Zeitlang am Wind. Das Segeln in den Tropen ist trick- und ereignisreich, weil die Wolkenaktivitäten so schwer berechenbar sind. Den großen Reacher nutzen wir auf dem Amwindkurs wie eine große Genua.

So kommt es zu Akkord-Schichten wie dieser am vierten Renntag. Morgens absolvieren wir zehn Segelwechsel in fünf Stunden! Viel Arbeit, denn die Bedingungen ändern sich schnell. Immer wieder Regenschauer, Wind, weniger Wind, dicke Wolken und so fort. Und jeder Segelwechsel erfordert Disziplin und vollen Einsatz der „On Watch" und der „Standby Watch". Ein Beispiel von diesem Morgen: Gurra steuert das Boot, meine Wache ist „on", Matts Wache „standby". Wir bekommen von Roger die Computerauswertung der Leistung der beiden Segel, dem Reacher R1 und dem kleinen Gennaker K7, für diesen spitzen Raumschotkurs. Der kleine Gennaker bringt uns mit 0,6 Knoten höherer Geschwindigkeit dichter an den angestrebten Kompaßkurs. Im Fachjargon nennt sich das ein besseres „VMC" (Volocity Made Course – Bootsgeschwindigkeit zum Kompaßkurs). Also gibt Gurra das Kommando zum Segelwechsel. Dingo und Craig zerren den Sack des Gennakers aufs Vorschiff. Handlich liegt das Segel festgelascht auf der Luvkante, dort also, wo wir die meisten Segel stauen. Während die beiden auf dem Vorschiff die Schoten anschlagen und den Spinnakerbaum klarmachen, verzurrt Oskar das Segelpaket wieder in Luv, damit im Falle eines verkorksten Manövers kein Segel über Bord geht. Unser Pitman Magnus macht die Fallen klar. Er setzt das luvwärtige Vorsegelfall als Toppnant für den Spibaum an und löst das Spinnakerfall, damit Craig genügend Lose im Fall hat, um es vom Mast zu nehmen und um die Leeseite des Reachers herum nach vorne zu bringen. Matt und ich organisieren die Schoten im Cockpit.

Da der Reacher mit zwei Schoten gefahren wird, müssen wir die Schoten umsetzen, um die leewärtige Hauptwinsch für die Schot und die luvwärtige für den Achterholer freizubekommen. Also endet eine Reacherschot auf den vorderen Fallwinschen. Allzulange darf man so allerdings nicht segeln, denn für einen derartigen Zug sind diese kleineren Winschen nicht ausgelegt. Jetzt sind wir bereit zum Setzen des Gennakers. Matt hat den Achterholer angesetzt, und ich sitze bereits in Luv auf den Segeln mit der Gennakerschot in der Hand. Schnell rufen wir noch unter Deck nach Roger, den wir zum Kurbeln an Deck am Grinder brauchen. Er soll auch gleich den Sack für den Reacher mitbringen. Gurras Daumen geht hoch – das Signal für Oskar und Craig, den Gennaker am Mast vorzuheißen. Magnus zieht mit weit ausholenden Armen an seiner Fallwinsch die Lose durch, während Dingo auf dem Vorschiff das saubere Herausgleiten des Spis aus dem Sack überwacht. „He's up – er ist oben!" Schon zieht Dingo an der Reißleine des Packstrumpfes. „Trim on", rufe ich Roger zu, der anfängt zu kurbeln. Dann kann ich die Schoten dicht nehmen. Mit einem heftigen Ruck öffnet sich der K7 und steht schon Sekunden später wie eine Eins. Ich fiere die Schoten wieder leicht auf, um den Spi sauber zu trimmen. Dingo und Oskar kämpfen auf dem Vorschiff noch, um den ins Wasser gefallenen Strumpf wieder an Deck zu zerren, während Magnus das Reacherfall zum Bergen klar macht. Matt, Craig, Oskar und Dingo sitzen nebeneinander auf dem Vorschiff, um mit schnellen Zügen das sperrige Kevlarsegel zu bergen. Dingo reißt mit aller Kraft am Vorliek, und die Jungs sammeln das Tuch ein. Glücklicherweise haben wir heute nicht soviel Wind und kein fliegendes Wasser an Deck, das so ein Bergemanöver sehr viel schwieriger gestaltet.

Der silberne Segelsack liegt schon ausgebreitet auf dem Seitendeck. Schnell hat Craig die Schoten vom Reacher abgeschlagen.

Vier Mann zerren den 130 Quadratmeter großen R1 vom Vorschiff am Mast vorbei auf das Seitendeck und falten es auf dem Sack zusammen. Mit einer Hand helfe ich dabei, während ich mit der anderen weiter die Gennakerschot festhalte. Als vorletztes wird der Reißverschluß geschlossen, der Sack wieder auf den Segelstapel in Luv gepackt und festgebunden. Die letzte Aktivität ist Dingos Kletterpartie in den Mast. Craig und Oskar ziehen ihn hoch, Magnus reißt wie beim Gennaker die Lose an der Winsch durch. Oben angekommen, hakt Dingo den Kopf des K7 in den kurzen Stropp, der dort an einem Beschlag befestigt ist. Nach dem Einhaken wird das Fall gefiert, und die ganze Last des Gennakers hängt nun an diesem kurzen Stück Spectratauwerk. Zum Bergen wird dann wieder der Druck aufs Fall genommen und der Stroppschäkel per Reißleine von unten geöffnet. Diese Technik verlängert die Lebensdauer unserer Spifallen ungemein, ist bei Vorschiffsleuten aber nicht so beliebt, die nach jedem Wechsel hoch in den Mast müssen – bei fast jedem Wetter. So ein Manöver dauert im Schnitt um die 20 Minuten. Bei Wind um 16 Knoten segeln wir mit 13 Knoten Speed in nordöstlicher Richtung weiter.

Wir haben uns inzwischen sehr weit nach Osten abgesetzt. Roger vermutet anhand der Wetterinformationen, daß wir dort mehr Wind finden. Aber wird unsere Rechnung aufgehen? An diesem sechsten Tag jedenfalls sind wir immer noch letzte, und unsere Taktik hat sich bis dato nicht ausgezahlt. An Deck brüten wir bei 40 Grad in der sengenden Sonne, unter Deck schwitzen wir bei 30 Grad und stickiger Luft. Die Sonne ist erbarmungslos, Schatten sucht man vergeblich. Das Schlafen unter diesen Bedingungen ist mühsam. Die größten Probleme dabei hat Matt. Er versucht es an fast jeder Stelle im Boot, entdeckt dabei irgendwann ein ruhiges Plätzchen im Vorschiff, wo es sich unter der geöffneten Luke im leichten Windzug gut aushalten läßt. Zu seinem Unglück schläft er dabei tatsächlich ein. Nach dem nächsten Segelwechsel klappen die Jungs auf dem Vorschiff die Luke kurzerhand zu. Als Matt zwei Stunden später erwacht – es müssen inzwischen wohl 50 und mehr Grad in seiner kleinen Schlafburg herrschen –, sieht er aus wie ein wodkaseliger Finne, den man in der Sauna vergessen hat. Maulig und dehydriert rafft er sich auf, steckt seinen Kopf aus dem Niedergang und beschwert sich über unsere Ignoranz. Wir müssen bei seinem Anblick herzlich lachen und beteuern unsere Unschuld, denn schließlich haben wir ihn da unten nicht sehen können.

Wir segeln in den Passatwinden, die immer gleich stark wehen. Monotonie heißt das Gesetz dieser Tage. Manchmal fühlen wir uns etwas einsam hier im Osten. Der Kalmengürtel beim Äquator liegt nur noch 110 Seemeilen von uns entfernt. Roger hat ein Satellitenbild empfangen, das die Doldrums nicht so groß und gefährlich zeigt wie auf der ersten Etappe. Bei den leichter werdenden Winden setzten wir zum ersten Mal unser neues Mega-Monster, das schon erwähnte „Waha". In einem Interview mit der NDR Hamburg-Welle kann ich immerhin vermelden, daß wir ein bißchen aufgeholt haben. Stetig nährt sich das Eichhörnchen...

Manchmal bin ich etwas sauer mit meinen Jungs, wenn die Disziplin mal wieder zu wünschen übrig läßt. Das Snackpapier, Peanutstüten und Kaffeebecher werden einfach in die Taschen an Deck gestopft und dort vergessen. Es ist ärgerlich, wenn man Schoten aus den Taschen zieht, einem dabei eine Ladung Müll entgegenfliegt und möglicherweise sogar über Bord geht. Schließlich sammelt jede Whitbread-Yacht ihren Plastikmüll und entsorgt ihn im nächsten Etappenhafen. Müll über Bord, das ist ein absolutes Tabu, denn schließlich leben wir hier mit und in der Natur. Auch meine Blicke in die Werkzeugtasche enden nicht immer freudvoll. Oft kommt es vor, daß ich beim Öffnen gleich auf mehrere leere Einstecktaschen schaue, in denen sich normalerweise Schraubenzieher oder Zangen befinden. Mich nervt derlei Schludrigkeit ungemein, denn viele Werkzeuge haben wir aus Gewichtsgründen nur einmal an Bord. Sollten die im Notfall nicht auffindbar sein, dann könnte das unabsehbare Folgen haben.

Dingo leidet enorm unter seinem „Pavian-Hintern". Die Hitze macht seiner Haut in Verbindung mit Schweiß und Salzwasser zu schaffen – das Gemisch bildet einen eklig-klebrigen Film auf der Haut, die übersät ist von einer Armada roter Pickel. Insbesondere wenn er in den Mast gezogen wird, scheuert sein Klettergurt übel an den wunden Stellen. Mein Hinterteil sieht auch nicht viel besser aus, und Roger hat längst die Kortison-Salbe aus dem Medizinkoffer gekramt. Eine effektive und notwendige Waffe.

Am 21. März segeln wir durch die Nacht und wissen, daß es unsere letzte in den Doldrums sein wird. Vier Stunden Regenschauer, Böen, Flaute, und wir schleppen ständig Segelsäcke von einer Seite auf die andere. Ein Segelwechsel jagt mal wieder den nächsten. Zwischen Erle und Roger entwickelt sich ein kurzer, heftiger Disput. Streitpunkt ist der optimale Kurs, über den sie sich nicht einigen können. Rogers Vorschlag erscheint Erle zu kompliziert. Unser Co-Skipper wird ungeduldig und entscheidet kurzerhand auf eigene Faust. Ein Szenario, das sich bei uns genauso wie auf den anderen Yachten immer einmal wieder abspielte. Wir haben inzwischen die Frauen und BRUNELSUNERGY überholt, die Stimmung wird langsam besser. Dann endlich passieren wir den Äquator und sind wieder auf der Nordhalbkugel – „zu Hause"!

Unsere Zuversicht wächst. Am 23. März, der Wind hat inzwischen zugenommen, haben wir auch MERIT CUP überholt, die nun sieben Seemeilen hinter uns liegt. Wichtig für die Gesamtwertung: Bleibt es so, rücken wir auf Rang zwei vor. Nur EF LANGUAGE, SILK CUT und INNOVATION KVAERNER sind noch vor uns. Die Crew arbeitet hart. Die hohe Geschwindigkeit sorgt wieder für viel Wasser über Deck. Wir tragen Ölzeug, darunter nur Shorts. Anders wäre es bei der Hitze nicht auszuhalten. Sogar das Wasser hat eine Temperatur von 31 Grad! Unter dem Goretex-Material juckt die Haut allerdings noch ein bißchen mehr – beste Bedingungen für Masochisten.

Schlafsäcke haben wir auf dieser Etappe gar nicht dabei, dafür aber anfangs Baumwoll-Laken. Leider lagen die eine ganze Zeit im Container in Brasilien, und nachdem ich bei mir einige Bisse an den Beinen bemerkt hatte, löste ich Flohalarm aus und übergab die Laken der See. Danach hatte keiner mehr Stiche zu vermelden. Bei meiner anschließenden AHA-Aktion (Allgemeine Hygiene-Aktion) habe ich dann gleich noch das Klo mit Chlor geputzt. Man weiß nie. Besser vorbeugen, als abzuwarten, bis einen die kleinen Tierchen per Handschlag begrüßen. Auch die fliegenden Fische waren wieder im Anflug. Besonders nachts kamen sie übers Deck. Dingo und Magnus hatten eine Wette laufen: Wer einen fliegenden Fisch mit der Hand fangen, den Kopf abbeißen und dem anderen auf die Jacke spucken könnte, sollte 200 Dollar erhalten. Noch hat keiner das Geld gewonnen.

Am 24. März erreicht uns ein E-Mail von Klaas „Klabbe" Nylöf. Der „Medic 1" an Bord von EF LANGUAGE benötigt dringend Rogers Hilfe. Roger ist der einzige echte Mediziner in der Whitbread-Flotte und wird immer wieder einmal von der Konkurrenz zu Rate gezogen. Klabbe hat ein volles Krankenlager. Die Hälfte seiner Crew leidet unter schweren Hautekzemen und Entzündungen. Roger kann Klabbe ein paar wertvolle Tips geben, ist aber einen Tag später selbst überfordert, als uns ein weiteres E-Mail von BRUNEL-SUNERGY erreicht. Deren Skipper Roy Heiner ist am Rande der Verzweiflung, denn ein Großteil seiner Männer hat sich eine Virusinfektion eingefangen und ist angesichts schwerer Magen- und Darmstörungen weitgehend lahmgelegt. Roger kann Roy nur das Hassler-Hospital in England empfehlen, das zu der Gruppe der Krankenhäuser gehört, die uns während dieses Rennens in Notfällen betreut. Dort soll er anrufen und sich beraten lassen.

Am zehnten Tag auf See erwischt es Matt. Ein fliegender Fisch knallt ihm frontal auf die Stirn. Er behauptet, daß das Vieh mindestens die Größe einer ausgewachsenen Forelle gehabt hätte. Naja, der Schock des Aufpralls war wohl größer als der Fisch selbst. Auch Gurra, Erle und Dingo werden später noch von den fliegenden Außenbordskameraden getroffen. Ich erinnere mich mit Dankbarkeit an diesen 25. März, denn ich konnte mir den Luxus einer kleinen Dusche gönnen. Nachdem ich den aktuellen Dieselstand überprüft hatte, stellte ich mit Vergnügen fest, daß soviel Treibstoff übrig war, daß wir den Watermaker ab sofort Überstunden machen lassen konnten, um etwas zusätzliches Wasser für die Körperhygiene zu produzieren. Was für eine Wohltat!

Am nächsten Tag haben wir erneut Grund zur Freude. Es gelingt uns, die Karibikinsel Barbuda vor INNOVATION KVAERNER zu runden, die in der Nacht schwere Manöverprobleme hatte und dadurch viele Seemeilen einbüßte. Die Passatwinde blasen uns unter unserem größten Spinnaker rasant voran, unterstützt werden wir dabei von angenehmen, etwa zwei Meter hohen Wellen von schräg achtern. Endlich sind wir dritte! Rund 24 Stunden später bestätigt der mit Spannung von uns erwartete Positionsreport alle Hoffnungen: Wir liegen bereits 37 Seemeilen vor den Norwegern und schon 50 Seemeilen vor MERIT CUP.

Nachts glühen wir unter K3, Stagsegel und mit vollen Wasserballasttanks unter sternenklarem Himmel über die Wellen. Vor uns am Horizont taucht plötzlich ein Dampfer auf. Ich nehme mit dem Steuerkompaß eine Peilung, und Craig schaltet unter Deck das Radargerät ein. Schnell stellen wir fest, daß wir uns mit dem Schiff auf Kollisionskurs befinden. Also bitten wir Roger, das UKW-Gerät einzuschalten und das Schiff auf Kanal 16 anzurufen. Kurze Zeit später steht Roger mit dem Vermessungsschiff Marie Galante in Funkkontakt. Der Erste Offizier teilt uns mit, daß er in „schwieriger Mission" unterwegs sei. Er könne weder seinen Kurs ändern, noch die Geschwindigkeit drosseln oder erhöhen, da er just die Beschaffenheit einer Seespalte untersuche. Zu allem Überfluß schleppe er auch noch im Abstand von zwei Seemeilen eine Vermessungsplattform hinter sich her. Roger wagte anzufragen, ob wir denn nicht zwischen dem Vermessungsschiff und seinem Anhängsel durchsegeln könnten. Der Erste Offizier erwiderte nur trocken, daß dies nicht sehr ratsam sei, da wir uns mit Sicherheit in der Schlepptrosse verfangen würden. Der Umweg von zwei Seemeilen erschien uns wenig verlockend. Also setzten wir alles daran, höher an den Wind zu gehen, um vor seinem Bug zu passieren. Der Erste Offizier hielt uns dabei ständig auf dem laufenden, denn sein Radargerät arbeitete präziser als unseres. Ich dachte nur ständig: „Hauptsache, der Wind backt nicht ab..." Wenige Minuten später teilt uns der Mann mit, daß wir sein Schiff im Abstand von einer Seemeile passieren würden. Uff, gerade noch geschafft. Wir bedanken uns bei unserem unsichtbaren Gegenspieler und setzen unseren Kurs fort

Unter dunklen Wolken müssen wir am kommenden Tag leichte Speedeinbrüche hinnehmen. Es ist kühler geworden, und ich trage erstmals wieder meine Fleecejacke. Die ist zwar etwas dick, aber irgendwie angenehm. Die Nächte hier sind pechschwarz und das Steuern entsprechend schwierig, weil man die Wellen kaum erkennen kann.

Als wir durch den Providence Channel zwischen den Inseln der Bahamas segeln, erblicken wir um uns herum ein wahres Lichtermeer. Sehr viele Kreuzfahrtschiffe aus Miami liegen in diesem Fahrwasser vor Anker oder gleiten durch die Nacht. Dingo ist

157

immer ganz aufgeregt, wenn er nachts ein großes Schiff sieht. Mit der Lichterführung hat er es nicht so sehr, doch mich kann das imposante Szenario nicht schrecken, denn schließlich bin ich auf der Weser groß geworden, und da gibt es bekanntlich reichlich dicke Pötte.

Fast ist es geschafft. Bei fantastischen Bedingungen jagen wir am 29. März durch den Golfstrom mit Kurs West auf die Küste Floridas zu. Als wir die Ziellinie passieren, kommt eine ganze Armada von Booten auf uns zu. Es ist Sonntag nachmittag, und die Leute in Fort Lauderdale freuen sich, daß „Whitbread wieder da ist". Im Hafen warten etwa 1000 Fans und Schaulustige. Wir waren auf dieser Etappe vier Tage schneller als erwartet, wie auch die Etappensiegerin SILK CUT und die zweitplazierte EF LANGUAGE. Deshalb stehen die Zelte noch nicht alle, aber das stört nicht weiter. Im Hafen treffe ich SILK CUTS Manager Howard Gibbons, der strahlt wie ein Honigkuchenpferd. Der Sieg seiner Crew nach so vielen Pleiten, Pech und Pannen muß ihn auf Wolke sieben geschossen haben. Ich gratuliere ihm herzlich zur gelungenen Revanche der lila Haie. Wir selbst sind dritte geworden und insgesamt nun zweite. Auch wenn wir die mehr als 100 Punkte Führung zum Spitzenreiter EF LANGUAGE in den verbleibenden drei Etappen kaum mehr aufholen können – wir werden definitiv nicht aufhören, an ihrem Thron zu rütteln.

Zwischenstopp in Fort Lauderdale

Entspannung für Sinne und Seele

Der Sunshine-Staat Florida empfing uns – wie sollte es anders sein – mit Sonne und Ferien-Flair. Nach sechs Etappen, die uns in den Knochen steckten, kam uns der Tourismus-Magnet Fort Lauderdale zur Entspannung von Sinnen und Seele gerade recht. Alles schien hier etwas leichter von der Hand zu gehen.

Gleich nach unserer Ankunft werden wir mit einem typischen amerikanischen Phänomen konfrontiert. Amerika, das Land der „Volounteers", das Land der freiwilligen Helfer, hat wieder einmal ganze Arbeit geleistet. Wir werden an den Docks von einer Abordnung empfangen, die wir zunächst gar nicht einordnen können. Dann stellt sich heraus, daß dies unsere „Adoptiveltern" für die nächsten zwei Wochen sein sollten. Eine Gruppe von Mittvierzigern, die sich freiwillig der eigens für das Whitbread gegründeten Bewegung „Adopt a boat" angeschlossen hatten. Unsere Truppe entstammte dem Singles Yacht Club of Fort Lauderdale und war wild entschlossen, uns zu bespaßen und dabei auch selbst eine gute Zeit zu verbringen. Unter dem großen Motto „Geselligkeit" kamen wir uns vor wie die Hauptattraktion der Partysaison. Auch wurden wir umgehend mit einem Jutebeutel voller nützlicher Dinge für unseren Aufenthalt beschenkt. Darin befanden sich nicht nur eine Trinkflasche mit Drehverschluß, ein Wecker und ein Stadtplan, sondern auch – ganz wichtig in Florida – ein Kalender für 1998 mit zwölf Bikini-Schönheiten „made in Florida".

Weil wir vier Tage zu früh eingetroffen waren, begleitete uns anfangs im Hafen von Port Everglades ständiger Baulärm. Zudem liegt dieser Industriehafen direkt unter der Einflugschneise für den Miami Airport, und so kam es, daß man bei Gesprächen mitunter

159

alle zehn Minuten durch einen solchen Krach unterbrochen wurde, daß man erst 20 Sekunden später weiterreden konnte. Die Organisatoren gaben sich alle nur erdenkliche Mühe, die kleine Zeltstadt umgehend aufzubauen. An unserem ersten Arbeitstag, einem Montag, trafen wir uns wie üblich zur Lagebesprechung und Bestandsaufnahme. Wann soll das Boot aus dem Wasser gehen? Wann ziehen wir den Mast? Wie viele Tage steht das Boot an Land? Und so fort. Ganz oben auf unseren Arbeitslisten stand für diesen Stopover eine neue Lackierung des Unterwasserschiffes und das unvermeidliche, damit aber unweigerlich verbundene Schleifen.

Diesen Abend verbringe ich allein in meinem Zimmer im „Pillar's Waterfront Inn", unserem kleinen Apartmenthotel direkt am Intercoastal Waterway. Gegen 22.00 Uhr klingelt plötzlich mein Telefon. Es ist meine Freundin aus Hamburg, die aus beruflichen Gründen erst in der kommenden Woche nach Florida fliegen wollte. Sie legt gleich los: „Ich habe ein Haus gefunden, und du mußt sofort Gurra um einen Kurzurlaub bitten. Wir kriegen es nur, wenn wir bis Freitag unterschrieben haben." Vor etwa zwei Monaten hatten wir angefangen, nach einem bezahlbaren hübschen Eigenheim Ausschau zu halten. Da ein solches Unterfangen in Hamburg in der Regel ein halbes oder gar ein ganzes Jahr erfordert, waren wir beide von dem schnellen Fund völlig elektrisiert. Nun galt es, umgehend zu handeln, denn gebratene Tauben fliegen einem nicht jeden Tag in den Hals. Während Tatjana mir für Mittwoch abend einen Flieger nach Hamburg buchte, bat ich Gurra um drei Tage „Fronturlaub" in dringender Mission. Er hatte Verständnis, ließ mich gehen. Zwei Tage später saß ich in der Maschine und landete am Donnerstagnachmittag um 17.00 Uhr in Fuhlsbüttel. Gemeinsam mit Tatjana fuhr ich zunächst in ihr Büro, um den Kaufvertrag durchzugehen. Sie hatte inzwischen längst mit Hilfe meines Bruders den technischen Zustand des Hauses überprüfen lassen – als Inhaber einer Baufirma war Jan genau der richtige Mann, um uns in dieser Herzensangelegenheit unter die Arme zu greifen. Gegen 18.00 Uhr fuhren wir dann zum Objekt der Begierde. Nach 20 Minuten war mir klar: dieses oder keins. Das Haus von 1913 hat soviel Flair und Charme, daß auch ich nicht widerstehen konnte. Um 18.40 Uhr saßen wir bereits mit den

50

48 Erste Etappe: Sonnenuntergang in den Tropen

49 Heiße Nächte und hübsche
   Autogrammjägerinnen in
   São Sebastião

50 Hoher Besuch an Bord:
   Schwedens Königin Silvia
   läßt sich von Tim Kröger
   SWEDISH MATCH zeigen

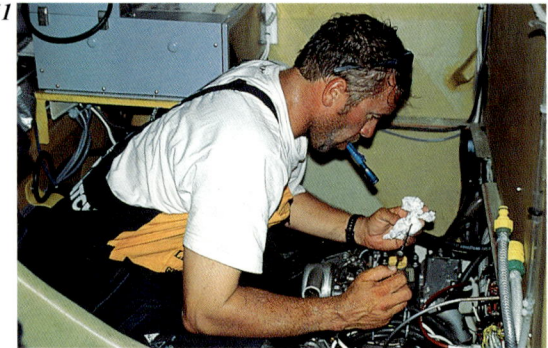

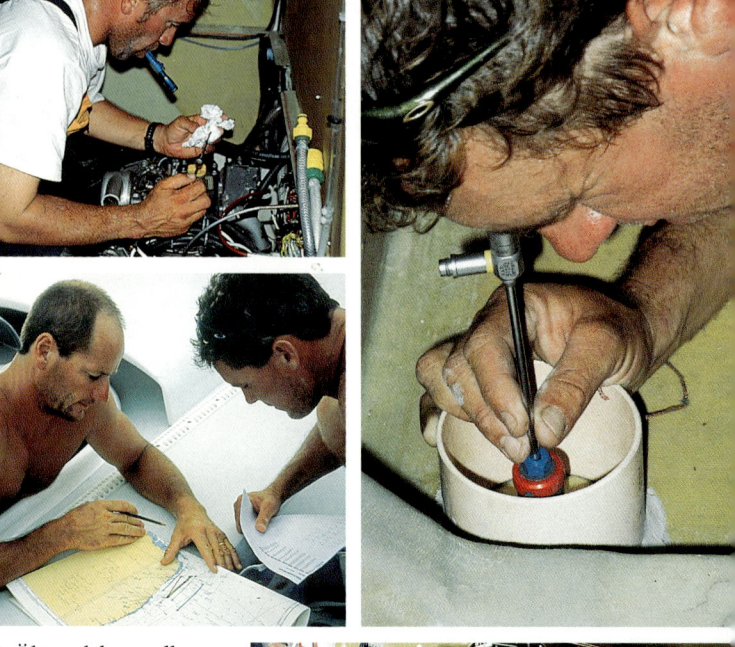

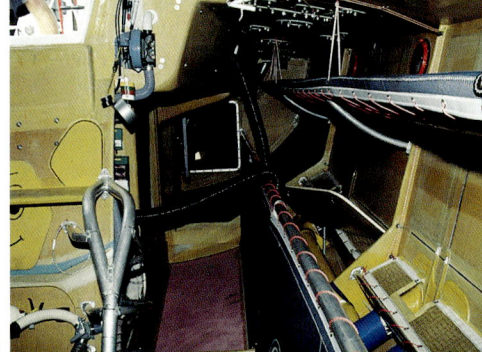

51 Krögers „Baby": Ölstandskontrolle
am Hilfsdiesel

52 Augen unter Wasser: mit Storz-
Endoskop Kiel und Ruder im Visier

53 Denker und Lenker: Nilson, Krantz
und Williams (v.l.n.r.) brüten über
der Seekarte

54 Willkommen in „Sparta": klaustro-
phobische Enge unter Deck

55 Abkühlung für Roger Nilson: Salz-
wasserdusche auf Etappe sechs

56 Mit Schraubenzieher zwischen den
Zähnen: Mikke entert auf

57 Skipper und Wachführer:
Krantz und Kröger

58 Jumbo-Anzeigen am Mast

56

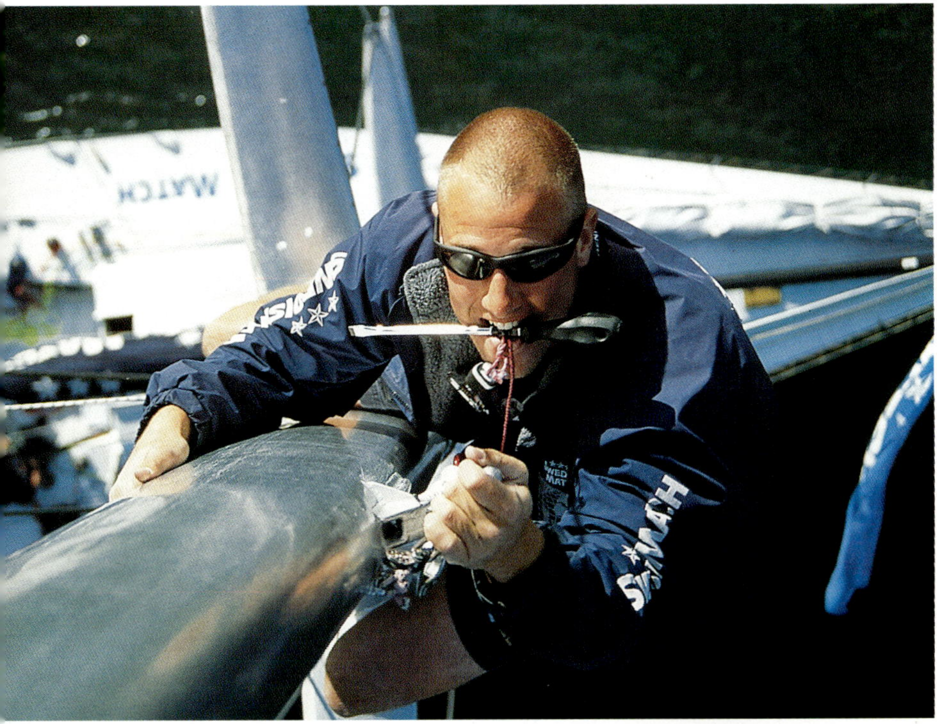

57

58

B&G
20/20 CD
BOAt SPd Kt
17.7
APP W/A °
-125
TRUE W/S Kt
26.8
TRUE W/A °
-157
288°

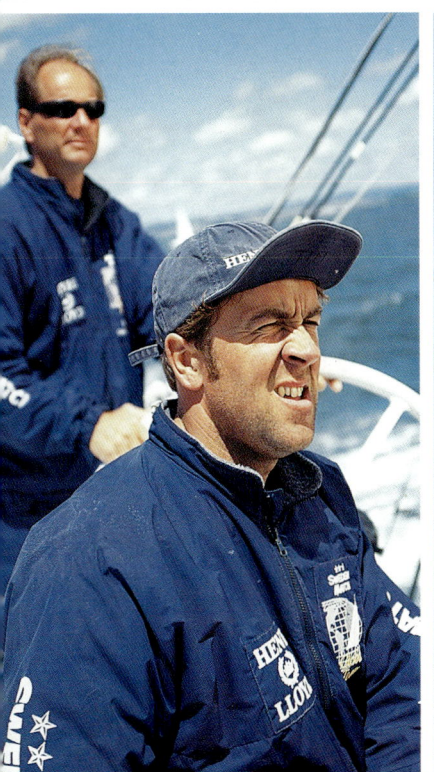

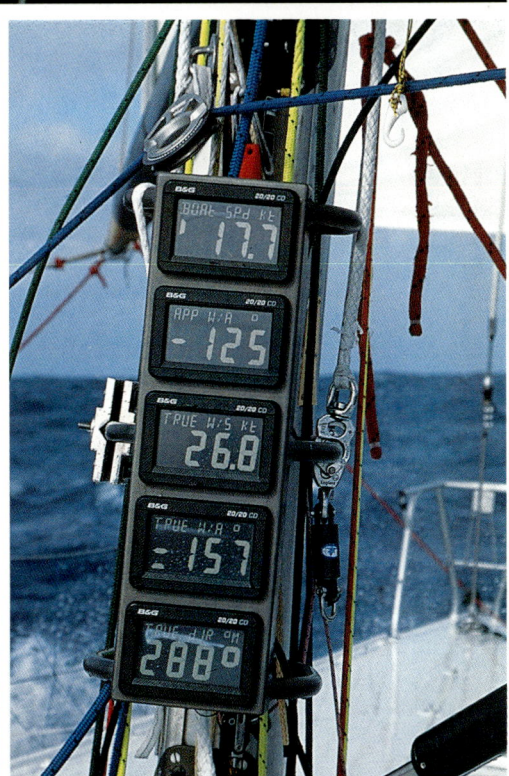

59

HSS Hire Shops

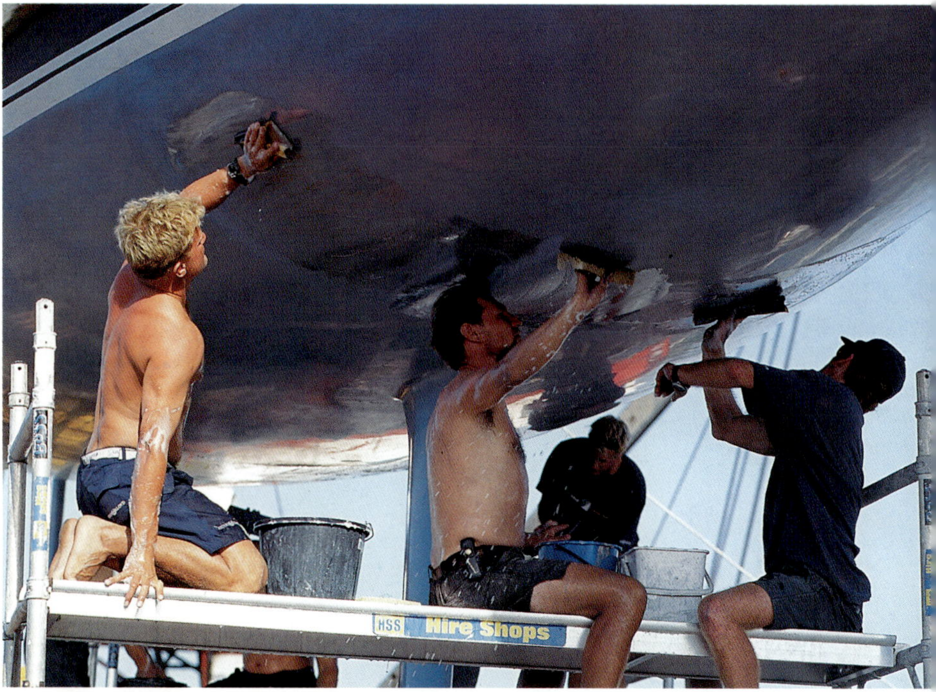

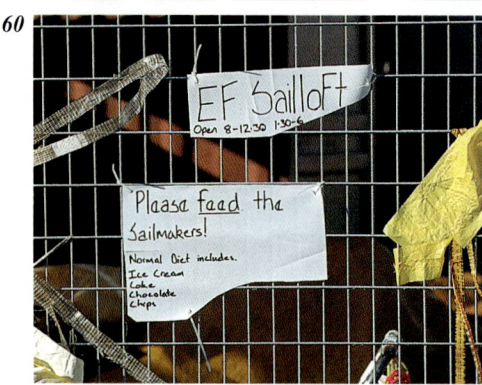

60

EF Sailloft
Open 8-12:30 1:30-6
Please feed the Sailmakers!
Normal Diet includes.
Ice Cream
Coke
Chocolate
Chips

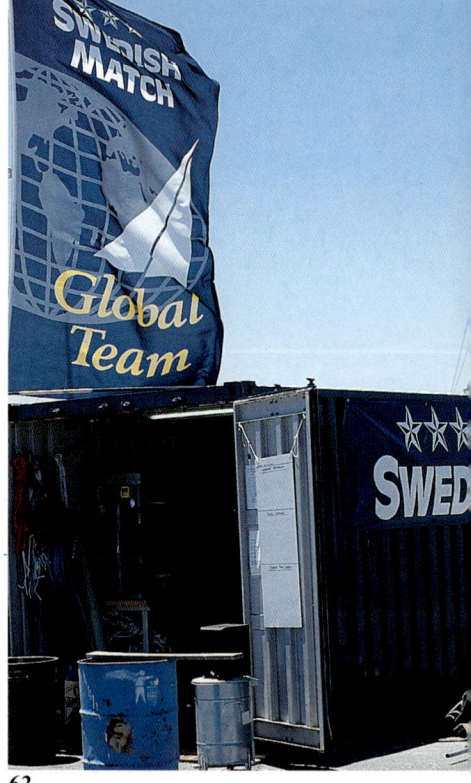

61

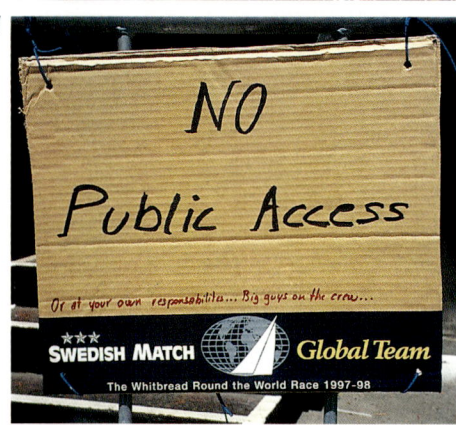

NO
Public Access
Or at your own responsabilites... Big guys on the crew...
SWEDISH MATCH
Global Team
The Whitbread Round the World Race 1997-98

SWEDISH MATCH
Global Team
SWED

62

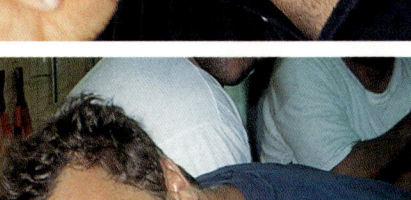

59 Men at work: Schleifen, bis der
Arzt kommt

60 Hungrige EF-Segelmacher:
„Please feed the sailmakers!"

61 Kein Zutritt: „We have big guys in
the crew..."

62 SWEDISH MATCH-Werkstattcon-
tainer in Fremantle

63 Abenteuer Brasilien: Kröger
schmaucht eine „Wilde Brasil"

64 Begehrt: Autogramme der
Whitbread-Segler

65 Dschungel-Tour auf der Ilha Bella:
Kröger mit Freunden im Jeep

66 Aus Trichtern werden Haken:
Krögers Spezialdesign einer Anti-
Seegras-Leine

Die Crew, die mit SWEDISH

Gunnar „Gurra" Krantz
20. April 1955, Schweden
Skipper
Engagierter und energiegeladener
Mann mit guten seglerischen
Allround-Fähigkeiten.
„Everybody´s Darling" und fairer
Sportsmann im Umgang mit der
Konkurrenz.
Seglerische Höhepunkte:
Wachführer auf THE CARD
(Whitbread 1989/90), Skipper für
das schwedische America´s Cup-
Projekt TRE KRONOR 1992,
Wachführer auf INTRUM JUSTITIA
und TOKIO (Whitbread 1993/94).

Erle Williams
13. Oktober 1959, Neuseeland
Co-Skipper
Ehrgeiziger Instinkt-Segler, ohne
dessen Intensität wir den Podiums-
platz vielleicht nicht erreicht hät-
ten. Wurde als Peitschenschwin-
ger eingestellt und hielt sich bei
diesem Job nicht zurück.
Seglerische Höhepunkte: Sieg im
Whitbread 1981/82 auf FLYER,
Vorschiffsmann auf KIWI MAGIC
im America´s Cup 1987,
Navigator auf der japanischen
America´s Cup-Kampagne NIPPON
CHALLENGE 1992.

Roger Nilson
5. März 1949, Schweden
Navigator
Nahm in der Hierarchie freiwillig
in der zweiten Reihe Platz, konnte
nicht immer seine Auffassung
durchsetzen. Navigatorisch mit
Licht und Schatten gesegnet;
nutzte auch dieses Rennen als
menschliche Feldstudie.
Seglerische Höhepunkte:
Navigator und Doktor im Whitbread 1981/82 auf ALASKA EAGLE,
Navigator und Arzt im Whitbread
1985/86 auf DRUM, Skipper im
Whitbread 1989/90 auf THE CARD,
Skipper im Whitbread 1993/94
auf INTRUM JUSTITIA (1.Etappe).

Rodney Ardern
18. Mai 1970, Neuseeland
Wachführer
Verläßlichster Steuermann an
Bord. Mit seiner ausgeglichenen,
positiven Einstellung oft Fels in
der Brandung. Einer, mit dem die
Zusammenarbeit Spaß gemacht
hat.
Seglerische Höhepunkte:
Vorschiffsmann im Whitbread
1993/94 auf TOKIO, Teilnahme
am America´s Cup für Neuseeland 1992 und 1995.

MATCH um die Welt ging...

Matt Humphries
21. Juli 1971, Großbritannien
Wachführer (ab Etappe 2)
Hatte nach seinem Einsatz als
Skipper im letzten Rennen die
schwere Aufgabe, sich als Crew-
Mitglied zu integrieren. Unter
bestimmten Bedingungen sehr
wertvoller Steuermann.
Alltagsarbeit gehörte nicht zu sei-
nen Lieblingsaufgaben.
Seglerische Höhepunkte:
Crewmitglied im Whitbread
1989/90 auf WITH INTEGRITY,
jüngster Skipper aller Zeiten im
Whitbread 1993/94 auf DOLPHIN &
YOUTH/REEBOK.

Tim „Timmy" Kröger
25. August 1964, Hamburg
Wachführer
„Zuverlässiges Crew-Mitglied, das
Jobs anpackte und zu Ende brach-
te. Eine der Persönlichkeiten in
diesem Rennen mit gutem Sinn
für Humor und guten Kontakten
zu allen Crews und Syndikaten.
Pedantisch und bisweilen stur."
(Crew-Mitglied Tony Mutter über
Tim Kröger).
Seglerische Höhepunkte:
Admiral´s Cup-Sieg 1983 mit dem
deutschen Team auf SABINA, 3. bei
der Soling-EM 1986 mit Thomas
Jungblut, Vorschiffsmann beim
Whitbread 1993/94 auf INTRUM
JUSTITIA (2.), Mumm 36-Weltmei-
ster 1995 als Crew-Mitglied auf
CORUM WATCHES.

Oskar Karlsson
25. Februar 1970, Schweden
Trimmer, Computer-Ingenieur
Vermutlich der am stärksten
unterschätzte und unterbezahlte-
ste Mann des Rennens.
Programmierte schon Computer-
Programme für die Ariane-Rakete.
Mußte als Dingi-Segler das um-
fangreichste Lernpensum absolvieren und manche Talsohle
durchschreiten; zuverlässiges und
hochintelligentes Crew-Mitglied.
Amüsierte die Crew auf Leicht-
windkursen mit physikalischen
Rätseln, deren Antwort er oft
selbst nicht kennt. Seglerische
Höhepunkte: 5. der OK-Weltmei-
sterschaft 1989, Junioren-Welt-
meister in der OK-Jolle 1989,
Schwedischer 606-Meister 1993,
Sieger beim Rund Gotland-
Rennen 1996 als Crew-Mitglied
auf NICORETTE.

Mikael „Mikke" Lund
23. November 1972, Schweden
Vorschiffsmann, Proviant und
Bekleidung
Auch in dramatischen Situationen
zuverlässiges Crew-Mitglied, das
die Mannschaft oft mit seiner
Fröhlichkeit ansteckte. War stets
um die Belange seiner Mitsegler
bemüht und engagiert in seinen
Zuständigkeitsbereichen. „Prince
Charming" der weiblichen Fans.
Seglerische Höhepunkte:
Teilnahme Admiral´s Cup 1995
mit skandinavischem Team, Teilnahme Mumm 36-WM 1995, Teilnahme Kapstadt-Rio-Rennen 1995.

Tony Mutter
17. Januar 1969, Neuseeland
Trimmer, Segelkoordinator
Verfügte über das größte Budget in
der Kampagne und verwendete das
Geld sehr sinnvoll. Talentierter
und erfolgreicher Segelmacher und
Segelkoordinator. Angenehmer
Zeitgenosse im menschlichen
Miteinander, als Trimmer und
Steuermann solide. Seglerische
Höhepunkte: 6. der OK-WM 1989,
4. der OK-WM 1990, 2. der neu-
seeländischen Olympiaausschei-
dung im Finn-Dinghy 1992.

David „Dingo" Rolfe
7. August 1969, Neuseeland
Vorschiffsmann, Segelmacher
Beeindruckte die Crew mit
großem seglerischem Können auf
dem Vorschiff und einer fantasti-
schen Auswahl an Flüchen.
Machte seinem Spitznamen
„Dingo" alle Ehre – so heißen
kleine, wilde Hunde in Australien,
wo er eine zeitlang arbeitete.
Seglerische Höhepunkte: 7
Teilnahmen am Sydney-Hobart
Race, Teilnahme am Admiral's
Cup 1993.

Craig Satterthwaite
23. September 1973, Neuseeland
Trimmer, Decksausrüstung
Sehr guter Trimmer mit allen All-
round-Eigenschaften, die ein Whitbread-Segler mitbringen muß.
Jüngster Mann an Bord. Zuweilen
rauh bis rücksichtslos im Umgang
mit seinen Mitseglern, doch hatte
ihm an der Seite hatte man einen
verläßlichen Mitstreiter.
Seglerische Höhepunkte:
Teilnahme am Kenwood Cup 1992
und 1994, Teilnahme an neuseeländischer J24-Meisterschaft 1993,
Teilnahme an Steinlager Line 7
Feeder Series.

Magnus Woxén
Trimmer, Kameramann
27. April 1971, Schweden
Der Mann mit dem größten Gepäck
aufgrund der vielen Kameras.
Spitzname „Baggy". Mußte seinen
Job als Kameramann in Bezug auf
die Segelzeit an Deck Tribut zollen.
Zeigte viel seglerisches Feingefühl
bei leichten Winden. Ausgeglichen
und angenehm im menschlichen
Miteinander. Seglerische
Höhepunkte: Teilnahme Admiral's
Cup 1995, Mumm 36-WM 1995,
einer der erfolgreichsten schwedi-
schen 11-M-One Design-Segler seit '91.

Scott McAllister (links)
12. Juni 1952, Australien
Shore-Manager
Wertvoller Mann für das Projekt,
ging mit dem ihm anvertrauten
Budget verantwortungsvoll um.
Segellegende aus West-Australien
(America's Cup-Sieg 1983 mit
AUSTRALIA II), dem die Arbeiten
rund um das Boot in der Regel
besser lagen als die vielfältigen
Aufgaben, die er als „Reiseleiter"
zusätzlich zu erledigen hatte.

Sam Murch (Mitte)
3. Juni 1962, Australien
Shore-Techniker/Bootsbauer
Liebenswerter und hingebungs-
voller „Papa" unseres Bootes, der
immer wieder zaubern mußte,
um die ausgefallenen und spontanen Wünsche des Managements
umzusetzen. Innerlich mehr als
einmal verzweifelt über den
Mangel an Sinn und Zweck
manch einer Anordnung.

Eigentümern zusammen und besprachen die letzten Einzelheiten. Ich hatte gerade ein Nacht Zeit, darüber zu schlafen, bevor wir am kommenden Morgen bei der Notarin alles besiegelten. Ich kam mir dabei die ganze Zeit vor wie in einem Traum. Mein Urlaub dauerte noch zwei Tage länger, bevor ich am Sonntag wieder zurück nach Florida flog. Die Tage daheim waren trotz Streß eine solche Wohltat, daß ich in Fort Lauderdale mit gut durchwehtem Hirn eintraf. Daß ich zwischendurch Hauseigentümer geworden war, konnte ich allerdings nicht wirklich fassen.

Kaum wieder eingetroffen, berichteten mir die Jungs bei einem spontanen kleinen Barbecue von ihren „Schandtaten". Matt und Craig, die mit dem Schlauchboot vom Hafen über den Intercoastal Waterway zum Hotel gedüst waren, hatten offenbar alle Speedlimits überschritten und waren dabei von den Sheriffs ertappt worden. Es gab eine schwere Verwarnung, dann ließen die Ordnungshüter die beiden ziehen. Natürlich mußte ich einen ausgeben und zeigte stolz wie Oskar die beiden Fotos herum, die ich vom neuen Haus dabei hatte. Die Jungs gratulierten lieb, und wir verbrachten einen höchst entspannten Abend.

Mit meiner teuren Stippvisite in die Heimat machte ich ein paar Tage später noch Schlagzeilen. Steve Waters, ein Reporter des „Sun-Sentinel", arbeitete an einer Story über die Aktivitäten der Whitbread-Segler während ihres Stopovers in Fort Lauderdale. Klar, daß ihm meine Geschichte prima gefiel. In seinem Artikel sinnierte er später darüber nach, wer mehr Geld um die Ecke gebracht hätte: Silk Cuts Navigator Vincent Geak oder ich. Vince war offenbar von Lawrie für seinen Einsatz gut entlohnt worden, denn ab Mitte des Stopovers sahen wir ihn nur noch in seinem neuen silbernen Ferrari den Ocean Drive auf und ab fahren. Im Nu ging das Gerücht um, daß Lawrie seinem Lieblingsnavigator dieses kleine Prachtstück zur Belohnung für den Etappensieg geschenkt hatte. Lawrie bestritt das natürlich heftig, aber uns gefiel die Geschichte gut. Auch die anderen Segler und Seglerinnen tauchten mit Wonne ein in das Shopping-Paradies Fort Lauderdale: Inline-Skates, Fahrräder, Sportbekleidung und CD-Player wurden in rauhen Mengen gekauft.

Und die Party ging weiter. Frei nach dem Motto „Wir können auch anders" legten wir über Ostern eine musikalische Pause ein.

Statt Segel zu packen oder Masten emporzuklettern, griffen bei der legendären KVAERNER-Party einige von uns in die Tasten. Auf dem Programm stand das erste Konzert der „Whitbread Inbreads" (Whitbread-Inzucht). Mit Soft-Rock-Stimme am Mikrofon: Jeremy „Jez" Fanstone von SILK CUT. Unterstützt wurde er von der melodischen Country-Stimme von KVAERNERS blonder PR-Frau Sissel Tove-Asberg. An den Drums der fast schon genial spielende Shore-Manager von BRUNELSUNERGY: Stef van't Zant heizte nicht nur Hunderten von begeisterten Seglern mächtig ein, sondern faszinierte in einer Zugabe auch noch als begnadeter Piano-Spieler. Dazu mit Baß und Gitarre: Steve Cotton und Ross MacDonald, beide von TOSHIBA, und Ramon Davies von MERIT CUP. Daß Ostern vor der Tür stand, hatten die meisten Segler zwar vergessen, doch Spaß hatten die „Hasen" trotzdem. Allen voran TOSHIBA-Wachführer Kelvin Harrap, der weit nach Mitternacht hinter den Tresen sprang, um den langsamen Kellnern in der Kneipe „Boot Legger" (deutsch: Raubkopie) Beine zu machen. Da mochte auch EF EDUCATION-Lady Bridget Suckling nicht zurückstecken, die den Club-Manager kurzerhand in den Pool schubste und für eine Riesengaudi sorgte. Vergessen hatte die kesse Kleine dabei, daß die Party in Amerika stattfand. Schon drohte der humorlose Mann dem Party-Ausrichter Kvaerner mit einer häßlichen Klage – sein neues Mini-Notebook und die angeblich teuren Designer-Schuhe hätten einen Wasserschaden. Er konnte jedoch später wieder besänftigt werden.

Um unsere Körper wieder in Form zu bringen, dabei aber auch Spaß zu haben, nahmen wir am Crew-Sporttag im Fort Lauderdale Yacht-Club teil. Dort sollten die Mannschaften in verschiedenen Disziplinen gegeneinander antreten. Alles war minuziös geplant, und wir hatten natürlich unsere besten Leute in ihren jeweils starken Sportarten aufgestellt. Oskar dominierte trotz seiner 100 Kilogramm Körpergewicht die Optimisten-Regatta – von dem ehemaligen Schwedischen Meister hatten wir nichts anderes erwartet. Magnus gewann das Weittauchen, und auch das war uns klar, denn keiner ist mit einer so großen Lunge ausgestattet wie unser bester Langstreckenläufer. Unsere Schwimmstaffel unterlag zwar knapp SILK CUT, doch das war ja im Duell gegen Haifische auch nicht anders zu erwarten. Dann kam unsere große Stunde. Für die letzte

Disziplin, das Tauziehen, warfen wir alle unsere schweren Jungs in die Schlacht. Mit Rodney, Tony, Oskar, Craig, Erle und mir selbst brachten wir 550 Kilogramm auf die Waage und jede Menge Zug ans Seil. Alle männlichen Gegner zogen wir über den grünen Rasen, doch als die Mädchen von EF EDUCATION eine Revanche forderten und an deren Ende plötzlich an die 30 Frauen hingen (auch unsere eigenen Freundinnen, die Verräterinnen!), gab es für uns kein Halten mehr.

Nach etwa einer Woche bekamen wir in Fort Lauderdale ungewöhnlichen Besuch: Michael aus Schweden. Der 40jährige hatte bei einer Fernsehshow von TV4 in Schweden einen „Besuch bei der Whitbread-Crew auf SWEDISH MATCH" gewonnen, also bei uns. Er war unglaublich aufgeregt, als er eintraf, sichtlich nervös. Also haben wir ihn gleich am nächsten Morgen um 7.00 Uhr mit zum Lauftraining an den Strand genommen. Leider konnte er das Tempo nicht mithalten, stürzte dann auch noch und mußte sich mit blutigen Knien an den folgenden Liegestützen und Klappmessern beteiligen. Unglücklicherweise war dies auch der Tag, an dem unser frisch lackiertes Unterwasserschiff, zum Schleifen bereit, in den Lagerbock gestellt wurde. Einziger Programmpunkt für zehn Stunden: Schleifen, bis der Arzt kommt. Und Michael schliff. Er war wirklich tapfer und irgendwann auch total blau, denn unser Unterwasserschiff hat genau diese Farbe.

Am nächsten Tag hatte Michael mehr Glück, denn wir gingen neue Segel testen. Tony und Dingo waren von ihrem mehrtägigen Arbeitsaufenthalt bei „Quantum" in Annapolis nach 16stündiger Autofahrt zurückgekehrt. Im Gepäck hatten sie neue sowie frisch umgeschneiderte Segel. Michael steuerte uns für eine Weile entlang der Küste Floridas und war damit immerhin für die Plackerei des Vortags entschädigt.

Hübsch zu beobachten war dann ein interessantes Manöver von EF LANGUAGE. Nachdem Paul Cayard sich noch in Auckland fürchterlich über unser neues Rohr aufgeregt und dessen Legalität angezweifelt hatte, gab er nun selbst Gas und zauberte ebenfalls einen neuen Mast aus dem Hut, frei nach dem Motto „If you can't beat them, join them – wenn du sie nicht schlagen kannst, dann tu es ihnen gleich." Sein Argument: Da EF LANGUAGE mit dem gleichen

Mast ausgerüstet war wie SILK CUT, und deren Rigg bekanntermaßen im Southern Ocean brach, wolle er der Gefahr vorbeugen. Insbesondere deshalb, weil Lawrie Smith noch immer nicht gewillt war, den Grund seines Mastbruches zu enthüllen. Schlimmer noch, Lawrie hatte 750000 Britische Pfund für die Preisgabe seines Geheimnisses gefordert. Darüber wiederum war das Team EF so erbost, daß es bereits in Brasilien zu einer heftigen Verbalschlacht gekommen war. EF hatte SILK CUT der Gefährdung von Menschenleben beschuldigt, und Lawrie hatte zurückgefaucht, daß ja „Mercedes Ferrari auch nicht verraten würde, warum irgendein Teil im Motor platzen könnte". Und weil Cayard nun einmal ein Analytiker ist, in diesem Fall aber nicht weiterkam, hat er sich mit seinem Team sicherheitshalber gleich für ein neues Rohr entschieden.

Wir ließen uns von alledem nicht beeinflussen, sondern schlossen ruhig unsere Vorbereitungen ab.

An dieser Stelle möchte ich Sie mit der „Fünf-Sterne-Küche" des Whitbreads bekannt machen. Sie werden gleich verstehen, weshalb wir die Angebote in unseren Gasthäfen fast immer sehr zu schätzen wußten...

Die Teilnahme am Whitbread Round the World Race bringt für die Aktiven alle möglichen Arten von Risiken und Entbehrungen mit sich – das ist klar. Eine der eher unbekannten Strapazen für den Körper stellt die totale Nahrungsumstellung dar. Für Gourmets hat ein Whitbread-Speiseplan nichts, rein gar nichts zu bieten. Über Wochen müssen wir uns mit gefriergetrocknetem, lediglich mit heißem Wasser aufgegossenen Essen begnügen. Abwechslung gibt's höchstens durch Power-Riegel, aus Pulver fabrizierte Milchshakes, ein Stückchen Marabu-Schokolade oder Gewürze, für die ich selbst an Bord unserer Yacht sorgte. Für die Planung der Menü-Inhalte und Rationen ist bei uns Mikke verantwortlich. Der 25jährige Sportstudent weiß gut, daß ein Whitbread-Segler noch extremeren Bedingungen ausgesetzt ist als andere Hochleistungssportler und sagte mir mal: „Bei einer Ski-WM – und die kann auch lange dauern – mußt du als Aktiver vielleicht nur drei von 15 Tagen fit sein. Beim Whitbread aber 15 Tage von 15 Tagen. Und das müssen wir hinkriegen, obwohl gleichzeitig gilt: je weniger Gewicht an Bord, desto schneller das Boot".

Die Folgen sind klar: Es wird nur minimal und nicht maximal geplant. Für die erste lange Etappe von Southampton nach Kapstadt hatten wir elf Männer mit 10 Kilogramm Nahrung pro Tag geplant, mußten aus Rationierungsgründen aber mit neun auskommen. Dabei haben wir im Schnitt sechs Kilogramm Körpergewicht verloren. Zwei Kilogramm mehr pro Mann als geplant, aber nicht gefährlich viel. Was auf der Etappe fehlte, war am Ende vor allem Energie: Zucker, Schokolade und ähnliches, das schnell die Blutbahn erreicht und müde Zellen auffrischt. Insbesondere den Leichtgewichten der Crew mit hohem Verbrennungsfaktor ging am Ende dieser ersten, viereinhalbwöchigen Etappe die Puste aus. Hinzu kam bei zwei Crew-Mitgliedern eine Anti-Streß-Reaktion: Je höher der Streßfaktor, desto weniger mochten sie essen.

Viel besser lief es – nicht nur sportlich mit dem Sieg – auf der zweiten Etappe. Die gesamte Crew hatte zuvor über das Essen abgestimmt und entschieden, für 16 Tage Nahrung mitzunehmen. So war am Ende sogar einiges übrig. Die Männer haben im Schnitt nur 1,6 Kilo verloren – weniger als die ohnehin geplanten 2,8 Kilo Muskelschwund aufgrund mangelnder Bewegung. Die viele Schokolade, die erst drei Tage vor Zieldurchgang aufgegessen war, tat ein übriges. Die jeweiligen Köche der drei Wachen, Mikke, Craig und Dingo, leisteten ganze Arbeit. Gegessen wurde im übrigen bei uns an Bord mit „Galös" (zusammengeschweißte Gabeln/Löffel – so benötigt man nur ein Teil und nicht ein ganzes Besteck) und aus kleinen gelben Plastiknäpfen. Mehr Komfort war aus Gewichtsgründen nicht drin.

Und hier nun unser 24-Stunden-Speiseplan im Überblick:
22.00 Uhr abends
Abendessen (warm)
z. B. Reis mit Hühnchen süß-sauer, Bohnen oder Karotten (gefriergetrocknete Portionen, Marke Simpert-Reiter/Deutschland);
dazu Wasser aus der bordeigenen Entsalzungsanlage.
Anleitung: Man nehme eine Tüte Gemüse, eine Tüte Hühnchen mit Sauce, schütte beides in einen Topf, gebe einige Liter heißes Wasser dazu und lasse es ein Stündchen ziehen. Etwas später dann koche man Reis dazu. Fertig ist das Menü; getrunken wird „hausgemachtes" Wasser.

02.00 Uhr nachts
Snack (kalt oder warm)
z. B. Becher mit heißem Kakao oder Kaffee; dazu ein Power-Riegel mit 300, 400 Kalorien; eine kleine Tüte gesalzene Erdnüsse (Salz hält Wasser besser im Körper).

06.00 Uhr morgens
Frühstück (kalt oder warm)
Warm: Porridge (Puderbasis, mit heißem Wasser aufgegossen); dazu Cracker und getrocknete Früchte (vergleichsweise vitaminreich)
Kalt: Müsli mit Milch (aus Milchpulver und Wasser) und getrockneten Früchten; getrunken wird Wasser oder Kaffee.

10.00 Uhr vormittags
Snack (kalt)
Milchshake (ein Protein-/Vitamin-Drink mit verschiedenen Geschmacksrichtungen wie Schokolade, Erdbeer, Banane, Orange oder Vanille); die Mischung wurde in Neuseeland von Ernährungsexperten eigens für die Bedürfnisse der SWEDISH MATCH-Crew zusammengestellt; Power-Riegel.

14.00 Uhr nachmittags
Mittagessen (warm)
Reis oder Nudeln mit verschiedenen Zugaben; alle drei Tage vegetarisch (gefriergetrocknete Portionen); auf besonderen Wunsch der Crew wurde das anfangs ausschließlich vegetarische Mittagessen etwas abgeändert – inzwischen findet sich hier und da ein Stückchen Speck oder Fleisch in der Sauce.

18.00 Uhr abends
Snack (kalt)
Milchshake (wie 10 Uhr morgens); Power-Riegel.

Diese Ernährungsweise ist inzwischen allgemein üblich, meiner Meinung nach jedoch noch verbesserungswürdig. Es hat Projekte gegeben, in denen die Segler während der Etappen weniger Energie und Gewicht verloren und das Essen teilweise mehr geschätzt haben als wir. Die Ernährung bei diesem Rennen ist ein komplexes Thema, das ganz sicher noch Möglichkeiten zur Weiterentwicklung birgt.

Die siebte Etappe

Gelungene Revanche beim Match des Jahres

Unsere erste Sprintetappe steht bevor: Über nur 870 Seemeilen führt uns der Kurs von Fort Lauderdale nach Baltimore. Für Whitbread-Verhältnisse ein kurzer Ritt, der es jedoch in sich haben sollte. Der Startschuß am 19. April fällt bei strahlendem Sonnenschein. Das Wasser ist bei herrlichem Wind um 20 bis 25 Knoten enorm aufgewühlt. Dieses Mal fühlen wir uns ausgeruhter als bei anderen Starts, denn wir hatten nicht soviel am Boot arbeiten müssen wie sonst üblich. Auf dem Weg an die Linie paddelt noch eine riesige Wasserschildkröte an uns vorbei, die mit ihren putzigen Knopfaugen aussieht, als würde sie uns zuzwinkern.

Wieder säumen Hunderte Zuschauerboote den Kurs. Dieses Mal mißlingt uns der Start unter Spinnaker. Die riesige Blase kommt nicht so schnell hoch wie sie soll. Es muß von außen mies ausgesehen haben. Schon sind wir zum Auftakt letztes Boot. Am besten kommt TOSHIBA von der Linie weg. Zum zweiten Mal in diesem Whitbread steht Dennis Conner am Rad, will natürlich die Schmach des Frühstarts in Sydney wettmachen. Nach wenigen Minuten wird TOSHIBA von CHESSIE RACING überholt, die die Flotte auf dem Weg in den Golfstrom nun anführt. Dahin wollen wir natürlich alle schnellstmöglich, um die dort vorherrschende Strömung nach Norden auszunutzen, die genau in Richtung unseres Zielhafens Baltimore an der US-Ostküste drückt.

In der Nacht mühen wir uns – immer noch im hinteren Teil der Flotte – mit TOSHIBA und EF LANGUAGE ab. Schon jetzt ist klar: Der in der Gesamtwertung führende Paul Cayard und seine Männer werden uns auf dieser Etappe nicht aus den Augen lassen. Die Prognosen unseres Navigators Roger Nilson sind wenig

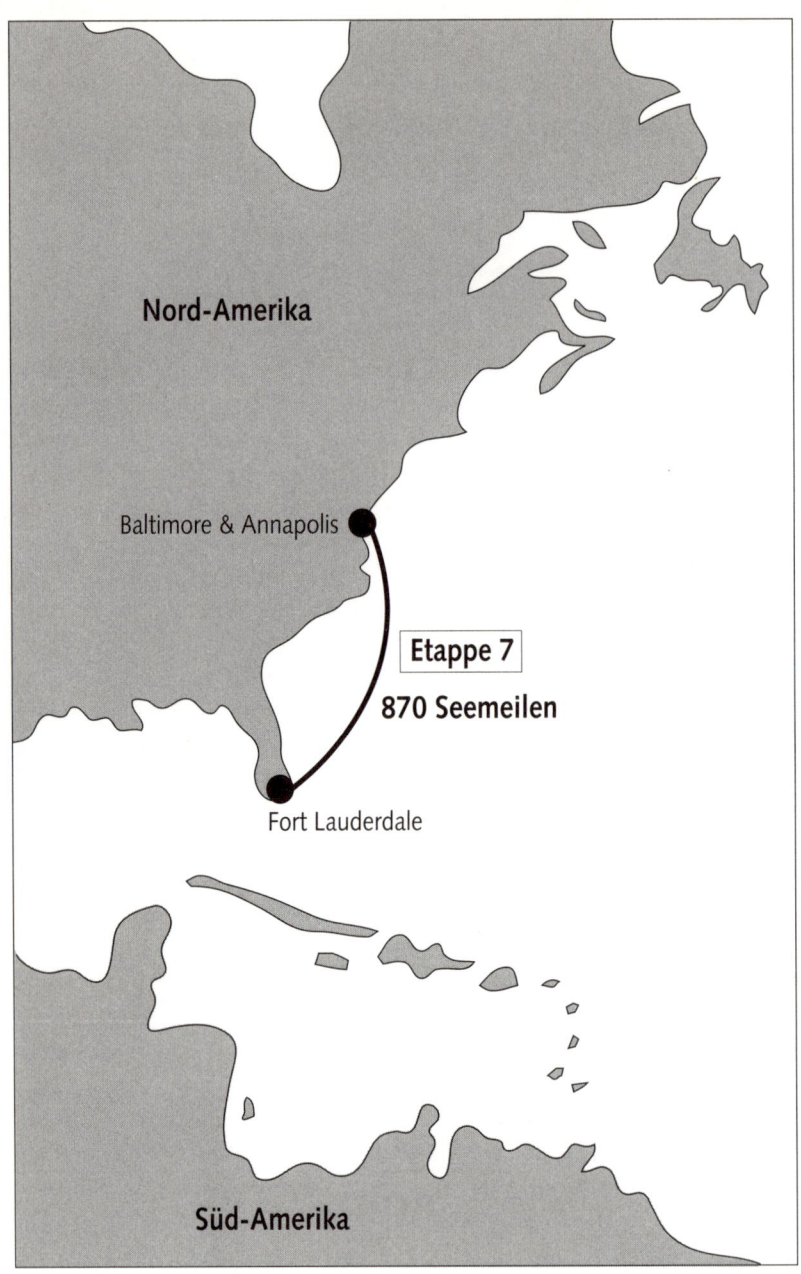

Nord-Amerika

Baltimore & Annapolis

Etappe 7

870 Seemeilen

Fort Lauderdale

Süd-Amerika

erfreulich: Wir sollen heftigen Wind von vorn kriegen. Eigentlich ein eher seltenes Phänomen im Golfstrom. Und tatsächlich, schon am zweiten Tag wird es reichlich ungemütlich. Mit der Strömung von hinten und dem Wind von vorn baut sich eine scheußliche Welle auf. Kurz und hackig rollen die Brecher heran. Wir haben keine Chance, sie weich auszusteuern. Alles an Bord kracht und scheppert durchgehend. Es ist ein Gefühl, als würde man alle paar Minuten einen Auffahrunfall fabrizieren.

Gemeinsam mit unserem Schatten EF LANGUAGE und zeitweilig auch mit EF EDUCATION setzen wir uns nach Westen ab. Der Rest der Flotte, insbesondere BRUNELSUNERGY, segelt weiter östlich. Unser Hintergedanke auf der Westroute: immer schön von der starken Strömung des Golfstroms profitieren.

Irgendwann schliddert dann auch das Frauen-Team auf EF EDUCATION nach Osten und verschwindet am Horizont. Schon kurze Zeit später können wir mit schnellerem Bootsspeed EF LANGUAGE passieren. Die Bedingungen sind zwar alles andere als freundlich, liegen aber unserer eher breit konzipierten Yacht. Am Wind erzeugt die breitere Wasserlinie das Quentchen mehr Stabilität, das die Yacht infolgedessen schneller durchs Wasser gleiten läßt. Auch unser L-Kiel hat am Wind gegenüber den T-Kiel-Booten wie EF LANGUAGE oder SILK CUT offenbar leichte Vorteile. In meiner Koje sause ich bei jedem Aufprall nach vorne. Magnus, der genau hinter mir schläft, rammt mir folglich bei jeder Welle seine Füße in den Hinterkopf. (Dazu muß man wissen, daß es bei uns an Bord eine lange, durchgehende Koje für drei Crew-Mitglieder gab!)

Am 20. April hat Gurra Geburtstag, wird 43 Jahre alt. Eine zünftige Feier entfällt unter diesen Voraussetzungen selbstverständlich, denn zum Müßiggang haben wir keine Minute Zeit. Trotzdem überreicht die Crew auch im Namen von Gurras Familie ein kleines Präsent. Weil er von einer Harley träumt, die wir natürlich nicht an Bord bugsieren konnten, bekommt er ein original Biker-Tuch, das er sich sofort um den Kopf wickelt und bis zum Finish nicht mehr abnimmt. Vielleicht ein Talisman für das Finale?

Ausruhen blieb auf dieser Etappe ein Fremdwort. Die Standby-Wache, die sich sonst immer mal in die Kojen verdrücken kann, mußte ständig auf der Kante sitzen, um ihren gewichtigen Beitrag zur Stabilität zu leisten. Sogar die Freiwache kam kaum zum Schlafen, weil es so ein wilder Rodeo-Ritt war. Ergo: Wir ackerten acht Stunden am Stück und versuchten dann vier Stunden lang ein Auge zuzudrücken, was nur selten gelang. An diesem zweiten Tag auf See entdecken wir auf dem Positionsreport schon den Ausbruchsversuch der Holländer. Roy und seine Crew profitieren offenbar enorm von ihren Ostschlag. Sie haben viel riskiert und werden dieses Mal reich belohnt.

Am 21. April haben wir uns im Duett mit EF LANGUAGE gänzlich von der Flotte abgesetzt. Unsere Privatschlacht mit Cayard und Co. läuft auf Hochtouren. Wir kleben aneinander wie ein verliebtes Pärchen. Fahren sie eine Wende, parieren wir das umgehend. Umgekehrt genauso. Ein mühsames Spiel, denn jedes Mal müssen alle Segel und Ausrüstung aus Gewichts- und Ballastgründen von einer Seite auf die andere geschleppt werden – übrigens die Aufgabe der Freiwache. Soviel zu den Schlafmöglichkeiten...

Bei der ruppigen See geht es dreien unserer Männer schlecht. Mikke kann nicht mehr vernünftig kochen. Entsprechend fällt das Mittagessen aus, und das Abendessen schmeckt mehr als bescheiden. Wir verzichten dankend. Zwei andere haben sich übergeben, würden sich aber bestimmt nicht freuen, wenn ich ihre Namen hier erwähne. Die Bedingungen sind wirklich extrem. Auf der Toilette empfiehlt sich wieder das kraftraubende, aber gesündere seichte Schweben mit gewissem Einfühlungsvermögen für den nächsten Aufprall.

Auf der Höhe von Kap Hatteras erwischt es an diesem Tag auf EF LANGUAGE Segelmacher Marco Constant. Unter ganz ähnlichen Bedingungen wie Grant Dalton, der gerade vom Pinkeln kam und zurück in die Koje krabbeln wollte, stürzt auch der Südafrikaner in einer ungeahnt heftigen Welle den Niedergang hinunter. Dabei erleidet er einen schweren Splitterbruch im linken Handgelenk – Großeinsatz für „Doc" Klabbe. Wir erhalten von ihm ein E-Mail, und Roger muß wieder einmal via Satellit Erste Hilfe leisten. Während der letzten 24 Stunden muß Marco enorme Schmerzen aushalten. Zwar liegt er mit einem Stützverband in der Koje, doch die Dauerschläge in den Wellen sind so ungefähr das letzte, was gebrochene Knochen vertragen können...

BrunelSunergy hat inzwischen über 14 Seemeilen Vorsprung –
eine starke Leistung der Außenseiter. Wir bereiten uns im Duell
mit EF Language auf den optimalen Absprung aus dem Golfstrom
vor. Nicht zu früh, um die Strömung lange genug zu nutzen, aber
auch nicht zu spät, um keine Extra-Meilen zu absolvieren.

Als wir „nach links abbiegen", hinein in die rund 120 Seemeilen
lange Chesapeake Bay, sinken die Wassertemperaturen nach dem
Verlassen des Golfstroms rapide um sieben auf neun Grad Celsius.
In der Nacht wird es bitterkalt. Um der Freiwache angenehme
Träume zu bescheren, habe ich die Heizung angeschmissen. Schlafsäcke haben wir nämlich aus Gewichtsersparnisgründen wieder
nicht dabei.

In der Chesapeake Bay geht es dann richtig zur Sache. Wir haben
immer noch eine halbe Meile Vorsprung vor EF Language. Im
frühmorgendlichen Dämmerlicht versuchen wir, mit unserem
Nachtsichtgerät zu sehen, welche Segel EF Language oben hat. Es
sind noch 110 Seemeilen bis ins Ziel. Um 6.00 Uhr setzen wir das
Wachsystem außer Kraft. Es wird nun eng, und alle müssen ran.
Pech für meine beiden Jungs und mich, denn es wäre just an uns
gewesen, in die Koje zu krabbeln. EF Language kommt näher und ist
plötzlich vorbei. Wie sie das angestellt haben, kann ich nicht im
Detail beschreiben, denn genau in den zwei Stunden hat meine
Wache auf der Kante wenigstens zwei Stunden die Augen
zudrücken können. Nun ist sie eine halbe Seemeile vorn. Wir müs-
sen alles geben – es darf nicht noch einmal passieren, was uns in
Sydney Harbour den Sieg geraubt hat.

Der Wind nimmt etwas ab. Vier Meilen vor uns fährt BrunelSunergy ihrem ersten Etappensieg entgegen. Ich freue mich darüber,
denn schließlich ist ihr Designer Rolf Vrolijk Hamburger. Ausgerechnet in Baltimore, wo sein Konkurrent und Designer der restlichen acht Whitbread-Yachten seine Hauptniederlassung hat,
gewinnt das Vrolijk-Design. Eine super Sache, bedenkt man, daß
Rolfs Rivale Bruce Farr immerhin eine Chance von 8:1 hatte, hier
den Sieg zu verbuchen. Es gibt wohl niemanden unter uns, der Roy
Heiner und seinen „Fliegenden Holländern" diesen späten Triumph nicht gönnt.

Doch zurück zum Rennen. Der Wind hat weiter nachgelassen,

und wir pirschen uns langsam wieder an EF LANGUAGE heran. Plötzlich bleiben unsere Gegner in einem Windloch hängen. Wir können es soeben umschiffen und sind wieder vorne. Jetzt heißt es, die Nerven zu bewahren. Noch 35 Seemeilen bis ins Ziel. Es ist unglaublich spannend.

Wenig später rücken die ersten Presse- und Zuschauerboote an. EF LANGUAGE segelt sechs, sieben Bootslängen hinter uns. Wir versuchen, cool zu bleiben. Es ist ganz ruhig bei uns an Bord. Unser Taktiker Erle ist angespannt am Steuer, denn er weiß: Mit Paul Cayard hat er einen der besten Matchracer der Welt im Nacken. Wir rechnen dauernd mit Finten und Angriffen von hinten. Und die kommen auch. Auf den letzten vier Seemeilen absolvieren wir im Duett etwa acht Halsen. Um uns herum verfolgen Zuschauerboote, Coast Guard, Presseboote und jede Menge Helikopter das Geschehen. Was für eine Nervenschlacht!

Unter unserem leichten Spinnaker S1 segeln wir mit neun, zehn Knoten dem Ziel entgegen. Inzwischen hat Gurra das Rad von Erle übernommen, der konzentriert jeden Schachzug Cayards hinter uns überwacht und entsprechend reagiert. Gurra dreht sich kaum um, muß sich total auf die Ansagen seines Taktikers verlassen. Seine einzige Aufgabe: das Boot optimal schnell steuern. Erle sieht, daß EF LANGUAGE erneut halst. Sofort ruft er: „Standby to gybe – klar zur Halse". Craig fiert den Achterholer und Magnus grindet am Bugniederholer, um das Vorliek des Spinnakers anzusetzen. Mikke und Dingo nehmen den Spinnakerbaum ab, und Magnus fiert den Toppnanten. Rodney ist als Trimmer klar, die leewärtige Spischot aufzufieren, und Craig legt die neue Spischot um die Hauptwinsch. Oskar ist am Grinder einsatzbereit. Erle ruft: „Gybe – Halse!" Ich zerre mit aller Kraft an der von Tony übernommenen Großschot und werde dabei von ihm unterstützt, indem er sie an den Umlenkblöcken am Mast zieht. Matt nimmt das neue Backstag dicht, Roger fiert das alte auf. Zeitgleich läßt Rodney die Spinnakerschot ausrauschen. Mit aller Kraft holt Craig die Lose der neuen Spinnakerschot durch. Oskar treibt seine Winsch an, seine Arme fliegen nur so im Kreis. Der Spi klappt vor dem Vorstag herum, und das Großsegel kommt rüber, als Gurra das Heck durch den Wind dreht. Mit einem „Plopp" schlagen die Latten durch, und das Groß steht auf der neuen Seite. Schnell füllt sich der Spinnaker, während die Vorschiffscrew blitzartig den Spibaum wieder anbaut. Hinten bringt Rodney den Baum mit dem Achterholer wieder in Position. Sofort können wir tiefer segeln. Das Manöver dauert nur 30 Sekunden. Die ganze Zeit über behält Erle EF LANGUAGE wachsam im Auge, denn inzwischen könnten die schon wieder die nächste Halse angesetzt haben. Ein einziger Manöverfehler unsererseits, eine winzige Unaufmerksamkeit nur kann uns hier den zweiten Platz kosten.

Als die Volvo-Zieltonnen endlich vor uns auftauchen, sind es nur noch 200 Meter bis ins Ziel. Da wissen wir: Es ist vollbracht! Der Knall der Zielkanone ist unsere Erlösung. Das ist die gelungene Revanche für den so knapp verpaßten Etappensieg in Sydney. Und Gurra schreit erleichtert übers Deck: „Zum Teufel, da soll noch einer sagen, daß wir Segelsportler dem Publikum nichts bieten würden." Die Hochspannung fällt wie Blei von uns ab. Wir reißen die Arme hoch und sind überglücklich. Oskar bricht im Cockpit zusammen, weil er gegrindet hat wie ein Weltmeister. Um uns herum schreien unsere Fans Glückwünsche herüber, tanzen in den Booten.

Im Hafen gehen wir als erstes zu BRUNELSUNERGY, um den Jungs zu gratulieren. Die sind völlig aus dem Häuschen. „The sun finally shines on BrunSun", so titelten die amerikanischen Zeitungen am nächsten Tag.

Etwas später dann verfolgen wir noch ein weiteres atemberaubendes Duell. Mit nur zehn (!) Sekunden Vorsprung schlägt TOSHIBA ihre US-Konkurrentin CHESSIE RACING auf der Linie. Das hatte es zuvor noch nie bei einer Whitbread-Etappe gegeben. Was für ein Pech für CHESSIE RACING-Eigner George Collins, der in seinem Heimathafen nur als achter ankam und eigentlich Besseres verdient hatte! Trotzdem ist der siebte Platz auch für TOSHIBA-Skipper Dennis Conner nicht gerade eine Glanzleistung. Insgeheim freue ich mich ein bißchen, daß auch er nicht besser war als mein Freund und TOSHIBA-Co-Skipper Paul Standbridge, der dem Meister auf dieser Etappe Platz machen mußte und zum ersten Mal im Verlaufe seiner fünf Whitbread-Einsätze eine Etappe aussetzte. Die Legende Conner lebt zwar noch, doch wird eben nicht alles Gold, was er anfaßt. Besonders peinlich war, daß für Paul auf dieser Etappe ein

Lotse von der Chesapeake Bay auf Toshiba im Einsatz war, aber nicht verhindern konnte, daß die US-Yacht als einzige kurz vor dem Ziel auf Grund lief. Glück im Unglück für die Crew: Sie konnte sich schnell und aus eigener Kraft wieder befreien und weitersegeln.

Wir von Swedish Match waren wirklich glücklich und zufrieden, denn wir konnten uns mit dem Ergebnis in der Gesamtwertung auf Platz zwei noch etwas deutlicher von den Verfolgern absetzen. Natürlich wußten wir auch, daß der Whitbread-Sieg trotz unseres Erfolges im Prestige-Duell mit EF Language kaum mehr machbar war. Es blieb dabei: Die konnten sich auf den verbleibenden zwei Etappen nur noch selber schlagen. Zu deutsch: Sie müßten sich irgendwo auf dem Atlantik Mast oder Ruder brechen. Das aber wünscht man als Segler nicht einmal dem ärgsten Feind.

Zwischenstopp in Baltimore und Annapolis

Whitbread – eine amerikanische Liebesaffäre

Was für ein Zwischenstopp! Baltimore hat uns mit seinen Fans wirklich überrascht. Am ersten Wochenende nach der Ankunft waren täglich bis zu 250000 Menschen im Hafen, um die Yachten und die Teams zu sehen. Es gab an den Docks Warteschlangen – so lang wie die vor Madame Tussauds Wachsfigurenkabinett in London. Das hat es bei diesem Whitbread noch nicht gegeben. Jeder Taxifahrer, jeder Zeitungsverkäufer wußte über uns Bescheid. Das riesige öffentliche Interesse lag natürlich in erster Linie daran, daß mit CHESSIE RACING eine Lokalmatadorin am Rennen teilnahm. Die Euphorie war kaum zu bremsen, und es war CHESSIE RACING-Eigner George Collins zu verdanken, daß die Städte Baltimore und Annapolis für diesen traumhaften Doppelstopp sorgten. Ganz offensichtlich hatte das Whitbread auch in den USA viele neue Freunde gefunden. Die Städte waren also im Rennfieber.

Das merkten wir auch bei George Collins Party. Gemeinsam mit dem ideellen Partner seines Projektes CHESSIE RACING, der „Living Classroom Foundation", hatte er zu einem Abend in den Räumen der Jugend-Hilfsorganisation geladen. Die Foundation kümmert sich in Baltimore um gescheiterte Jugendliche, holt sie von der Straße und zeigt ihnen Job-Möglichkeiten für die Zukunft auf. Für den Verein warb Collins bei seiner Tour um die Welt – ein, wie ich finde, höchst ehrenvolles Ansinnen. Die Feier brachte die ganze Whitbread-Familie nach langer Zeit wieder einmal unter ein Dach. Zufällig saßen wir mit einem Lehrer der Living Classroom Foundation zusammen, der uns berichtet, wie sehr die Kinder und

Jugendlichen von der Segelkampagne um die Welt profitieren: „Sie verfolgen ganz genau, wo die Yacht sich gerade befindet. Sie identifizieren sich mit CHESSIE RACING und der Crew, lernen anhand ihrer Route eine Menge über die Welt, Erdkunde, Sprachen, Wetterkunde und vieles mehr – so ein Projekt hat großen Einfluß auf sie." Kein Wunder, daß Collins, der einen Großteil seines Budgets aus der Privatschatulle gezahlt hat, hier in Baltimore ein beliebter Mann ist.

Auch sportlich ging es in Baltimore turbulent zu. Vor allem im „Tollhaus Toshiba" rumorte es wieder mächtig. Ihrer Skandalserie wurden zwei weitere Kapitel zugefügt. Zunächst verlor das Team Dennis Conner einen von EF EDUCATION eingereichten Protest und wurde für Etappe sieben um zwei Plätze zurückgestuft. Die TOSHIBA-Crew hatte in der ersten Nacht dieser Etappe in einer Backbord-/Steuerbord-Situation Mist gebaut und die Mädchen zur Kursänderung gezwungen. Die hatten sofort protestiert, die Flagge gesetzt und Gegner wie Rennleitung über den Vorfall informiert. Erst eine gute Stunde später hatte TOSHIBA versucht, sich durch einen 720-Grad-Strafkringel zu bereinigen. Natürlich half das nicht mehr. Offenbar war den einst hochgehandelten Stars entfallen, daß bei Dunkelheit auch im Whitbread-Rennen die internationalen Regeln zur Vermeidung von Kollisionen auf See gelten. Außerdem hatten sie weder die Rennleitung über den Bereinigungsversuch unterrichtet noch beim Kreuzen der Ziellinie die Flagge I (India) als Schuldanerkenntnis gesetzt. Soviel Fehlverhalten konnte die internationale Jury natürlich nicht durchgehen lassen. Ich habe später von einem Teammitglied erfahren, daß zur Zeit des Vorfalls Dennis Conner unter Deck war und die Mannschaft wieder einmal auf eigene Faust gehandelt hatte.

Damit noch nicht genug: Kurz vor der Protestentscheidung kündigte TOSHIBAS Navigator Andrew Cape seinem Arbeitgeber Dennis Conner per Fax die Zusammenarbeit auf. Ein harter Schlag, denn einen Navigator zu ersetzen, ist noch schwerer, als einen neuen Skipper zu finden. Der Navigator kennt sich mit den Bordcomputern am besten aus, hat alles auf seine Bedürfnisse eingestellt – eine haarige Angelegenheit für einen neuen Mann, der das alles für die letzten zwei Etappen neu lernen soll. Ich persönlich fand den

Abgang von Cape nicht sehr stilvoll. Es geschah ein wenig nach der Devise: „Die Ratten verlassen das sinkende Schiff." Paul Standbridge selbst hat da andere, wie ich finde, sportlichere Ansichten und sagte mir: „Ich genieße das hier wahrlich auch nicht alles. Aber es ist unser Job und, bei Gott, ich werde ihn zu Ende bringen." Als neuen Navigator holte das Team den Neuseeländer Murray Ross, einen sehr guten Mann, der allerdings auch sehr bissig und übermotiviert agieren kann. Es blieb zu hoffen, daß TOSHIBAS Mannschaft nun wenigstens die letzten beiden Etappen halbwegs friedlich über die Bühne bringen würde.

Das Image von Dennis Conner hatte aufgrund der unzähligen Aufregungen natürlich Kratzer abbekommen. Sein Ziel, mit einem guten Auftritt beim Whitbread weitere Gelder für sein America's Cup-Projekt einwerben zu können, dürfte er zumindest teilweise verfehlt haben. Den Rang als Medienstar hatte ihm sein US-Rivale Paul Cayard längst abgenommen. Zu diesem Zeitpunkt hatte Cayard bereits bekannt gegeben, den Computer-Riesen Hewlett-Packard als Millionen-Sponsor für seine America's Cup-Kampagne „AmericaOne" gewonnen zu haben. Ich fand es dann überraschend, daß es aus dem Lager Conners trotz allem erste Absichtserklärungen gab, auch beim Volvo Ocean Race Round the World 2001/02 wieder an den Start gehen zu wollen. Vielleicht sind aller guten Dinge drei, vielleicht hat Dennis dann den Bogen raus.

An Land erwies sich indes unser Co-Skipper Erle Williams als heimlicher Austern-Liebhaber. Er war es, der uns bei einem Wettschlürfen aller Teams vertrat. Kleine Hürde: Die Teilnehmer durften ihre Hände nicht benutzen. Haben Sie mal Austern ohne die Hilfe Ihrer Hände geschlürft? Kein leichtes Unterfangen, doch Erle schlürfte die Whitbread-Konkurrenz in Grund und Boden und stellte einen neuen Rekord auf: 12 Austern in 14 Sekunden! Da staunten die Abgesandten von EF LANGUAGE, MERIT CUP, CHESSIE RACING und BRUNELSUNERGY nicht schlecht. Sogar die Austern liebenden Amis waren von dieser Leistung hingerissen. Die Moderatorin gratulierte „Erle, the pearl" überschwenglich. Doch damit nicht genug: Anschließend hatten die Austern-Gladiatoren ein weiteres Spiel „Made in USA" zu bestehen. Es galt, zu einem Viertel mit Bier und einer Auster gefüllte Plastikbecher zu leeren. Und das bitte im Akkord. Auch dieses Mal triumphierte Erle, mußte allerdings seinem „punktgleichen" Rivalen Ian Stuart von MERIT CUP Respekt zollen. Beide leerten jeweils 14 Gläser in 20 Sekunden. Die Menge johlte, während Erle sich belustigt umschaute: „Und was kommt jetzt?"

Der Mann hat Nehmerqualitäten, daran gibt es keinen Zweifel. Während seine Gegner längst mit überlasteten Mägen aufgegeben hatten und teilweise etwas elend dreinblickten, stand Erle nach getaner Arbeit auf und spazierte davon, als sei das alles nichts gewesen. Uns blieb zu hoffen, daß die insgesamt 26 Austern, die binnen einer Minute in seinen Magen gewandert waren, keinen bleibenden Schaden angerichtet hatten. Und hoffentlich hatte sich Erle nun nicht zu sehr an die edle Kost gewöhnt, denn schon in wenigen Tagen würden wir alle wieder mit gefriergetrocknetem Essen vorlieb nehmen müssen.

Weniger lustig war eine häßliche kleine Episode, die sich in unserem Wohnviertel Fell's Point gleich in der ersten Woche unseres Stopovers zutrug. Auf dem Weg von einem Pub zurück ins Hotel wurde ausgerechnet unser liebstes und harmlosestes Teammitglied Sam Murch überfallen. Nachdem ihn zunächst ein einzelner Mann unter einem Vorwand in eine kleine Gasse gelockt hatte, erwarteten ihn dort zwei weitere Kerle. Gemeinsam machten sie ihn schnell kampfunfähig und entledigten ihn seiner letzten paar Dollar. Glücklicherweise wurde Sam nicht ernsthaft verletzt, doch für uns andere war der Zusammenstoß Warnung genug, nicht mehr allein durch die Nacht zu pilgern. Beim Blick auf unsere tägliche Einkaufsliste am nächsten Tag merkte ich, daß die Geschichte sich bereits herumgesprochen haben mußte. Irgend jemand hatte darauf vermerkt: „Revolver für Sam".

In Baltimore hatten wir ein Jahr zuvor schon unsere Yacht getauft. Entsprechend gut kannten wir uns aus in der Metropole. Zum Mittagessen trafen wir uns trotzdem meist in unserem Swedish Match-Zelt im Hafen, um das uns die Konkurrenz sehr beneidete. Insgesamt verfügte unser Projekt über drei dieser riesigen Zelte mit angenehmem Ambiente, die mit um die Welt gingen. Drei an der Zahl, weil es zeitlich nicht immer möglich war, ein Zelt nach einem Stopover abzubauen und im nächsten Hafen rechtzeitig wieder aufzubauen. Im Zelt wurden wir von der Swedish Match-Projektleitung jeden Tag liebevoll betreut und verpflegt. Unsere „guten Engel" Denise Norman, Pierre Tinnerholm und John Kenny, deren Aufgabe es vor allem war, sich um V.I.P.-Gäste zu kümmern und PR- und Marketing-Aktivitäten durchzuführen, hatten uns längst in ihr Herz geschlossen. Obwohl es nicht ihre Pflicht war, servierten sie uns täglich mittags köstliche Menüs und halfen auch sonst, wenn Not am Mann war.

Es standen auch wieder die üblichen Routine-Arbeiten an, aber wir hatten unser Boot mittlerweile so gut im Griff, daß wir es nicht mehr so vollständig umkrempeln mußten wie noch nach den ersten Etappen. Wir zogen den Mast und überprüften sämtliche Wanten und deren Enden mit einem Spezialspray auf Risse. Das kann man sich in etwa wie bei der Kriminalpolizei vorstellen, die Fingerabdrücke mit bestimmten Chemikalien sichtbar macht. Bei uns handelte es sich um zwei Sprühflaschen. Zunächst sprüht man aus der einen Dose einen rötlichen Film über die zu prüfenden Teile. Nach kurzer Einwirkzeit sprüht man dann eine weitere weißliche Schicht aus der zweiten Dose darüber. Aus diesem nun rosafarbenen Gemisch treten eventuelle Haarrisse optisch leicht sichtbar hervor und können entsprechend repariert werden. Später wollten wir das Unterwasserschiff nochmals schleifen, merkten aber, daß es perfekt in Ordnung war. Offenbar hatten wir bei unserer zehnstündigen Tortur in Fort Lauderdale ganze Arbeit geleistet.

Gegen Ende dieses ersten Teils des Doppel-Stopps in Baltimore und Annapolis übernahm Trophy-Sponsor Volvo das Ruder, lud zunächst zur traditionellen Golfpartie und einen Tag später zum ersten großen Diskussionsforum, bei dem es um die Zukunft des Rennens gehen sollte.

Magnus Olsson, mein ehemaliger Mitstreiter auf INTRUM JUSTITIA und in diesem Rennen als Projektinitiator und Wachführer auf EF LANGUAGE zum vierten Mal dabei, wollte wieder einmal trickreicher sein als alle anderen. Also besorgte er sich die Telefonnummer des Golfplatzes, auf dem an einem Dienstag das Whitbread-Turnier stattfinden sollte. Flugs rief er dort an, um sich nach den Green Fee-Preisen zu erkundigen. Er wollte heimlich üben. Die Antwort war niederschmetternd: 18 Löcher – 225 Dollar! Magnus murmelte nur in den Hörer, daß er sich später noch einmal melden würde und legte auf. Sein Sondertraining war soeben gestorben.

Nach einer einstündigen Busfahrt erreichten wir Caves Valley Course, einen der schönsten Golfplätze, auf denen ich je gespielt habe. Hier wurden schon der Walker Cup und andere berühmte Turniere ausgetragen, und nun sollten wir Amateure ran. Nur die wenigsten von uns verfügten tatsächlich über das korrekte Handicap für einen solchen Kurs, waren eher aus Spaß an der Freude dabei. Um so größer ist der Druck für Rodney und mich, als wir uns plötzlich mit Lars Bandling, Präsident von Volvo Aero Nordamerika, und Helge Alten, damals noch Präsident von Volvo Nordamerika, in einer Gruppe wiederfinden. Beide Herren spielten mit Handicaps weit unter 20, und wir hätten uns am liebsten kurzfristig in einem der naheliegenden Löcher verkrochen. Dann ging es auch schon los: Lars Bandling gelingt ein prächtiger Abschlag, und auch Helge Alten beeindruckt uns mit kraftvollem Spiel. Der Druck erscheint uns fast übermächtig – wo sollen wir nach den bisherigen zehn, zwölf Einsätzen in unserem Leben bloß soviel Können hernehmen!

Mit gefaßter Miene gehe ich zum Abschlag, nehme alle Konzentration zusammen und dresche den kleinen Ball weg. Was für ein Glück – ich habe voll getroffen, und das Ding fliegt in höchst elegantem Bogen davon. Rodney ist völlig entnervt und bedankt sich freundlichst dafür, daß ich die Latte für ihn nun noch ein bißchen höher gelegt habe. Jetzt muß er ran. Aber auch ihm gelingt ein herrlicher Schlag, und fortan ist das Eis gebrochen. Wir verbringen einen amüsanten und sehr informativen Tag mit den Volvo-Managern, diskutieren über das laufende Rennen und geben auch Anregungen für die Zukunft. Alles in Maßen natürlich, denn Rodney und ich mußten uns wahnsinnig konzentrieren, damit sich keine allzu großen Patzer in unser Spiel einschlichen. Damals wußte ich noch nicht, daß Helge Alten der Mann der kommenden Jahre sein würde, der wenige Monate später das Rennbüro in Southampton als Manager übernahm. Ich habe ihn als besonnenen und smarten Denker und Lenker kennengelernt und glaube, daß er und sein Team bei der Vorbereitung für das Volvo Ocean Race Round the World 2001/02 ganze Arbeit leisten werden.

Einen Tag später setzen wir unsere Diskussionen bei einem Forum fort, zu dem Volvo drei Leute pro Boot geladen hatte. Zunächst klärte Marketing-Chef Mel Pyatt uns über die Strategie des Unternehmens und die Gründe seiner Übernahme des Whitbread-Rennens auf. Anschließend begann eine offene Debatte über Sinn und Unsinn bestehender Regeln und Organisationsstrukturen. Von sinnvollen Verbesserungsvorschlägen wie etwa der Kürzung der Etappenanzahl, um so wieder etwas längere Pausen für die Segler zu erreichen, bis hin zur Idee, die Masten zu verlängern, um den Yachten bei Leichtwinden ein besseres Geschwindigkeitspotential zu verpassen – die Wunschlisten der Anwesenden waren lang, bunt und nicht selten gegensätzlich. Trotzdem war es für die Volvo-Organisatoren ein guter Auftakt, der ihnen sicher ein hilfreiches Stimmungsbild der Whitbread-Familie vermittelte.

Am 30. April setzen wir unsere Segel. Nicht zum nächsten Start, sondern lediglich für den Umzug ins rund 35 Seemeilen entfernte Annapolis. In einer Parade segeln die Yachten dorthin, während die Shore-Crews sämtliches Gut auf dem Landweg transportieren müssen. Es ist ein Standortwechsel für nur vier Tage, und nicht wenige schimpfen über den großen Aufwand – logistisch wie finanziell. Als wir jedoch in Annapolis ankommen, wissen wir, daß es sich lohnt. Hier schlägt das Segelsportherz der Amerikaner am lautesten, hier hat man lange schon auf uns gewartet. Unsere Pension „Flag House" empfängt uns mit einem ganzen Flaggenmeer, das auch die Banner der fünf Nationen in unserem Team beinhaltet.

Das Besitzer-Ehepaar, das dieses Gasthaus erst seit wenigen Jahren führt, kümmert sich rührend um uns. Wir haben lange nicht mehr so gut gegessen wie am Frühstückstisch im „Flag House". Jeden Morgen gab es eine andere Spezialität des Hauses, mal selbstgebackene Waffeln, mal French Toast oder auch Blaubeer-Pfannkuchen. Gleich am ersten Tag erzählen uns die beiden von ihrem Sohn, der ein ganz unglaublich großer Whitbread-Fan sei. Doch den hatte ein arger Schicksalsschlag getroffen. Als junger Kadett an der Marineakademie in Annapolis war er vor einigen Tagen zu spät zu einer Vorlesung erschienen und hatte prompt eine für ihn extrem harte Strafe kassiert: Ausgehverbot am einzigen Wochenende, da das Whitbread in seiner Heimatstadt zu Gast war. Wir konnten nicht mehr tun, als ihm ein T-Shirt und die besten Wünsche dazulassen.

Am Abend findet auf der anderen Seite des Hafens den Whitbread-Seglern zu Ehren eine Riesenparty statt, doch der Wettergott ist Annapolis nicht hold. Es schüttet die ganze Nacht in Strömen. Trotzdem machen wir uns mit einer kleinen Gruppe auf den Weg, um die Gastgeber nicht total zu enttäuschen. Wir sind erstaunt, denn in absoluter Ignoranz des Unwetters drängen sich Tausende von Menschen auf dem nicht überdachten Platz. Es scheint ihnen total egal, ob sie naß werden oder sich bei herbstlich-kalten Temperaturen eine dicke Erkältung einfangen. Da ist es wieder, dieses Whitbread-Fieber. In der Menge erspäht uns Gary Jobson, auch „Mr. ESPN" genannt. Der amerikanische TV-Mann hatte mit seiner Begeisterungsfähigkeit und seinen Segelbeiträgen auf dem US-Sportkanal ESPN viel dazu beigetragen, daß diese siebte Whitbread-Auflage auch nach Baltimore und Annapolis führte.

An diesem Abend spielte er den Conférencier und hielt nun nach „Bühnenopfern" Ausschau. Uns war das nur lieb, denn die Bühne war das einzig überdachte Fleckchen des gesamten Platzes. Erle, Matt und ich kletterten hoch zu Gary und harrten der Dinge, die da kommen sollten. Wenig später kamen noch ein paar SILK CUT-Crewmitglieder und ein Segler von BRUNEL SUNERGY dazu. Auch die überwanden lieber ihre Schüchternheit, als weiter im Regen zu stehen. Wir sagten artig guten Tag, scherzten ein bißchen mit den Fans. Auf die Frage Garys, warum SWEDISH MATCH unter bestimmten Bedingungen so schnell sei, konnten wir zum Jubel aller Anwesenden erklären, daß das natürlich an den erstklassigen Quantum-Segeln liegen würde, die hier in Annapolis von Per Andersson und seinem Team entworfen und gefertigt werden. Irgendwann an diesem Abend wurde uns doch noch warm...

Aufsehenerregend war in Annapolis vor allem die erste offizielle Pressekonferenz des zukünftigen Renninhabers. Am Freitag, dem 1. Mai, erfuhren wir alle den neuen Namen für die Weltregatta und ein paar weitere interessante Details.

Unter der Überschrift „Segelsport ist Volvos neue Speerspitze im Sportsponsoring – aus dem Whitbread-Rennen wird ab dem 1. Juni 1998 The Volvo Ocean Race Around The World" gab Volvos Präsident das Engagement des Automobilkonzerns bekannt. Volvo würde künftig den Großteil seines Sponsoring-Budgets in den Segelsport investieren. Den bislang geförderten Sportarten wie Tennis, Skisport, Springreiten, Golf und zuletzt auch Motorsport wolle man trotzdem auf kleinerem Level treu bleiben. Mir gefällt der neue Name „Volvo Ocean Race Round the World" gut, denn mehr als „Whitbread" impliziert er die See. Es wird gleich klar, daß es sich um eine Regatta handelt, und die Menschen müssen sich nicht erst fragen, was denn „Weißbrot" eigentlich mit einem Rennen zu tun hat.

Die unvergeßliche Abschiedsszenerie in Annapolis wurde vom Erzbischof von Baltimore geprägt, der mit seinem Gefolge über die Docks zog, um alle Yachten geweiht auf den langen und beschwerlichen Weg nach La Rochelle zu schicken. Sarkastisch raunte mir bei seinem Anblick einer der Segler ins Ohr: „Nun schau dir das an, jetzt nutzt uns sogar schon die Kirche als Plattform zur Eigenwerbung." Ganz so hart möchte ich es nicht formulieren, doch als Nicht-Angehöriger einer Konfession maß ich dem bischöflichen Einsatz ebenfalls keine übergroße Bedeutung zu. Ich gestehe auch, daß ich lachen mußte, als Nick Willets von INNOVATION KVAERNER mich fragte, warum es denn eben so gezischt habe, als ein paar Tropfen des Weihwassers auf meiner Segeljacke gelandet waren.

Mein Crew-Kamerad Craig jedoch vergaß die ungewöhnlichen Weihen nicht. Wochen später und lange nach dem Zieldurchgang in Southampton erinnerte er sich wieder daran und stellte, nicht frei von Sarkasmus, fest: „Seitdem sein Weihwasser unsere Yacht berührt hat, ist es bergab gegangen." So hat eben jeder seine Einstellung zu Kirche und Religion. Unser Team bestand im übrigen aus zwölf Atheisten, die – typisch Seemann – zwar ein wenig abergläubisch, nicht aber so sehr gottesfürchtig waren.

Wer reißt BRUNELSUNERGYs Ruder rum? Heiner und sonst keiner!

Wenn einer das Ruder rumreißen kann, dann er. So dachte ganz Segel-Holland, als BRUNELSUNERGY-Skipper Hans Bouscholte nach zwei Etappen und schlechten Ergebnissen von seinem Posten – sicher nicht als Hauptschuldiger, sondern eher als „politisches" Opfer – zurücktrat und sein Landsmann Roy Heiner das Ruder übernahm. Der am 22. November 1960 in Virginia (Südafrika) geborene Ingenieur ist der erfolgreichste Segelprofi der Niederlande und auf allen Bühnen des Segelsports zu Hause: Im Finn-Dinghy gewann Heiner bei den Olympischen Spielen 1996 in Savannah Bronze, im Matchracing gehört er seit Jahren zu den Besten der Welt. Beim Whitbread Round the World Race 1997/98 hat er seinen Segelhorizont um 31 200 Seemeilen und viel Offshore-Erfahrung erweitert und seinem Team tatsächlich zum ersehnten Durchbruch verholfen. „From zero to hero", von der Nullnummer zum Helden – BRUNELSUNERGY-Skipper Roy Heiner hatte großen Anteil an den späten Erfolgen seines Teams.

Von Roy Heiner

Als ich noch ein kleiner Junge war, trabte ich immer mit einem Segelboot-Modell in den Händen herum. Die Kraft des Windes bestimmte ich selbst, indem ich schneller oder langsamer lief. Scheinbarer und wahrer Wind –

sie hielten mich ordentlich auf Trab. Mein Vater wollte mir nämlich das „richtige" Segeln nicht erlauben. Er wollte lieber, daß ich ein überdurchschnittlich guter Schwimmer würde. Also schwamm ich jeden Tag vom Strand zu einer Marke weit draußen auf See und zurück – gerade eine gute Meile. Seitdem schwimme ich wie kein zweiter.

Meine Familie lebte während meiner Kindheit in Süd-afrika, wo mein Vater bei der Konstruktion von Dämmen half. Das ist auch der Ort, an dem ich meine ersten Segel-erfolge feierte. Ich lernte dort, in einer sehr wettbewerbs-orientierten Umgebung zu gewinnen. Mit 18 Jahren nahm ich mir fest vor, irgendwann einmal eine Ame-rica's Cup-Kampagne zu starten. Wann und wie, das wußte ich noch nicht. Aber ich erhob diesen Traum zu meinem Lebensziel. Das ist es bis heute geblieben.

Nachdem ich meine Studienzeit an der Universität in Durban beendet hatte, entschied ich mich, nach Holland zu gehen. Ich war mit der Situation in Südafrika nicht zufrieden. Wenn du die Politik nicht verändern kannst, mit ihr aber auch nicht leben willst, dann mußt du etwas tun. Stillhalten und Zuschauen ist nicht mein Stil. Ich hatte einen niederländischen Paß und entschied mich, ihn zu nutzen. Natürlich ist Südafrika ein schönes Land, und ich habe dort eine Menge gelernt. Insbesondere den Willen zum Sieg, der dort viel stärker ausgeprägt ist als bei uns in Holland. Aber meine Entscheidung war unum-stößlich.

Es ist allgemein bekannt, daß ich einer der Initiatoren des niederländischen Whitbread-Projektes war, es aber zwischenzeitlich verließ. Mein Ziel ist es bis heute, Top-Segelprojekte zu initiieren und durchzuführen, die nur über beste Qualität verfügen. Nachdem wir 1994 und

1995 zwei Jahre das große Geld gesucht hatten, war meiner Meinung nach die Deadline überschritten. Ich sah zu dem Zeitpunkt keine Möglichkeit mehr, ein vernünftiges und finanzstarkes Projekt mit zwei Booten auf die Beine zu stellen, das noch ausreichend Zeit für die so wichtigen Segeltests hätte. Es fehlte uns schlicht an Geld. Deshalb startete ich die „Heiner Sailing Academy". Sie soll einen weiteren Eckpfeiler in Holland bilden, um in Zukunft bessere Ergebnisse auf internationalem Regatta-Parkett zu erzielen.

Benno Wiersma, Arend van Bergejk, Peter Tans und einige andere Leute machten weiter, gaben nicht auf. Mit viel Arbeit, Hartnäckigkeit und Enthusiasmus gelang ihnen schließlich der Durchbruch. Natürlich verfolgte ich das Projekt aus nächster Nähe weiter und war persönlich sehr interessiert. Aber ich habe mir nicht im Traum vorstellen können, daß ich plötzlich die dritte Etappe als Skipper im Whitbread-Rennen segeln würde. Die Akademie lief gut und bedurfte meiner ganzen Aufmerksamkeit, als mich völlig unerwartet das Management des niederländischen Whitbread-Teams anrief und mich bat, die Position des Skippers zu übernehmen.

Ich habe über das Angebot intensiv nachgedacht. Wenn die Ergebnisse sich mit mir als Skipper nicht verbessern würden, dann wäre mein guter Ruf in Gefahr. Die Chancen dafür waren groß. Es war ein hohes Risiko, das ich eingehen mußte.

Die Entscheidung war keine leichte, doch schließlich kam ich zu dem Schluß, daß ich tatsächlich etwas ausrichten könnte. Hier war die Chance, etwas zu verbessern. Ganz plötzlich bist du dann da – als Skipper für BRUNELSUNERGY während der Pressekonferenz in Fremantle. Ich fühlte mich geehrt, neben den anderen Skip-

pern Platz nehmen zu dürfen. *Gemeinsam mit Top-Seg-
lern wie Paul Cayard, Lawrie Smith, Dennis Conner,
Knut Frostad, Gunnar Krantz, Paul Standbridge und
Grant Dalton war ich plötzlich Teil des längsten und
härtesten Hochsee-Rennens der Welt.*

*Gleich in Fremantle überschlugen sich die Ereignisse.
Wir waren mit unseren Vorbereitungen und allen nur
erdenklichen Verbesserungen sehr beschäftigt. Ich hatte
ein Team vorgefunden, das müde und infolgedessen nicht
mehr hundertprozentig konzentriert war. Ein Team, das
viele harte Seemeilen hinter sich hatte, zu wenig Pausen
und zu wenig Zeit. Trotzdem stand viel Alltagsarbeit an.
Wir mußten ständig daran arbeiten, das Boot wieder in
den Optimalzustand zu bringen, um den so wichtigen
Speed aus dieser High-Tech-Yacht herauszuholen.*

*Nachdem ich meine Arbeit aufgenommen hatte, stellte
ich zunächst eine Liste unserer künftigen Prioritäten auf.
Es gab aus meiner Sicht eine ganz simple Reihenfolge:*
*1. Das sportliche Ziel. 2. Das Team. 3. Der individuelle
Segler. 4. Das Umfeld.*

*Das war mein erstes Manifest, um zu bestimmen, was
wir erreichen wollten. Ich wollte jedem ermöglichen,
effizient mit den vorhandenen Mitteln, also Geld, Zeit
und Einsatz zu arbeiten. Das bedeutete, daß alles dem
sportlichen Ziel untergeordnet sein würde. Das Team
hatte ich an die zweite Stelle unserer Prioritäten gesetzt.
Erst danach kamen die Belange der einzelnen Segler und
unser Umfeld. Natürlich wollte ich mehr Ruhepausen für
die Männer schaffen. Und natürlich wollten wir Bereiche
wie Bekleidung, Verpflegung und Unterkünfte verbessern.*

*Die Botschaft meiner neuen Struktur: Klare Verant-
wortlichkeiten und deutlich formulierte Ziele sollten dem*

Team neuen Schwung geben. Schon bald sahen wir wieder glückliche Gesichter im holländischen Whitbread-Team. Ich habe immer gesagt, daß Siege nur möglich sind, wenn man weiß, wie es ist, letzter zu werden. Dieses Team wollte sich von seiner Vergangenheit befreien und sich selbst nach vorn bringen. Jede Etappe einen Platz besser zu sein – das war mein Ziel.

Nach der ersten Etappe, die ich als Skipper beim Whitbread absolvierte, wußte ich: Der Teamspirit ist gut. Wir hatten eine Mannschaft, die imstande war, alles zu geben und ein gutes Ergebnis zu erzielen. Ich stellte aber auch fest, daß unser Boot eine zu geringe Beschleunigung bei Windstärken zwischen drei und vier Beaufort hatte. Unser wichtigstes Ziel während des Sydney-Stopovers war es also, die Segel zu optimieren.

Es war sehr offensichtlich, daß die Teilnehmer ganz unterschiedlich weit in Bezug auf die Segelentwicklung waren. In Sydney hatten die guten Teams etwa 98 Prozent ihrer Entwicklungsmöglichkeiten erreicht, wir hingegen verfügten über höchstens 92 Prozent. Wie das möglich ist? Die Antwort liegt auf der Hand: Der Rückstand ist das Ergebnis der achtjährigen Whitbread-Abstinenz der Niederländer. Logisch, daß wir mehr Anstrengungen erbringen mußten als unsere erfahreneren Gegner, um das gleiche Ergebnis zu erzielen.

Nach acht Monaten im Whitbread-Rennen kann ich sagen, daß wir einen langen Weg zurückgelegt und viel erreicht haben. Nicht nur wegen der tatsächlichen Distanz (31200 Seemeilen), sondern vor allem in den Bereichen Know-how und Erfahrung. Wir haben den Äquator zweimal gekreuzt, das Kap der guten Hoffnung und Kap Hoorn gerundet. Wir haben hohe Seen und lange Flautenfelder überstanden und auch schwere

Stürme. Das holländische Whitbread-Team hat viel
gelernt.

*Neunmal sind wir gestartet. Neunmal haben wir das
Boot komplett gecheckt, alles repariert und fit gemacht.
Während wir zu Beginn des Rennens meistens einen oder
zwei Schritte hinten lagen, hatten wir den Rückstand am
Ende weitgehend wettgemacht. Unser eigenes Rennen
bezüglich der Optimierung war in Auckland abgeschlossen. Von dem Moment an erzielten wir bessere Ergebnisse.*

*Wir erkämpften Rang zwei bei der fünften Etappe und
siegten auf Etappe sieben. Damit können wir ganz
zufrieden sein. Schließlich waren unsere Gegner nicht
von Pappe. An ihnen nahe dran zu sein, sie sogar zu
schlagen, bedeutete für uns einen enormen Erfolg. Ich
glaube, daß die gesamte Flotte am Ende des Rennens
weitgehend auf gleichem Niveau war. Vergleicht man
die Ergebnisse von Etappe acht mit denen von Etappe
eins, dann wird das deutlich. Die Kunst, ein solches komplexes Rennen zu gewinnen, liegt in der Vorarbeit. Die
beste hatte EF LANGUAGE geleistet. Paul Cayard und
seine Männer haben einen fantastischen Job hingelegt –
meinen Glückwunsch!*

*Im Moment arbeiten wir schon an der Weiterentwick-
lung mit Blick auf das kommende Volvo Ocean Race, das
im Jahre 2001/02 das Whitbread Round the World Race
ablöst. Was haben wir gelernt, und was werden wir beim
nächsten Mal anders machen? Bereiche, in denen wir
dazugelernt haben, sind beispielsweise Design, Konstruktion, Decksbeschläge, Segelentwicklung, Organisation, Nahrung, Bekleidung, Unterkünfte, körperliches
Training und vieles mehr. Wir planen also schon für die
nächste Weltumrundung. Das muß man einfach tun, um*

den Gegnern dann voraus zu sein. Je mehr Zeit man jetzt gewinnt, desto mehr Vorsprung hat man nachher beim Rennen. All diese Erfahrung ist unglaublich wertvoll, und man kann sogar sagen: unabdingbar, um für Holland im nächsten Rennen ein besseres Ergebnis zu erzielen. Wir machen weiter und sehen uns 2001/02 wieder.

Für meine Wiederkehr habe ich auch ganz persönliche Gründe, denn ich konnte bei meiner Premiere drei Ziele nicht verwirklichen. Ich wollte mir bei den langen Etappen einen Vollbart „züchten", ich wollte Kap Hoorn bei Sturm runden, und ich wollte einen Eisberg sehen. Nichts von alledem habe ich geschafft. Klarer Fall: Ich muß noch einmal ran!

Die achte Etappe

Auf den eisigen Spuren der TITANIC

Der Start am 3. Mai in Annapolis stellt noch einmal alles bis dahin Gewesene in den Schatten. Rund eine Million Menschen sind live am und auf dem Wasser dabei! Die Reihen der Zuschauerboote zu beiden Seiten unseres Startkorridors reichen bis an den Horizont und – so sehen wir es später – weit darüber hinaus. Auf dem Wasser eine Allee von Masten, Tausende Fans stehen über uns auf der Bay-Brücke und jubeln den Teams zu. Eine gigantische Kulisse! Im Gegensatz zu Brasilien herrscht hier in der Chesapeake Bay aber eine fast schon unheimliche Ordnung. Die US Coast Guard hat den Zuschauern mit einer Strafe von 20 000 Dollar gedroht, wenn sie sich über die Absperrung wagen sollten – und keiner wagt es. Dafür sind die Fotografen sauer, wissen nicht, wie sie mit neun Yachten vor leerem Hintergrund den neuen Zuschauer-Weltrekord für einen Regatta-Start dokumentieren sollen. Tatsächlich sehen die Bilder, die ich mir später anschaue, aus, als wären wir ganz allein gewesen – jammerschade. So gründlich hätten die Sheriffs nun auch wieder nicht arbeiten müssen. Neuseelands bekanntester Segelsportjournalist Peter Montgomery bedauert in einem Live-Kommentar das Fehlen jeglicher Atmosphäre, weil man die Menge rechts und links jeweils fast eine Meile zurückgedrängt hatte.

Unser Start ist nicht prickelnd, doch schon nach wenigen Minuten gehen wir gemeinsam mit TOSHIBA in Führung. Ein gutes Gefühl vor den Augen dieser begeisterten Menge. Beim Blick nach hinten sehen wir die beiden EF-Yachten der Männer und Frauen auf dem letzten und vorletzten Platz. Zu schön, um wahr zu sein. So wird es sicher nicht bleiben. Nachts dreht der Wind plötzlich um 180 Grad. Die Chesapeake Bay verabschiedet sich in der ihr eigenen

Weise. Sie ist berüchtigt für ihre schnell wechselnden Bedingungen. Zusätzlich lauern hier noch unzählige Hummerkörbe, deren Bojen man sich ganz schnell mal um den Kiel wickeln kann. Von der Lokalmatadorin CHESSIE RACING wissen wir, daß sie einen starken Bolzenschneider mitführt. Die anderen holen auf. Gemeinsam hetzen wir dem Golfstrom entgegen, denn dort können wir wieder von der starken Strömung profitieren.

Am Morgen vor dem Start hatten wir noch ein exklusives Informationspaket von der amerikanischen Golfstrom-Expertin Jennifer Clark bekommen. Sie hat einen exzellenten Ruf und sollte ihr 500-Dollar-Honorar eigentlich wert sein. Sie war ganz sicher, daß der Golfstrom nördlicher als üblich positioniert sei. Also suchten wir ihn nördlich vom Rest des Feldes. Leider waren die Informationen der Dame so exklusiv, daß nicht einmal der Golfstrom davon wußte...

Am dritten Renntag touchieren wir den Golfstrom kurz – das merkt man, weil die Wassertemperatur schlagartig um zehn auf 20 Grad Celsius ansteigt –, verlieren ihn aber wieder. Im Süden macht die Konkurrenz gute Fahrt und lacht sich vermutlich über unseren gescheiterten Ausbruchsversuch ins Fäustchen. Unser Vorhaben, der eisernen Bewachung durch die führende EF LANGUAGE zu entkommen, war daneben gegangen – sehr frustrierend.

Viel besser war die Stimmung schon zu diesem Zeitpunkt an Bord von EF EDUCATION. Am 6. Mai notierte Navigatorin Dr. Lynnath Beckly in ihrem Logbuch: „Wir haben unseren Ritt auf dem großen türkis-roten Rodelschlitten gestern den ganzen Tag und in der Nacht fortgesetzt. Es gab eine ganze Menge ‚Freimeilen‘ im Golfstrom, aber das hat seinen Tribut gefordert, insbesondere was die Segel angeht. Während des Tages mußten wir das Großsegel dreimal runternehmen, um gebrochene Latten zu ersetzen. Was für eine Mission! (...) Gestern abend dann hatten wir ein kleines Drama während eines Segelwechsels, als Bridget von einer riesigen Welle vom Vorschiff gespült wurde. Glücklicherweise hatte sie ihren Life Belt eingeklinkt. Bei 14 Knoten Bootsspeed hatte sie einen netten Bodysurf in der Bugwelle auf der Leeseite, bevor sie unsanft von Keryn und Leah über die Relingsstützen wieder hereingezogen wurde. Nicht großartig verletzt, aber mit Augen so groß wie Untertassen, sagte Bridget nur, sie hätte mal den Kiel auf Seetang checken wollen! (...)"

67

68

67 Beauty in Blue: SWEDISH MATCH unter Spinnaker

68 Nummern-Boys auf der hohen Kante

69 Weiß schäumt der Solent:
   Zuschauermassen beim Start

70 EF-Vorschiffsmann Justin
   Clougher und Kerry Stanfield

71 Frankreichs Segelikone
   Isabelle Autissier

72 Spaß muß sein: Christine
   Guillou und Tim Kröger

70

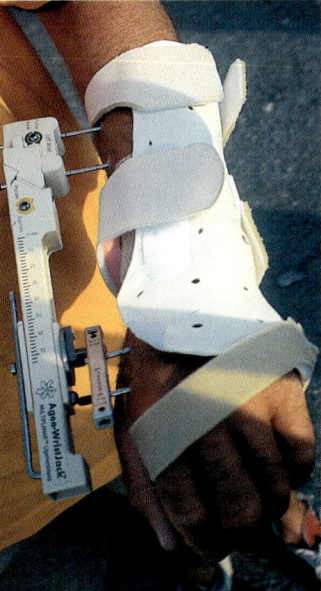

73 Ankunft in La Rochelle: SWEDISH MATCH im Morgenlicht

74 Gezeichnet von Strapazen: Kröger nach der 2. Etappe

75 Mit Biker-Tuch durchs Ziel: Skipper Gunnar Krantz

76 „Robo Cop" Marco Constant mit geschientem Arm

77 Wunder der modernen Chirurgie: So segelte Constant die letzte Etappe

78 Fototermin in Fort Lauderdale:
Die große Whitbread-Familie
vereint im Logo der Whitbread
60s. SWEDISH MATCH bildet die
Unterkante der Null

SWEDISH MATCH

The Yacht:

Class:	Whitbread 60	Length:	19.5 m	Mainsail:	117 sq m
Designer:	Bruce Farr & Associates	Beam:	5.25 m	Spinnaker:	300 sq m
Builder:	Cookson's Boats, NZ	Draft:	3.75 m	Mast Height:	26.0 m
Shore Manager	Scott McAllister	Weight:	13500 kg	Flag:	Sweden

The Crew:

Name	Position	Country
Gunnar "Gurra" Krantz	Skipper	Sweden
Erie Williams	Co-Skipper & Watch Captain	New Zealand
Roger Nilson	Navigator and Doctor	Sweden
Rodney Ardern	Watch Captain	New Zealand
Matt Humphries	Trim/Helm	UK
Oskar Karlsson	Bowman	Sweden
Tim Kroger	Watch Captain	Germany
Mikael Lund	Bowman	Sweden
Tony Mutter	Trimmer	New Zealand
David Rolfe	Bowman	New Zealand
Craig Satterthwaite	Trim/Helm	New Zealand
Magnus Woxen	Trimmer	Sweden

Race Results:

Leg	Course	Result	Avge Speed	Points
1	Southampton to Capetown	8th	9.2 kn	36
2	Capetown to Fremantle	1st	13.0 kn	125
1 + 2		4th		161

Main Sponsors:

Company	Business/Product	Location
Swedish Match	Tobacco, Matches, Lighters	Sweden/World

79 „Willkommen, Timmy!"
Krögers Neffe Eike in
Southampton

80 Facts & Figures: SWEDISH
MATCH-Daten auf einen
Blick

81 Trost für enttäuschte SILK
CUT-Crew: Die „lila Haie"
mit schmückendem
Beiwerk auf dem Bug

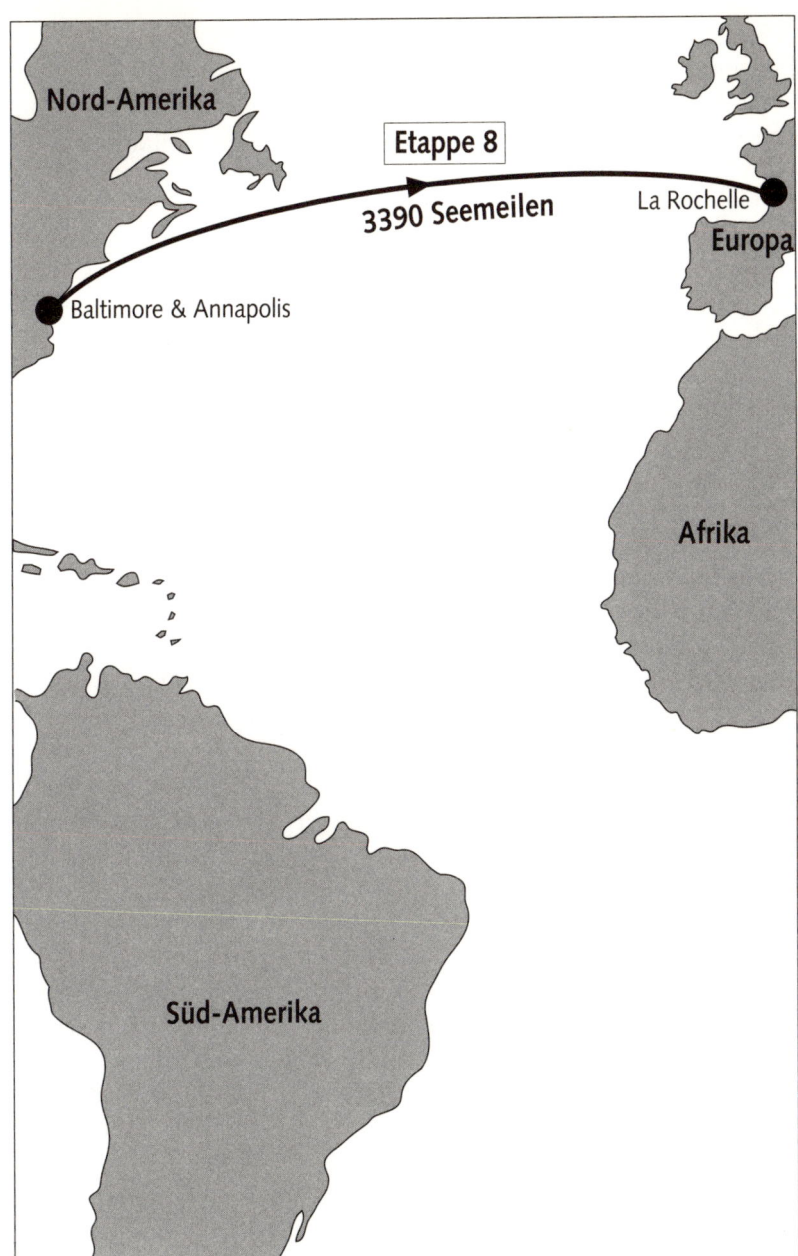

Nord-Amerika

Etappe 8

3390 Seemeilen

La Rochelle

Europa

Baltimore & Annapolis

Afrika

Süd-Amerika

Einen Tag später stellen wir einen neuen Weltrekord in Sachen Positionsveränderung auf. Innerhalb von 24 Stunden sind wir letzte, plötzlich erste und am Ende wieder letzte – ein Wechselbad der Gefühle. Wir haben die Region um Neufundland herum erreicht. Die Temperaturen sind wieder radikal gefallen: fünf Grad Wasser- und Lufttemperatur. Ab sofort suchen wir die Wasseroberfläche noch gründlicher nach Eisbrocken ab. Wir müssen höllisch aufpassen, immer ein Auge auf das Radargerät werfen. Das Nachtsichtgerät aus Militärbeständen ist eine echte Hilfe. Außerdem ist Vollmond, wir sind dankbar für jedes Licht. Zum Ärger unserer jungen Whitbread-Novizen an Bord sichten wir keinen einzigen Eisberg. Kvaerner, Silk Cut und Toshiba haben mehr „Glück". Manchmal ist es extrem neblig bei Sichtweiten unter einer Meile. Wir sind siebte, nur Silk Cut und Chessie liegen weit hinter uns, während EF Language 15 Seemeilen voraus zwischen uns und dem Ziel bleibt und ihre angekündigte „Manndeckung" konsequent durchzieht.

Am 7. Mai notiert Gurra um Mitternacht in seinem E-Mail an das Whitbread-Hauptquartier: „Wir arbeiten hart daran, einen größeren Abstand zu EF Language zu bekommen und haben es geschafft, ein bißchen nach Süden wegzuschleichen. Auf unserem Weg gibt es ein blockierendes Hochdruckgebiet, das für Probleme sorgen wird. Wir versuchen, das Hoch auf seiner Nordseite zu umgehen und hoffen, daß die Boote weiter südlich weniger Wind bekommen, weil sie dichter am Zentrum des Hochs sein werden. Es ist aber nicht sicher, ob sich das Hoch exakt so entwickelt, wie wir hoffen. Derzeit vernageln uns die südlichen Boote gerade. Sie sind immer noch im Golfstrom, und wir haben uns vom letzten auf den ersten und inzwischen wieder auf den sechsten Platz bewegt. Alle waren mal oben und mal unten auf dieser Liste, weil Strömung und Winde so variieren. Wir haben gerade eine Stunde in einem Windloch verbracht, dem wir nicht entkommen konnten.

Letzte Nacht erlebten wir großartiges und verrücktes Segeln bei bis zu 36 Knoten Wind – gutes Segeln auf einer W60. Aber es ist immer noch beeindruckend, wieviel Wasser über das Deck schießt, wenn man bei harten Bedingungen am Wind segelt. Unser blaues Boot mag es, wenn es wirklich rauh und überpowert ist. Ich glaube, die Crew hat – einmal an Bord – keine Wahl.

Es wird ein bißchen kälter, aber wir haben weiterhin das warme Wasser des Golfstroms in unseren Ballasttanks. Das wird unser Boot noch für einen Tag oder so warm halten. (...) Grüße, Gurra."

Inzwischen hat es eine dringende Eiswarnung gegeben, den „International Ice Patrol 12.00 UTC 7 May Alert". Commander Stephen Siebeck von der US Coast Guard gab den Alarm an die Whitbread-Yachten weiter: „Ich habe entschieden, die Whitbread-Renndirektion zu alarmieren, weil ich glaube, daß die Eisgrenze sich nun bis in die Region ausdehnt, durch die die Boote in den kommenden Tagen segeln werden. Die Strömung, in der sich die Eisberge befinden, läuft derzeit ganz langsam nach Süden. In den nächsten 24 Stunden aber erwarten wir, daß die vordersten Eisberge schneller reisen werden. In der Konsequenz wird die Gefahrenzone sich weiter nach Süden ausdehnen."

Whitbread-Rennmanager Michael Woods verabredet mit der Ice Patrol, daß ein Suchflugzeug über die Region geschickt wird, um die Eisberge auszumachen und zu verzeichnen. Das Whitbread-Rennbüro wird heute eine detaillierte Karte erhalten und sie allen Yachten senden. Wetterexperte Ken Campbell („Commanders Weather"), der speziell für uns arbeitet, aber auch von Whitbread zu Rate gezogen wird, sagte an diesem Tag in einem Interview: „Wir (Swedish Match) haben immer geplant, dort oben zu segeln, weil es die kürzeste Route ist. Aber wir wußten auch immer, daß wir ein Eisberg-Risiko eingehen. Ich habe bereits 25, 30 Yachten durch Eisbergregionen geplottet, und nur zwei von ihnen haben jemals einen großen Eisberg gesehen. Die echte Gefahr ist die Kombination von sehr dichtem Nebel und den abgebrochenen Eisstücken, den sogenannten Growlern. Das Radargerät kann die großen Berge ausmachen. Aber es sind die kleinen, die Gefahr bedeuten."

Und obwohl die Nordroute immer geplant war, sorgt sich Campbell ein wenig um uns, weil wir seiner Meinung nach etwa einen halben Grad zu weit nördlich liegen. Das aber erfahren wir erst viel später. Die Wettervorhersage für die nächsten Tage ist alles andere als entspannend − viel Nebel. Wir erwarten 15 bis 30 Knoten Wind, sogar noch mehr zu der Zeit, wenn wir die „Eisberg-Allee" passieren. Dort, wo die kalte Labrador-Strömung auf den warmen Golfstrom trifft, entsteht naturgemäß eine „Dampfküche".

Es ist jetzt verdammt neblig, und die Wassertemperatur hat auf neun Grad Celsius abgenommen. Wir haben kontinuierlich eine Wache am Radar und unser Nachtsichtgerät im Einsatz. Wir müssen ja „nur" nach Holzplanken, Containern, Walen, Eisbergen oder anderen Schiffen Ausschau halten. Abgesehen davon ist alles klar bei einer Sichtweite von 25 Metern...

Am 8. Mai dringen wir in eine berühmt-berüchtigte Region vor. Der 46. Breitengrad ist nicht nur unter Seeleuten bekannt: Hier sank am 14. April 1912 in der Nähe Neufundlands der britische Vier-Schornstein-Dampfer TITANIC nach der Kollision mit einem Eisberg. Allen voran wir selbst, denn wir sind das nördlichste Boot der Flotte und schrammen später mit einer Distanz von minimal fünf Seemeilen am sogenannten „Point Alpha", der von Whitbread imaginär gelegten Obergrenze nach Norden, vorbei. Weiter nach Norden darf aus Sicherheitsgründen niemand. Unser Breitengrad an diesem Mittag: 44° 40,6' N.

Es ist kalt geworden. Wir tragen alle zwei Paar Socken, dicke Stiefel und jedes Stück Kleidung, das wir mitgebracht haben. Unser Radargerät zeigt neun Grad Lufttemperatur an, wir glauben aber, daß es höchstens sechs sind. Die Wassertemperatur dürfte bei fünf Grad liegen. So erklärt es sich, daß es bei laufender Heizung zwar in den Kojen weiter oben ganz kuschelig, dichter am Boden allerdings reichlich kalt ist. Die Kälte zieht hoch bis auf etwa Kniehöhe.

Das Trimmen der Segel ist in diesen Tagen nicht so anspruchsvoll. Unter Reacher R1 und Stagsegel segeln wir auf 80 bis 85 Grad wahrem Windwinkel. Sind die Vorsegel einmal eingestellt, paßt man nur noch das Großsegel der jeweiligen Windstärke an. Der Wind heute nacht beträgt zwischen 16 und 19 Knoten. Das bedeutet permanent: Traveller hoch, Traveller runter, Großschot dichter kurbeln und wieder fieren, Checkstay-Hydraulik anpumpen und wieder fieren, Unterliek-Hydraulik anpumpen und wieder fieren. So geht das in einer Tour, der Großsegeltrimmer hat jede Menge zu tun. Das ist aber auch der einzige, denn abgesehen vom Steuermann sitzt der Rest der Crew auf der Kante, trinkt Tee, Kaffee, erzählt Geschichten oder friert einfach nur so vor sich hin.

Magnus und Dingo erproben eine neue Variante des Warmhaltens. Eng nebeneinander sitzend, haben sie den Vorsegelsack des

212

Reachers um sich herum geschlungen. Sehr putzig sehen sie so aus, fast wie zwei kleine Nikoläuse, die etwas ausgefressen haben. Der Effekt soll überwältigend gewesen sein, doch der Trick funktioniert natürlich nur zu zweit. Schnell sprinte ich unter Deck und hole unsere Digitalkamera, um diesen Anblick für die Nachwelt festzuhalten.

Über Inmarsat C erfahren wir noch in der Nacht, daß irgendwo ganz in unserer Nähe ein dicker Eisberg sein Unwesen treiben soll.

Am 9. Mai schreibt Ross MacDonald an Bord von TOSHIBA ein E-Mail, das ich erst über eine Woche später im Pressezentrum lese, an dieser Stelle aber zitieren möchte:

„Wir hatten uns schon gefragt, ob wir sie jemals sehen würden, aber heute endlich konnten wir einen kurzen Blick auf ihre Schönheit erhaschen. Da war sie plötzlich, in ihr eisblaues Kleid gehüllt. Mit ihren wunderschönen Formen, wie gemeißelt, stach sie aus ihrer grau verhangenen Umgebung heraus. Manche sagen, daß sie kalt und frigide sei, während andere behaupten, daß sie heftig und unergründlich sein kann. Uns ist es egal, wie kalt oder unergründlich sie ist, weil wir wissen, daß wir niemals intimen Kontakt mit ihr aufnehmen werden. Wie ironisch ist es doch, daß die Dinge, die du so schön findest, oft auch die sind, von denen du dich fernhalten mußt. Das ist wie mit Mutters chinesischem Porzellan oder dem Spaß, Großvaters Hörgerät auf Lautstärke zehn hochzudrehen.

Nun, da wir endlich einen Blick auf sie haben werfen dürfen, sind wir dankbar, daß wir ihren Pfad niemals wieder kreuzen müssen. Ja, das ist traurig, aber das ist eben die Art und Weise, wie wir unsere Eisberge im Whitbread behandeln müssen. Obwohl wir natürlich nie wissen können, ob nicht irgendwo da vorne ihre große Schwester auf unserem Kurs liegen wird. Wenn das der Fall sein sollte, dann könnt ihr sicher sein, daß unsere Jungs auf TOSHIBA, insbesondere Nick Malony, dessen einzige Erfahrung mit Eis vom Gefrierschrank herrührt, aus dem er sich jeden Morgen die Eiswürfel für den Morning-Drink holt, sie mit Respekt und Achtung behandeln werden. Denkt *immer* daran, euer Radargerät zu beobachten. Danke.

Ross MacDonald. TOSHIBA“

Dieses E-Mail war – zu Recht – eines der meist gelesenen und zitierten des Rennens.

Als wir die Eiszone endlich passiert haben, segeln wir mit direktem Kurs auf La Rochelle weiter. Die Wetterinfos und Satellitenbilder sind diffus. Wir wollen auf Nummer Sicher gehen. Im nachhinein ein Fehler, da wir das über der Biskaya hängende Hochdruckgebiet nicht mit genügend Aufmerksamkeit bedacht haben. Ein Riesenwindloch streckt seine Fangarme nach uns aus. Während andere Crews sich darauf konzentrierten, es an den dünnsten Stellen zu durchbrechen, bleiben wir darin kleben. Zu allem Überfluß erwischen jetzt auch noch CHESSIE RACING und SILK CUT, fast 200 Seemeilen hinter uns, aber hoch im Norden, ein Tiefdruckgebiet mit nordwestlichen Winden.

Am zehnten Renntag erfahren wir durch einen Tagesreport vom Whitbread-Hauptquartier, daß MERIT CUP einen Zusammenstoß mit einem Seehund hatte. Ihr Ruder ist angeknackst, hält aber. Auch uns erwischt es beinah: Vor uns taucht ein 25 Meter großer Wal auf und taucht dann direkt unter der Yacht durch. Tony merkt, wie das Steuerrad plötzlich durch den enormen Wellenschlag seiner Schwanzflosse vibriert

Über Inmarsat B kam heute auch ein Pressereport vom Whitbread-Büro, in dem KVAERNERS Navigator Marcel van Triest lang und breit erklärt, wie man sich dem Ziel La Rochelle am besten annähern solle. Sein Rat: Da ein großes Hochdruckgebiet über der Biskaya läge, empfehle er, dieses nördlich von Brest zu umsegeln. So könne man angesichts der sich entwickelnden Wettersituation gut und gerne 100 Seemeilen auf die Konkurrenz gutmachen. Da sich diese Strategie aber weder mit unseren Wetterinfos noch mit dem aktuellen Kurs von KVAERNER deckt, die nur zehn Meilen vor uns liegt, glauben wir an eine mit Absicht gesetzte Finte. Das würde Marcel und Knut ähnlich sehen... Auch KVAERNERS Wetterguru Jean-Yves Bernot hatte nirgendwo in seinen klassischen Road Books, die auch uns zur Verfügung standen, jemals eine so nördliche Annäherung erwähnt. Wir sind gespannt, was noch kommt. Im Augenblick jedenfalls stecken die Norweger im gleichen Mist wie wir.

Die Frauen-Crew dagegen wird in diesen Tagen fast übermütig, genießt ihre Zwischenerfolge. EF EDUCATION segelt auf Rang vier in der Spitzengruppe mit, könnte zum ersten Mal einen Podiumsplatz belegen. Mit an Bord ist Frankreichs Einhand-Ikone Isabelle Autissier, die ganz sicher zum sportlichen Hoch beiträgt. Lynnath droht an diesem Tag spaßeshalber den eigenen Teamgefährten via E-Mail: „Paß bloß auf, großer Bruder EF LANGUAGE! Wir sind am Rollen! Gestern haben wir uns die Wikinger von SWEDISH MATCH und den Limonendrachen KVAERNER geschnappt. Heute morgen haben wir das Loch zu EF LANGUAGE geschlossen, haben nur noch sechs Seemeilen Rückstand und inzwischen auch den riesigen Vorsprung, den TOSHIBA und MERIT mal hatten, deutlich schrumpfen lassen."

Einen Tag später, am elften Renntag, sehen wir erstmals seit Tagen wieder ein paar Sonnenstrahlen. Dingo ist so begeistert, daß er sich umgehend die Beine seiner Fleeceunterwäsche abschneidet. Zu dumm für ihn, denn nachts friert er bitterlich. Es sind noch 780 Seemeilen bis ins Ziel. Wir liegen weiterhin auf Rang sechs. Großartige Überholspuren sind für uns nicht in Sicht.

Unsere Konkurrenz auf SILK CUT hat zur gleichen Zeit „Zahltag" hoch oben im Norden. Ich kann mir deren fröhliche Gesichter blendend vorstellen. Der Crew auf CHESSIE RACING muß es ähnlich gehen. Die lila Haie zeigten sich in den letzten Tagen äußerst gierig, fraßen die Meilen geradezu. Ihren schier aussichtslosen Rückstand von über 180 Seemeilen, den sie noch vor wenigen Tagen zu beklagen hatten, haben Lawries Männer fast schon wettgemacht. Nur noch 20,2 Seemeilen trennen SILK CUT auf dem fünften Rang von der Spitzenreiterin MERIT CUP. Auch CHESSIE RACING prescht schneller voran, als uns lieb ist. Skipper John Kostecki und seine Crew sitzen uns auf Rang sieben bereits im Nacken.

Insgesamt erstreckt sich unsere Flotte nun in Nord-/Südausrichtung über 207 Seemeilen. CHESSIE RACING segelt am weitesten nördlich, noch einmal 83 Seemeilen nördlich von SILK CUT. Die Dichte der Gruppe dauert an und soll noch bis Donnerstag morgen weitergehen – alle Verfolger holen auf das Top-Duo MERIT CUP und TOSHIBA (USA) auf. Wir auch.

Diese Etappe ist noch lange nicht entschieden. Derzeit segelt die Spitzengruppe in westlichen Winden um 15 bis 20 Knoten, die aber über Nacht ganz langsam einschlafen sollen. Das würde uns Jägern eine hervorragende Möglichkeit zum Aufschließen geben.

Am 14. Mai, dem zwölften Tag auf See, ist es passiert. Hoch oben im Norden brechen Silk Cut und Chessie Racing durch, pflügen durch die Flotte wie ein heißes Messer durch Butter. Sie haben viel mehr Wind, und wir können dem nichts entgegensetzen. Sollte Marcel mit seiner Strategieempfehlung am Ende doch Recht behalten? Bei lauen Winden unterhält uns Oskar mit Denksportaufgaben. Beispiel: Beeinflußt eine fliegende Fliege in einem Flugzeug den Spritverbrauch? La Rochelle ist noch 580 Seemeilen entfernt. Unser Dieselvorrat geht zur Neige. Wegen allgemeiner Knappheit müssen wir ab sofort wieder Vorräte wie Diesel, Essen und Gas rationieren. Das Hauptthema heute: Wer soll gegessen werden und wie bringen wir ihn um? Dingo und Magnus fallen aus, denn die sind zu zäh. Oskar könnte der richtige sein. Oder ich? Nein, nein, doch lieber Rodney. Sämtliche Gedanken der Crew kreisen wieder nur um das Essen. Der letzte heiße Kaffee des Tages wird von Oskar zubereitet. Den ersten Becher reicht er Matt mit dem Spruch: „Genieße ihn, es ist der letzte!" Matt nimmt einen ordentlichen Schluck und − spuckt ihn sofort wieder aus. Pech, denn Oskar hatte den Wasserkessel aus Versehen mit Salzwasser gefüllt. Damit fiel auch dieser letzte Kaffee ins (Salz-)Wasser.

Das Rennen an der Spitze ist gelaufen. Hinter uns liegen nur noch Kvaerner und BrunelSunergy. Es ist der 16. Mai, und während es für uns alles andere als rosig aussieht, freue ich mich für Paul. Toshiba hat die Etappe mit zehn Minuten Vorsprung vor Silk Cut gewonnen. Eine doppelte Genugtuung für ihn, nach all den Rückschlägen nun auch noch seinen ehemaligen Skipper auf Rang zwei zu verweisen. Uns bleibt nichts, als den siebten Platz zähneknirschend hinzunehmen.

Während Toshibas Crew die späte Wiedergutmachung ausgelassen feiert, entscheidet sich das Rennen um den Sieg beim Whitbread Round the World Race 1997/98 am 17. Mai in dunkler Nacht um 2.37 Uhr (GMT). Nach 13 Tagen, acht Stunden, 52 Minuten und 16 Sekunden auf See ist das Meisterwerk nach Etappe acht vollbracht. Rund 500 Fans und Freunde begrüßten ihre Helden mit einem prächtigen Feuerwerk, so berichtete man uns später. Wie selbst angekündigt, hatten Cayard und sein Team in La Rochelle „zwar nicht die Schlacht, dafür aber den Krieg gewonnen".

Und Marcel? Natürlich suchte ich ihn auf und hakte nach, ob seine Wetterprognose wohl ein Scherz gewesen sei oder doch ernst gemeint war, und wenn ja, warum er dann nicht nach Norden hochgegangen sei. Er antwortete mir kurz und knapp, daß die Analyse der Wetterentwicklung eine Sache sei, die Überzeugung der Schiffsführung, den Kurs zu ändern, aber eine ganz andere. Die Pressemitteilung war also offensichtlich mehr Ausdruck seiner Frustration gewesen als eine Irreführung der Konkurrenz.

Wir sind in der Gesamtwertung zwar weiterhin zweite, aber unser Polster ist empfindlich geschrumpft. Für die letzte und alles entscheidende Sprintetappe sind die Karten verteilt: Wir müssen mindestens Rang vier einfahren, um den zweiten Gesamtplatz aus eigener Kraft zu verteidigen. Sind wir schlechter, kommt es auf die Ergebnisse unserer Konkurrentinnen MERIT CUP und CHESSIE RACING an. Wir wissen, was uns bevorsteht: Tidenprobleme, möglicherweise leichte, drehende Winde, zwei Tage und zwei Nächte voller Anspannung und mit sehr, sehr wenig Schlaf. Aber wir sind gerüstet. Am Freitag kann es losgehen!

Zwischenstopp in La Rochelle

Das Rennen ist – zu früh – entschieden

Als wir, allein und im Dämmerlicht, am frühen Morgen des 17. Mai die Ziellinie kreuzen, weht eine freundliche leichte Brise. Wir sind ein bißchen niedergeschlagen nach diesem erneuten Ausrutscher, entdecken dann aber unser Schwesterschiff VERY BRIGHT (ex HEINEKEN). An Deck stehen die gesamte Crew und zu unserer Überraschung auch alle unsere Frauen und Freundinnen, die uns zuwinken und applaudieren. Ich muß gestehen, daß solche Momente in der Niederlage unglaublich gut tun. Wir überlegen, wie VERY BRIGHT wohl hier in die Bucht hinausgekommen sein mag. Normalerweise kann man den Hafen von La Rochelle eigentlich nur zweimal am Tag für rund drei Stunden verlassen. Später hören wir, daß unsere Freunde bereits am vorigen Abend ausgelaufen waren und die Nacht hier draußen verbracht hatten, um da zu sein, wenn wir endlich kommen. Es ist wunderbar und tröstlich, mit ihnen gemeinsam die letzten Meilen bis in den Hafen zu absolvieren.

Für uns Europäer in diesem Rennen ist es ein Hochgenuß, zum ersten Mal seit Monaten wieder europäisches Festland zu betreten. Ich habe das Gefühl, fast schon zu Hause zu sein und treffe hier viele Freunde aus jener Zeit, als ich für das „Corum Sailing Team" im Einsatz war, darunter Luc Gellusseau, Hervé Le Quillec und Nicolas Florin. In unserem Frühstückscafé, der Bar du Nord, treffe ich eines Morgens sogar Lionel Péan, der 1985/86 als erster Franzose das Whitbread gewinnen konnte und nach La Rochelle eingeladen worden war, um bei der Preisverleihung die Trophäen zu übergeben. Deutsche Segler mögen sich an Lionel aus AeroSail-Zeiten erinnern, als der stämmige Franzose von Interims-Manager Ortwin Kandler zur Verstärkung geholt worden war. Inzwischen segelten Péan und Gelusseau gemeinsam für Kandler auf der französischen Corel 45 FASTER K'YOTE und kamen gerade über die Straße zur Bar du Nord geschlendert, als ich mich dort an einem Croissant und einem duftenden Café au lait labte. Wir plauderten ein wenig, und die zwei wollten wissen, wie es denn heute so im Whitbread sei. Mich interessierte, wie groß das Thema Whitbread für die französische Öffentlichkeit ist, die ja deutlich mehr Anteil nimmt am Tun und Lassen ihrer Segler als in anderen Ländern. „Riesig", sagt Luc und fügt schmunzelnd hinzu, „das ist ja auch kein Wunder, denn unser ‚bester Segler' ist ja dabei: Isabelle Autissier." In seiner typisch ironischen Art will Luc damit nur sagen, daß Isabelle in Frankreich tatsächlich zur ersten Garde der Sportheroen zählt und seglerisch schon so manch einen männlichen Kollegen abgehängt hat.

Sie ist es auch, die während unseres Stopovers in La Rochelle gemeinsam mit EF EDUCATION-Skipperin Christine Guillou und Christine Briand, Schwester des weltbekannten Konstrukteurs Philippe Briand, die Herzen höher schlagen läßt. Alle drei leben, wenn sie gerade einmal nicht über die Meere unserer Erde fegen, in diesem romantischen Hafenstädtchen, das als Wiege der französischen Monohull-Segler gilt, während La Trinité im Norden eher die Heimat der Multihull-Besessenen ist. So titelte die lokale Tageszeitung, kurz bevor die Frauen von dieser Etappe sensationell mit Rang vier heimkehren: „La Rochelle – les filles arrivent – deine Töchter kommen!"

Wie schon in Südafrika machte sich Roger auch in La Rochelle auf die Suche nach kundigen Lokalnavigatoren und erhielt von Luc Gellusseau ein paar interessante Tips. Sie trafen sich im kleinen Büro des Corum Sailing Teams und analysierten die Passiermöglichkeiten entlang der Kaps, die auf der letzten Etappe auf uns warten würden, allen voran das Revier rund um Ushant, den Nordwestzipfel Frankreichs. Der starke Tidenstrom, der hier um die Ecken fließt, macht dieses Revier so besonders tückisch und trickreich.

Die kleine französische Hafenstadt La Rochelle im Department Charente Maritime erscheint – insbesondere nach dem tagelangen Darben auf der letzten Etappe – wie ein Schlaraffenland. Gutes Essen gibt es hier in Hülle und Fülle, doch am besten speist man, das wußte ich aus vergangenen Besuchen, an der Hafenpromenade bei „Chez André", einem der besten Fischrestaurants Europas. Sollten Sie dort je vorbeikommen, kann ich Ihnen die gemischte Platte mit Krustentieren nur wärmstens empfehlen. Nur, nehmen Sie ein paar Freunde mit, denn sonst werden Sie die Mengen an Schaltieren kaum bewältigen, bei deren Öffnung Ihnen die charmanten Kellner gerne behilflich sind.

Am Montag sind wir mittags im Rathaus von La Rochelle zu einem Empfang beim Bürgermeister geladen. Michel Crepeau begrüßt uns herzlich im „Hôtel de Ville" und legt gleich los mit einer fulminanten Rede, die er seinen limitierten Sprachkenntnissen zum Trotz dankenswerterweise in Englisch hält. Nur selten habe ich mich bei einer Ansprache so amüsiert, wie angesichts der Worte dieses kleinen, vor Energie nur so sprühenden Mannes. Hoch erfreut zeigte sich Crepeau über das „Schiff mit den Frauen", denn so etwas hätte es früher schließlich nicht gegeben. Er lächelte: „When ei waas in de Näivie, we nääver häd wimän änd nau we häve a hol shiep full of wimän. Or boat? I nävä know, if it's shiep or boat. But ei know, that sheep is mouton (Ziegenbock)." 300 Leute brachen in tosendes Gelächter aus und konnten sich nur mühsam wieder beruhigen. Dann überreichte Crepeau den Frauen Blumen und gab jeder Seglerin einen dicken Kuß auf die Wange. Nicht, ohne glücklich anzumerken: „In my joob, ei häv to kiess a lot of wimän..." Auch Paul Cayard und seine Crew werden als vorzeitige Gewinner bei diesem Empfang besonders geehrt. Kosmopolit Cayard, mit französischer Mutter, amerikanischem Vater, zeitweilig italienischem Wohnsitz und schwedischer Ehefrau gesegnet, bedankt sich artig in der Landessprache.

Glücklicherweise hält sich die Länge unserer Arbeitsliste während dieses nur eine Woche dauernden Zwischenstopps dank guter Vorarbeit in Grenzen. Trotzdem kranen wir das Boot aus dem Wasser, um es einer letzten gründlichen Inspektion zu unterziehen. Das Unterwasserschiff erscheint grundsätzlich o.k., doch dann entdecken wir einige kleine Risse am Kielflansch. Dort, wo Rumpf und Kiel miteinander verschraubt sind, haben erneut die enormen Torsionskäfte für Risse im Spachtel gesorgt. Einsatz für Sam: Unterstützt von seinem neuen technischen Assistenten, seiner Frau Kate, die im dritten Monat schwanger ist, macht Sam sich daran, die Risse mit Epoxyspachtel zu schließen. Kate muß geduldig das Heißluftgebläse auf die entsprechenden Stellen richten, denn vor der Reparatur soll zunächst die Feuchtigkeit entweichen.

Daß Kate Sam in La Rochelle besucht, ist für einige unserer Crewmitglieder ein echter Gewinn, denn die ebenso sympathische wie kluge Schwedin spricht perfekt Französisch und ist insbesondere unseren Kiwis eine große Hilfe, wenn es um die Bestellung von Essen oder Getränken geht. Es ist ja kein Geheimnis, daß sich die Franzosen gerne etwas schwer tun, in englischer Sprache zu kommunizieren. Ich entscheide, bei diesem Stopover keine umfassende Motor-Inspektion durchzuführen, denn das haben wir erst vor kurzem in Baltimore ausgiebig erledigt. Die Überprüfung des Ölstandes muß ausreichen.

Unser Hauptaugenmerk legen wir darauf, das Boot für die kommende Etappe noch einmal so leicht wie möglich zu machen. Alle kleinen Ersatzteile und nicht dringend notwendigen Ausrüstungsgegenstände fliegen vor diesem nur zweieinhalbtägigen Schlußsprint von Bord. Nicht einmal die Nähmaschine, in den vergangenen acht Etappen unsere treueste Begleiterin, darf auf diesen letzten Meilen dabei sein. Die Segelreparaturausrüstung beschränkt sich auf eine kleine Plastiktüte, die Segelnadeln, Takelgarn, Sprühkleber und selbstklebendes Kevlar enthält. Auch Mikke läßt reichlich Ersatztauwerk an Land.

Einen Tag vor dem Neustart macht sich meine Freundin im Gewühl des Hafens auf die Suche nach Isabelle Autissier. Tatjana ist in wichtiger Mission unterwegs, denn am 16. Mai hatte in Hamburg die Tochter unserer Freunde Matthias Beilken und seiner Frau Claudia das Licht der Welt erblickt. „Matze", der von September bis November 1997 als einziger Deutscher am Mini-Transat teilnahm, hatte damals Isabelle Autissier kennengelernt, deren Open 60 PRB die Flotte begleitete. Beeindruckt von den Leistungen dieser Weltklasseseglerin, hatte er seine Tochter nach ihr benannt. Deswegen bemühte sich Tatjana als auserkorene Patentante nun um eine kleine Widmung, und Isabelle Autissier zeigte sich ganz gerührt, schrieb: „Von der großen für die kleine Isabelle: Fair winds in life! Isabelle Autissier."

Ausgelassen und heiter ging es am Ende unseres Aufenthalts bei der BRUNELSUNERGY-Party zu. Unter dem Titel „Cloggs on the Rocks" hatten die Holländer zum Fest geladen – alle Crews, Familien, Journalisten und Fans kamen ein letztes Mal zusammen. Rund 600 Menschen tranken, aßen, schwätzten, lachten, sangen, tanzten und bejubelten frenetisch das zweite Konzert unserer „Whitbread Inbreds". Wieder war es Jez Fanstone von SILK CUT als Leadsänger, der die Herzen stürmte. Ob Songs der Stones oder Pink Floyd, der lila Hai aus Lymington röhrte und rockte auf der Bühne wie ein Großer. Für den richtigen Grundrhythmus sorgten dazu die Gastgeber von BRUNELSUNERGY, die ganz brav im National-Look auftraten und mit ihren schweren Holzcloggs im Teamdesign den Takt klopften. Unbestätigten Gerüchten zufolge soll die Party erst am nächsten Morgen ein Ende gefunden haben.

Am vorletzten Tag unseres Stopovers treffen wir uns zu einer letzten Lagebesprechung. Unser Wetter-Experte Ken Campbell gibt uns einen Ausblick über die meterologische Entwicklung für die kommende Etappe. Gutes steht uns nicht bevor: Generell leichte Winde, starke Strömungen und eine Front mit vorübergehend bis zu 25 Knoten Wind sollen uns das Leben schwer machen. Entsprechend versuchen wir, unsere Segelgarderobe diesen Bedingungen anzupassen. Tony hat sich dazu allerlei Gedanken gemacht, die jedoch teilweise an Gurras Gewichtsbeschränkungsmaßnahmen scheitern. Soll der kleine Reacher R2 nun mit oder nicht? Bekommen wir viel Wind und nutzen ihn nicht, dann könnten wir sein Gewicht auf der Kante trotzdem gut brauchen. Bekommen wir nur den erwarteten leichten Wind, dann wäre sein Gewicht möglicherweise überflüssig. Eine schwierige Entscheidung, denn wir wissen, daß das Segel schnell ist, wenn entsprechende Bedingungen herrschen. Die Debatte endet erst eine Stunde vor dem Ablegen, als Gurra plötzlich das Kommando gibt, den R2 wieder von Bord zu tragen. Ein Fehler, wie sich im nachhinein herausstellen wird, denn schon in der ersten Nacht hätten wir ihn sehr gut gebrauchen können.

Ich bin nicht der einzige an Bord, der sich hin und wieder über die Gewichtsparanoia ärgert, mit mir wunderten sich auch Rodney und Tony so manches Mal. Denn worauf kommt es letztlich an:

Will man 40 Kilo Gewicht einsparen oder doch lieber ein Segel mehr an Bord haben, das einen bei den Bedingungen, für die es designt wurde, über mehrere Stunden deutlich schneller vorantreibt als ein nur fast perfektes Segel? Die eingesparten 40 Kilo haben uns nie den Vorteil verschafft, den der R2 hätte bringen können. Andersherum: 40 Kilo mehr an Bord hätten unser Ergebnis selbst in dem Fall nicht verschlechtert, in dem wir das Segel gar nicht hätten nutzen können.

Am Morgen des Starts verspüre ich eine bis dahin selten erlebte Nervosität im Team. Keiner von uns ist so richtig cool, die Stimmung ist angespannter als sonst. Im Wissen, daß wir die Gejagten auf dieser letzten Etappe sein werden, scheinen sich Muskeln wie Gedanken zu verkrampfen. Kein gutes Vorzeichen. Dabei, so denke ich, sind es doch wir, die mit einem Punktepolster von 48 Zählern in dieses Rennen um Gesamtplatz zwei gehen. Kurz überlege ich noch, wie es hätte sein können, wenn die Entscheidung um den Sieg im Whitbread Round the World Race 1997/98 nicht so früh gefallen wäre. Davon hatten wir alle geträumt: Von einem furiosen Finale in Southampton, an dessen Ende erst die Sieger feststehen würden.

Ein Traum wurde wahr
„Sei die Nummer eins!"

Wenn jemand vor dem Whit-
bread-Start 100 US-Dollar auf
den Sieg von Paul Cayard und seiner Crew auf EF LANGUAGE gesetzt
hätte – er hätte leicht ein kleines
Vermögen machen können. Die berühmten britischen
Buchmacher bei William Hill boten die verlockende
Quote von 16:1 an. Nicht allzuviele Experten mochten
glauben, daß dieser smarte amerikanische Skipper
mit dem gewinnenden Lächeln und dem gepflegten
Schnauzer es im harten Hochseeduell mit den alten
Haudegen aufnehmen könnte. Zwar war Cayard kein
unbeschriebenes Blatt, gehörte im Starboot, aber auch
in der Big Boat- und America's Cup-Szene längst zu
den Größen des Geschäfts. Aber würde er sein Talent
auch bei diesem Meeres-Marathon umsetzen können?
Er konnte. Der Mann, der am 19. Mai 1959 in San
Francisco geboren wurde, kam, sah und siegte – mit
einer starken Crew. Einmal mehr erfüllte er den eigenen Anspruch, den er im Alter von neun Jahren an die
Wand über seinem Bett gekritzelt hatte: „Be number
one – sei die Nummer eins!"

Von Paul Cayard

*Ich habe 30 Jahre lang gesegelt, bevor ich das Angebot
bekam, EF LANGUAGE im Whitbread Round the World
Race 1997/98 zu skippern. Es war meine erste echte Offshore-Erfahrung. Einer der Gründe, warum das Whit-*

bread heute so attraktiv geworden ist, liegt in der Qualität des Wettbewerbs. Whitbread ist heute viel hochkarätiger als in der Vergangenheit. Die Klasse, die weitgehend gleichwertigen Designs, der hohe Level der Teilnehmer und ihre Professionalität – all das verbessert sich ständig. Außerdem gewinnt das Hochseesegeln in aller Welt enorm an Popularität, vielleicht sogar mehr als der America's Cup.

Ich bin Profi, und das hier ist meine Karriere. Also dachte ich, daß es eine gute Chance für mich wäre, an einem guten Trend teilzuhaben, einfach loszulegen und ein paar gute Rennen mitzumachen. Auch, weil es für mich etwas Neues, etwas Anderes war. Und obwohl ich seit so vielen Jahren segele und einige Weltmeisterschaften gewonnen habe, halte ich es immer noch für eine ganz besondere Leistung für einen Segler, die Welt zu umrunden – egal, mit welchem Ergebnis er das tut.

Es hat mich dabei nie gestört, ein amerikanischer Skipper auf einem schwedischen Boot zu sein. Die heutige Welt ist international. Brasilianer spielen Fußball in Italien, Schweden spielen Eishockey in den USA und Amerikaner spielen Basketball in Italien. Sich über ein paar unbedeutende Linien auf Landkarten aufzuregen, ist doch ziemlich altmodisch. Wenn man immer nur in seiner kleinen Box sitzenbleibt, dann wird man irgendwann einmal einfach zurückgelassen.

Whitbread ist eine unglaublich aufregende Geschichte. Das Rennen verkauft Leuten einen Traum, die 40 Stunden in der Woche in ihren Büros sitzen. Es ist spannend und gibt den Menschen etwas zum Nachdenken und Fantasieren. Via Internet können sie mit uns am Rennen teilnehmen. Und all die Stürme, die wir erleben, die Eisberge, die Flautenzonen, die Doldrums, die 30 Fuß *hohen Wellen, was auch immer es ist, können Teil ihres Lebens sein – mehr oder weniger direkt und über acht Monate lang. Das ist natürlich viel anziehender und aufregender als ein zweieinhalbstündiges, durch Taktik geprägtes Rennen, das schwierig zu verstehen ist.*

Ich habe ganz sicher nicht erwartet, daß wir dieses Rennen gewinnen und es sogar viele Male dominieren würden. Auf der anderen Seite nehme ich niemals an einem Rennen teil, wenn ich nicht daran glaube, es gewinnen zu können. Dieses Mal war die Wahrscheinlichkeit zwar nicht so groß wie bei anderen Einsätzen, aber meine Vision war es, daß wir am Anfang Probleme bekommen würden, am Ende aber das Rennen mit einem starken Schlußspurt auf der letzten Etappe gewinnen könnten. Es ist nun so nicht gelaufen, und das war tatsächlich eine Überraschung – sogar für uns selbst.

Wenn ich über die Gründe für unseren Erfolg nachdenke, dann muß ich als erstes sagen, daß wir ein sehr gutes Boot hatten. Ich denke, daß wir das beste Boot der ganzen Flotte besaßen. Das Schiff war unwahrscheinlich gut gebaut worden. Trotzdem hängt vieles auch von den Umständen ab. Ganz sicher ist die 138-Punkte-Führung nicht ganz repräsentativ für das hohe Niveau des Wettbewerbs. Die Flotte war durchaus wettbewerbsfähiger, als es diese deutliche Führung auf dem Papier zeigt. Wir hatten auch Glück. Und insbesondere SWEDISH MATCH hatte Pech, mehrere Male. Wenn man abzählt, was denen auf der Nordseite von Neuseeland passiert ist, als sie in Führung liegend unglücklich in einem Flautenloch hängenblieben, dann sind das allein schon 50 Punkte. Zieht man jedoch alles Gesagte in Betracht, glaube ich immer noch, daß wir über das stärkste Programm verfügten und unser Schiff eine besondere Klasse hatte.

*Wir haben unsere Hausaufgaben in Sachen Segel gut
erledigt, und wir waren relativ geduldig, haben unsere
Ergebnisse während der Vorbereitungszeit in Rennen wie
dem Fastnet den Gegnern nicht enthüllt. Wir haben
unsere guten Segel mit Absicht nicht im Fastnet genutzt.
Zum einen, weil wir sie den anderen nicht zeigen wollten, zum anderen, weil ich mich in der Rolle des „Schlä-
fers" manchmal ganz wohl fühle. Trotzdem war es hart,
unsere nicht gerade tolle Leistung im Fastnet zu ver-
dauen. Gott weiß, daß wir danach durch verdammt
rauhe Fahrwasser segelten. Unser Boß Bertil fragte sich
tatsächlich, ob ich der richtige Mann für den Job sei. Es
war ein schmaler Grat, auf dem wir für eine ganze
Weile wanderten.*

*Natürlich bin ich auch stolz auf unsere Crew. Wir hat-
ten nicht viel Whitbread-Erfahrung an Bord, dafür aber
sehr fähige Leute, die aus allen möglichen Bereichen des
Segelsports kamen. Ich meine Typen wie Steve Erickson,
der sehr wertvoll ist. Er wurde immer nur als Crew-Mitglied angesehen. Aber in einem Rennen wie dem Whitbread übernimmt jeder viele Aufgaben. Also gibt es
Fälle, in denen er das Boot steuert, in denen dann vielleicht ein bißchen Chaos an Bord entsteht und er die
Chance hat, sich als Führungsfigur zu beweisen und die
Crew wieder zu beruhigen. Es war also eine gute
Mischung von Leuten. Und da waren ja auch Jungs wie
Magnus, Crusty und Marco, die das Whitbread schon
ein paar Mal mitgemacht haben. Wenn man gewinnt,
gibt es nie nur eine klare Antwort auf die Gründe – viele
Faktoren spielen eine Rolle.*

*Ich bin oft nach den Gefahren und meinen eigenen
Ängsten gefragt worden. Bevor ich in das Rennen startete, habe ich meine Lebensversicherung um eine*

beträchtliche Summe erhöht. Aber ich bin ein Optimist und denke, daß wir immer irgendwie überleben. Daß wir irgendwie in diese verdammten Rettungsboote kommen würden. Ich hatte wirklich große Angst in der Nacht, als SILK CUT den Eisberg rammte. Tatsächlich waren wir sehr in ihrer Nähe, und auch wir hatten am Nachmittag einen Eisberg gesichtet. Es wurde dunkel, und wir sahen diese stoische Nachricht auf dem Bildschirm aufleuchten: SILK CUT hat einen Eisberg gerammt und das Rigg verloren. Mehr sagte die Meldung zunächst nicht aus. Dann sitzt du da, denkst Jesus Christus, was geht da draußen ab? Das war eine Zeit, in der ich mir um uns alle große Sorgen machte. Und dann gab es noch diesen Vorfall, als Curtis im Mast war und wir in die Sonne schossen. Ich dachte einfach nur, daß er tot sei, als wir ihn endlich herunter bekamen. Glücklicherweise ist ihm nicht viel passiert. Vielleicht erinnern Sie sich noch an den Deutschen Ralfi Steitz, der im America's Cup einmal hoch oben im Mast umherflog? Das ist ganz schön angsteinflößend. Aber insgesamt würde ich sagen, daß Taktik und Strategie den größten Teil meines Hirns belegt haben. Ich glaube, daß alle von uns ein gewisses Risiko akzeptieren, wenn sie ihren Vertrag für dieses Rennen unterschreiben.

Einen der schönsten Momente in diesem Rennen habe ich auf der fünften Etappe erlebt. Es war eine perfekte Mondschein-Nacht und sehr windig. Wir hatten ein Sturmsegel oben und ein Reff im Groß. Wir ritten mit 22 Knoten über die Wellen, alle arbeiteten im Heck des Bootes. Und dann fällt dir plötzlich auf, wie weit du von allem weg bist. Du schaust auf dieses kleine Satellitenbild und siehst die Antarktis und dein kleines Boot. Du siehst einen kleinen Zipfel von Südamerika und Neusee-

*land dort und du merkst: Mann, du bist hier draußen
ganz allein!*

    *Ob ich es noch einmal mache? Nun, ich mag das Ren-
nen und ich glaube, daß das Volvo Round the World Race
sogar noch besser wird. Wie ich schon eingangs sagte:
Der Trend deutet weiter steil nach oben für diese Art von
Rennen. Wenn sich eine große Marke wie Volvo für die
Werbung und die Organisation verbürgt, dann wird das
dem Rennen sicher dienen. Persönlich würde ich es noch
einmal machen. Ich mag diesen intensiven Teamaufbau,
und der Teamaspekt ist beim Whitbread wesentlich
intensiver als beim America's Cup, weil du mit den zwölf
Leuten so isoliert bist. Das Boot, manchmal habe ich es
„Schuhkarton" genannt, ist über acht Monate lang unser
ein und alles: unser Heim, unser Krankenhaus, unser
Restaurant, unser Fitneß-Studio und unsere Wettersta-
tion. Es ist unser Leben. Du mußt Menschen helfen,
wenn sie verletzt sind, den Motor und den Watermaker
reparieren und viele Dinge mehr können, als nur ein
guter Segler sein.*

    *Aber ich muß bedenken, daß ich eine Frau und zwei
Kinder habe. Meine Kinder sind jetzt in einem Alter, da
die Zeit mit ihnen kostbar ist: Sie sind acht und neun.
Und ich habe mit meiner Karriere schon mehr als ein
bißchen „verbrannte Erde" hinterlassen. Ich sage nicht,
daß ich es nicht tun werde, doch ich muß sehr genau
abwägen, ob ich wirklich die Möglichkeit habe, es noch
einmal zu tun.*

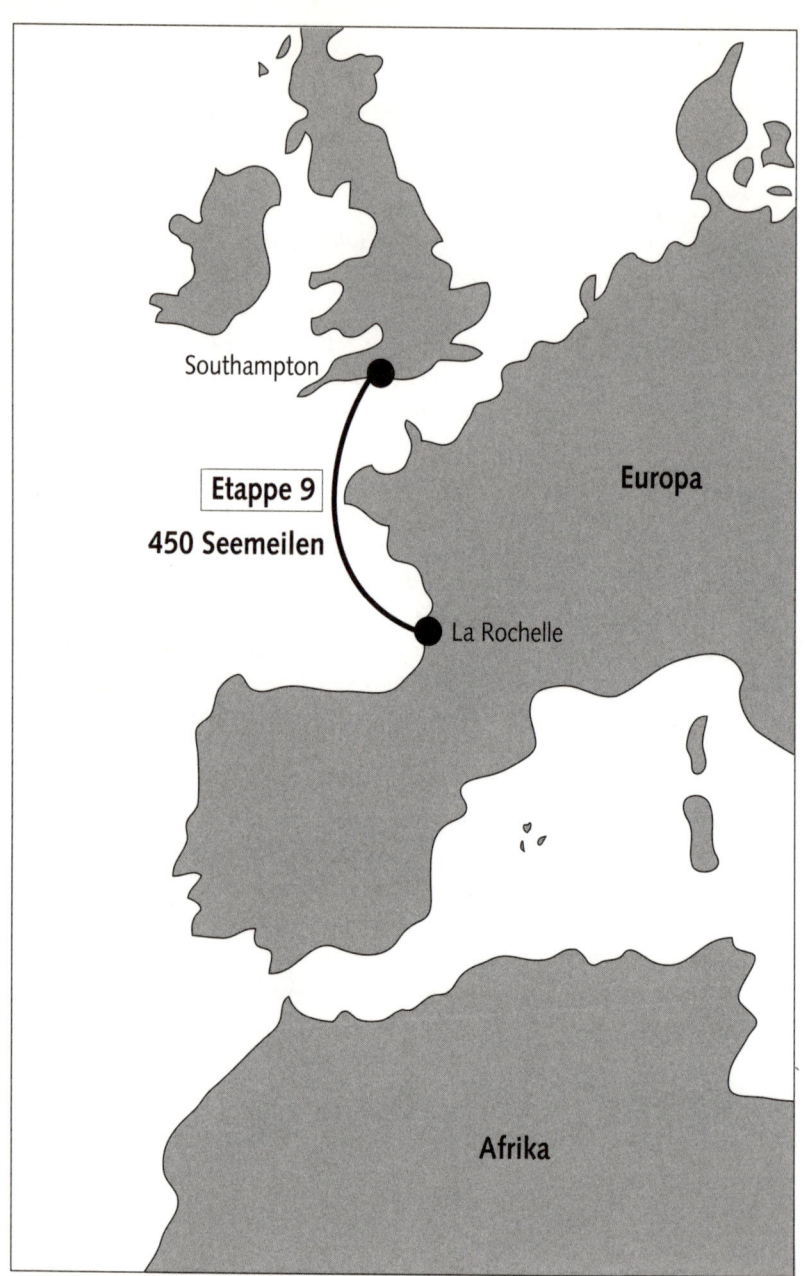

Southampton

Etappe 9

450 Seemeilen

Europa

La Rochelle

Afrika

Die neunte Etappe

Furioses Finale – ein letztes Mal alles geben

Uns allen war beim Start an diesem 22. Mai eines klar: Diese siebte und letzte Auflage des Whitbread Round the World Race würde mit einem Regatta-Krimi im Englischen Kanal enden, denn um Gesamtrang zwei war zwischen uns, MERIT CUP und CHESSIE RACING ein heftiger Kampf entbrannt. Ein unangenehmes kleines Intermezzo passierte – so höre ich später in Southampton – noch vor dem Start im Team EF. EF LANGUAGE-Skipper Paul Cayard hatte den Hafen einfach ohne seinen langjährigen Freund und Starboot-Vorschoter Steve Erickson verlassen. Aus Ärger über dessen Ankündigung am Vorabend, beim nächsten America's Cup nicht mit ihm – Cayard –, sondern mit dem italienischen Team Prada anzutreten, ließ Paul den vermeintlichen „Verräter" Steve einfach an Land sitzen. Dank intensiver Überredungskünste seiner Crew-Kameraden Kimo Worthington und Magnus Olsson konnte Cayard jedoch zum Umkehren überredet und zur Einsicht bekehrt werden, daß eine solche Reaktion absolut unangemessen sei. Also holte man den am Dock stehenden Erickson doch noch ab und ging zur Tagesordnung über.

Mit an Bord war auf dieser letzten Etappe auch wieder Marco Constant, der sich bekanntlich in der siebten Etappe das Handgelenk gebrochen hatte. Mit einer Außenschiene, die wiederum durch vier im Knochen verschraubte Stäbe gehalten wurde, sah er aus wie Robo Cop. Ein wahrhaft schauriger Anblick, doch verständlich, daß Marco sich um keinen Preis der Welt die triumphale Einfahrt in Southampton an Bord von EF LANGUAGE hatte nehmen lassen wollen.

Bei Sonnenschein und seglerischen Bestbedingungen um vier

Windstärken verabschiedeten uns rund hunderttausend Fans aus der französischen Segelmetropole La Rochelle. Pünktlich um 15.00 Uhr feuerte Frankreichs Premierminister Lionel Jospin den Startschuß zur neunten Etappe mit Kurs auf den Zielhafen Southampton ab, wo wir am Sonntag zwischen 12.00 und 14.00 Uhr Ortszeit zurückerwartet wurden.

In diversen Interviews, die ich vor dem Start gegeben hatte, konnte ich immer wieder nur das gleiche sagen: „Es wird haarig, denn wir müssen mit dem Englischen Kanal ein höchst tückisches Tidenrevier passieren. Die Wettervorhersagen warnen vor einem Hochdruckgebiet, das uns am Sonnabend erwischen und alle Yachten für eine Weile lahmlegen könnte. Vielleicht müssen wir sogar im Strom ankern, um nicht rückwärts zu treiben. Es wird ein nervenaufreibender Krimi, aber wir werden bis zum Umfallen kämpfen und unseren zweiten Platz mit allen Mitteln verteidigen."

Vom Start kommen wir zunächst gut weg. Die erste Tonne runden wir als dritte nach Toshiba und Innovation Kvaerner. In der Halse um die Tonne setzen wir den Spinnaker und müssen, um ihn zum Stehen zu bringen, so hoch an den Wind gehen, daß wir uns plötzlich in einem Wust von Zuschauerbooten wiederfinden. Direkt vor uns passiert Toshiba die gelben Kursmarken auf der falschen Seite. Kvaerner legt vor uns eine Crash-Halse hin, und wir realisieren, was zu tun ist: Blitzschnell montieren Mikke und Dingo den Spibaum ab, während Gunnar schon durchhalst. Später stellen wir fest, daß besagte Kursmarken um 200 Meter falsch positioniert waren. Dennoch ist Bahnmarke nun einmal Bahnmarke, und die muß man runden. Über UKW hört Roger, daß Merit Cup und Kvaerner ihre Proteste gegen Toshiba angemeldet haben. Wir selbst waren mit dem Schrecken davongekommen.

Doch leider befinden wir uns nun auf diesem Vorwindgang auf der falschen Seite. Bis zur Tonne „Roche de Syd" verlieren wir reichlich auf die Konkurrenz, denn wir müssen uns der Tonne mit ungünstigem Windeinfallswinkel nähern. Zum Auftakt sind wir letzte. Die Stimmung an Bord ist nicht gerade prickelnd, auch Gurra macht am Steuer einen verkrampften Eindruck. In der Nacht erreicht uns die angekündigte Front mit Winden bis zu 30 Knoten. In Ermangelung unseres am Dock gebliebenen R2 setzen wir unser 7/8-Monster. Ein glorreicher Recut von Tony und Dingo hat diesem ehemaligen Masttopp-Monster zu ganz neuen Qualitäten verholfen. Und sie haben das Segel mit ihrem neuen Markenzeichen versehen – ein ausgestreckter Mittelfinger (hierzulande auch als Effes „Stinkefinger" bekannt) ziert die Stelle, an der sich sonst die Segelmachereien gerne mit ihren Logos verewigen.

Es ist mal wieder naß und feucht, und wir rasen mit 18 Knoten Speed gen Ushant. Alles noch verbleibende Gewicht ist achtern in Luv gestaut, die ganze Truppe sitzt an Deck auf der Kante. Nicht ohne Verzweiflung entnehmen wir dem Positionsreport, daß EF LANGUAGE schon wieder mit fünf Seemeilen Vorsprung führt. Unsere direkten Gegner MERIT CUP und CHESSIE RACING liegen zu diesem Zeitpunkt auf den Rängen fünf und sieben – das würde uns Gesamtrang zwei erhalten.

Angesichts des zunehmenden Windes legen wir ein Reff ins Großsegel, und auch das Genuastagsegel ist gemeinsam mit dem Fractional-Monster gesetzt. Als wir in dieser ersten Nacht um 2.00 Uhr die Entscheidung fällen, aufgrund des abbackenden Windes die Jib 2 zu setzen, hilft uns das Monster freundlich mit: Der Kopfbeschlag reißt ab, und das gute Stück kommt freiwillig von oben. Zwar wollten wir ohnehin gerade das Segel wechseln, aber so hektisch war es natürlich nicht geplant. Die Hälfte der Crew muß nach vorn, um das ins Wasser gefallene Segel an Deck zu zerren und den Seezaun vor Beschädigung zu bewahren, während drei Mann die Jib 2 zum Setzen klarmachen.

Wir stopfen das sperrige Kevlarsegel unter Deck, und Tony macht sich umgehend daran, den Kopfbeschlag zu reparieren. Mit Gurtband versucht er, den Kopf zu verstärken. Dabei braucht er reichlich Kraft, um die dicke Segelnadel immer wieder durch das mehrlagige Kevlar zu stoßen. Sein Kampf mit Nadel und Faden dauert zwei Stunden, dann ist das Monster wieder einsatzbereit. Wir ziehen es sofort an Deck und packen es klar zum Setzen in seinen Sack.

Inzwischen ist es 5.00 Uhr morgens. Wir sind inzwischen leewärtigstes Boot der Flotte, denn in Ermangelung des R2 sind wir unter dem Monster zu weit nach Westen geschliddert, konnten nicht hoch genug am Wind segeln. Nun zahlen wir Tribut dafür, müssen unter Jib 2 einfach höher segeln, um den Kurs zur Tonne westlich der Isle de Sein anzulegen. Die Front ist durchgezogen, und der Wind nimmt langsam ab. Unser R1 kommt wieder zum Einsatz, dieses Mal bei perfekten Bedingungen.

Vormittags um 10.00 Uhr sind wir nicht mehr weit von Ushant entfernt. Roger, Gurra und Erle diskutieren die Tidenvorteile dicht unter der Küste Ushants. Noch segeln wir zwar gegenan, wissen aber, daß sich der günstige Mitstrom zuerst unter Land entwickelt, dort, wohin sich BrunelSunergy längst vorgearbeitet hat. Beim Positionsreport um 11.00 Uhr Ortszeit führen die Niederländer die Flotte an. Wir haben auf Rang sieben nur noch zweieinhalb Seemeilen Rückstand zur Spitzengruppe. Merit Cup ist vierte, Chessie Racing sechste. Unser zweiter Gesamtrang wäre damit immer noch gesichert.

Nach dem Passieren Ushants peilen wir als nächsten Wegpunkt Anvil Point am Südwestzipfel der Poole Bay an. Am Abend sind es bis dahin nur noch 50 Seemeilen. Roger notiert lakonisch in seinen Aufzeichnungen: „Not so much left of this Whitbread...". Unsere Flotte ist in West-/Ostrichtung aufgereiht und prescht in Richtung England. In Lee von uns befinden sich Toshiba und BrunelSunergy, in Luv der Rest der Meute. Über Inmarsat C bekommen wir von der Rennleitung die Anweisung, noch zwei Extra-Loops in der Poole Bay zu absolvieren. Dies geschieht aus einem einzigen und vor dem Start bereits avisierten Grund: Die Whitbread-Yachten müssen wegen der Live-Berichterstattung von BBC 2 unbedingt pünktlich am frühen Nachmittag in Southampton eintreffen.

Erstmals in meiner seglerischen Karriere zollen wir Sportler dem Fernsehen einen solchen Tribut. Ich habe nichts dagegen, solange solche Kursänderungen rechtzeitig bekannt gegeben werden, denn wie heißt es so schön: „Wer die Musik bezahlt, bestimmt auch, was gespielt wird." Ich kann gut verstehen, daß die Fernsehleute mit Blick auf ihr Publikum um ein zeitlich genau festgelegtes Finish gebeten haben.

Doch nicht einmal die Bahnverlängerung kann uns retten. Noch vor Anvil Point klappt die Tür für uns zu. Wir glaubten, mit unserem großen Masttopp-Monster unter den luvwärtigen Booten hindurchsegeln zu können. Anfänglich profitierten wir von einem Lift, doch der hält nicht lange an. Der Wind backt wieder ab – Zeit, die

Jib 2 hochzuziehen. Zu diesem Zeitpunkt führte MERIT CUP die Flotte schon an. Der Wind hatte komplett auf die Nase gedreht und damit den luvwärtigen Booten einen kolossalen Vorteil verschafft. Wir dagegen müssen die letzten zehn Seemeilen bis zur Poole Fairway-Tonne aufkreuzen. Wir wenden und steuern die Tonne auf Backbordbug an. Als die zu diesem Zeitpunkt viertplazierte SILK CUT vier Seemeilen vor der Tonne vor uns wendet, ist unser Schicksal besiegelt. MERIT CUP führt, und wir sind fünfte. Das schlimmste aller vorstellbaren Szenarien ist eingetreten.

Natürlich kämpften wir in den verbleibenden sieben Stunden verbissen darum, noch einmal an SILK CUT vorbeizukommen. Doch angesichts der konstanten Winde können wir nichts anderes tun, als geduldige Passagiere dieser „Straßenbahnfahrt ohne Überholspur" zu sein. Unsere Hoffnungen – sie sind dahin, unsere Chancen auf den tiefen Grund des Solent gesunken.

Als wir um 12.51 Uhr die Ziellinie vor Ocean Village überqueren, ist das für uns der bitterste Moment des ganzen Rennens. Wir hatten es geschafft, eine 48-Punkte-Führung aufgrund eigener Fehler und Unsicherheiten zu verspielen. Das tat weh, und daran gibt es auch nichts zu beschönigen. Tief enttäuscht machten wir ein paar Minuten später am Dock fest. Die ersten Minuten in Ocean Village sind wir fast sprachlos, können kaum glauben, was da passiert ist. Das Wort „Scheiße" rutscht mir in einem spontanen Fernsehinterview mit „Spiegel-TV" gleich zweimal raus, ansonsten eher ein Tabu bei öffentlichen Äußerungen. Ich stand wie taub auf dem Dock, hatte nicht die geringste Lust, mit irgend jemandem zu reden. Meinen Crew-Kameraden erging es kaum anders. Tony, Oskar und Mikke entladen ihren Frust, indem sie Gurra standesgemäß ins Hafenbecken werfen. Es dauert fast eine Stunde, bis wir wieder lächeln können, aber mehr als ein paar Tage, bis wir realisieren, daß auch der dritte Gesamtrang bei dieser härtesten aller Regatten, an denen ich je teilgenommen hatte, eine gute Leistung ist.

An Land hetzt an diesem Nachmittag eine Verpflichtung die nächste, doch als erstes stapfe ich rüber zu den Jungs von MERIT CUP, die eine erstklassige Etappe hingelegt und diesen letzten Sieg durchaus verdient haben. Als ich Grant gratuliere, sagt der aufrichtig: „Mann, das tut mir leid für euch. Ich hätte wirklich nicht gedacht, daß wir das noch schaffen. Ich hatte vielmehr größte Sorgen, daß uns CHESSIE noch einholt und vom dritten Platz verdrängt."

So kann es gehen im Segelsport. Abgerechnet, das hat sich wieder einmal bestätigt, wird eben erst im Ziel. Schlimmer noch als uns traf es die Crew von CHESSIE RACING, die mit Hoffnungen auf Gesamtrang zwei oder drei in diese abschließende Etappe gegangen war und sich nach einer unglücklichen Vorstellung im Ziel mit Gesamtrang sechs zufrieden geben mußte. Wir hatten uns immerhin einen Platz auf dem Podium erkämpfen können. Mich erwarten im Hafen meine Familie und Freunde aus Hamburg. Es tut gut, sie zu sehen und nach so langer Zeit wieder fest in meine Arme zu schließen.

Ziel in Southampton

Bye, bye, Whitbread – ahoi Volvo!

„Ich bin stolz, Teil einer der besten Regatten aller Zeiten gewesen zu sein." Nein, dieses Zitat stammt nicht vom strahlenden Whitbread-Sieger Paul Cayard und auch nicht aus dem Munde eines seiner überglücklichen Crew-Mitglieder wie etwa Magnus Olsson, dem bei seinem vierten Whitbread-Einsatz endlich der ersehnte Triumph gelang. Das Zitat stammt von einem, der nur siebter wurde. Von einem, der eigentlich erster sein wollte. Von einem, der bei dieser siebten und letzten Auflage des Whitbread Round the World Race hoch hinaus wollte und dann tief stürzte. Trotzdem war die Begeisterung des viermaligen America's Cup-Siegers Dennis Conner, die Achtung vor dem Wert des Whitbreads, in sportlicher wie werblicher Hinsicht, ganz echt. Das seglerische Urgestein Conner gestand ein, daß Whitbread „seinen" Cup in Sachen Öffentlichkeitsinteresse überholt hatte. Über 600 TV-Stunden wurden weltweit gesendet, Nachrichten und Wiederholungen nicht eingerechnet. Bis zu 13 Millionen Hits verzeichneten die Internet-Künstler von der australischen Mediengesellschaft Quokka – mehr als die letzten Olympischen Winterspiele.

Es war ein großes Rennen, das mit einem wehmütigen Abschied unter grauem Himmel in Southampton endete. 25 Jahre nach der Premiere 1973/74 sagte Whitbread der Segelgemeinde „bye, bye". Seit dem 1. Juni 1998 ist der schwedische Automobilkonzern Volvo neuer Inhaber und Ausrichter des Meeres-Marathons, das 2001/02 erneut zum Kampf mit den Elementen lädt.

Den hat bei dieser Weltumrundung eine Mannschaft gewonnen, der es nur die wenigsten zugetraut haben. Skipper Paul Cayard, als Ersatzmann für den zu SILK CUT gewechselten Lawrie Smith zum

Team EF gekommen, und seine Crew galten vor dem Start nicht eben als Hochsee-Asse. Doch der Musterschüler und seine Männer mauserten sich in Windeseile von Whitbread-Novizen zu wahren Könnern. Cayard hatte sein Meisterstück abgeliefert. Nach intensiver Vorarbeit, Segeltestserien auf höchstem Niveau und nie erlahmender Selbstkritik beherrschten der Präzisionsarbeiter und sein Team die Konkurrenz von Beginn an. Erstmalig in der Geschichte des Rennens stand der Gesamtsieger schon eine Etappe vor Schluß fest. Uns blieb nichts, als den Hut zu ziehen.

EF LANGUAGE segelte mitunter in einer eigenen Liga und hatte auch hier und da das sprichwörtliche Glück des Tüchtigen. Paul Cayards Bilanz: „Unsere 12-Mann-Bobfahrt mit reichlich Wasser aus Feuerwehrschläuchen von vorne ist nun zu Ende. Ich habe in den vergangenen neun Monaten mehr gelernt als in den letzten zehn Jahren – danke Whitbread, danke allen seinen Teilnehmern. Es war eine tolle Zeit!"

Insgesamt haben 152 Segler und Seglerinnen aus 17 Ländern an diesem Whitbread teilgenommen. Bis zum Ende jedoch blieben wir die einzige Mannschaft, die keinen Abgang vermelden mußte. Auf diese Leistung sind wir stolz. Sechs von neun Booten haben mindestens einmal eine Etappe gewonnen – ein Beweis für das enorm hohe Niveau, auf dem gesegelt wurde. Und abgesehen von einer Yacht haben alle Boote mindestens einmal auf dem Podium gestanden. Fast wäre es auch den Frauen auf EF EDUCATION gelungen, die in Etappe acht so knapp an Rang drei vorbeischrammten.

Wir haben auf SWEDISH MATCH dramatische Momente erlebt und auch viele glückliche Stunden verbracht. Eineinhalb Jahre unseres Lebens war das „Blue Boat" Mittelpunkt unseres Lebens, 18 Monate lang haben wir gerackert und gesegelt, um zu den Besten der Welt zu gehören. Dieses Ziel haben wir erreicht.

Daß es auch bei anderen Crews hoch herging, davon zeugen die vielen Berichte und gesammelten Zitate. Zum Beispiel bei der Crew auf CHESSIE RACING, als sie auf Etappe acht schon fast aussichtslos zurücklag. Fuzz Spanhake berichtete in einem seiner E-Mails sarkastisch: „Ich mußte heute alle vorhandenen Messer an Bord einsammeln, um die Crew angesichts von 200 Seemeilen Rückstand vor einem Massenselbstmord zu bewahren."

Es gab Teilnehmer, denen fraglos auch eine Karriere als Reporter offen stünde. Etwa Arend van Bergijk von BRUNELSUNERGY, der zum beliebtesten Dokumentator des Rennens gewählt wurde und mit seiner ironisch-witzigen Art Millionen von Menschen in aller Welt trefflich unterhielt. Eines seiner Stücke aus den ersten Tagen des Rennens machte Furore und wird Ihnen nach der Lektüre dieses Buches sicher besondere Freude machen. Arend, in Nicht-Rennzeiten erfolgreicher Börsenmakler in Amsterdam, hat das Stück während der schwierigsten und härtesten Phase der Atlantik-Überquerung geschrieben:

Von Arend van Bergijk, Wachführer BRUNELSUNERGY (NED)
Dienstag, 14. Oktober 1997, 7.24 Uhr

VERLASST DAS SPIELFELD NICHT!
„Heute haben wir etwas ganz Besonderes für euch! Es ist doch so wunderbar, daß all die vielen Leute da draußen uns via Internet beim virtuellen Rennen bestens begleiten können. Aber ich habe auch gehört, daß trotz aller Anstrengungen seitens Whitbread so ein oder zwei kleine Dinge fehlen, die das Rennen wirklich realistisch gestalten würden. Also nutzt doch einfach die folgenden paar Tips von BRUNELSUNERGY, um euer Rennen wirklich im Whitbread-Stil zu fahren...

Beginnen wir mal mit der Luftfeuchtigkeit. Es würde die Echtheit eures Spiels sehr verbessern, wenn ihr beim Surfen im Internet etwa alle 15 Minuten eine kalte Dusche nehmt. Danach dürft ihr euch natürlich nicht abtrocknen. Statt dessen solltet ihr euch mit Salz bestreuen – normales Küchensalz ist o.k. Und vergeßt nicht, eure Unterwäsche konstant bei etwa 50 Prozent Feuchtigkeit zu halten. Wenn ihr wirklich ‚live‘ dabei sein wollt, dann solltet ihr in diesem Zustand kontinuierlich auf dem Stuhl hin und her rutschen und den Effekt erleben, den das auf eure Kehrseite hat!

Schritt zwei betrifft die Temperatur. Vielleicht erscheint es einigen von euch als gute Idee, das Haus auf etwa 30, 35 Grad Celsius zu erhitzen, aber hier kommt der Trick: Macht das bitte in einer schlecht belüfteten Ecke mit wenig Raum, also der Toilette etwa – das wäre schon der perfekte Ort.

Das Klo hilft auch bei Schritt drei, den wir die ‚Geruchsabteilung‘ nennen. Versucht einfach, die Toilette zu benutzen, aber niemals die Spülung. Hängt einen Haufen nasser Kleider (natürlich die mit Salz von Schritt eins) irgendwo in die Ecke und laßt sie dort. Wenn sie trocknen sollten, dann macht sie einfach wieder naß. Last but not least: Genießt alle eure Malzeiten im gleichen Raum. Aber bitte nicht lüften, denn sonst werdet ihr eine der wichtigsten Erfahrungen dieses großartigen Rennens verpassen.

Etwas, das ich schon erwähnt habe, ist das Essen. Wenn ihr hungrig seid, dann fangt nicht einfach an zu essen, sondern wartet eine Weile, bis ihr wirklich Hunger bekommt und eßt dann einen Keks. Wenn ihr dann über den allergrößten Hunger schon wieder hinweg seid, dann eßt einfach die Mahlzeit von gestern. Oder, falls ihr es ganz echt machen wollt, dann lieber die von vorgestern.

Wenn ihr das alles beherzigt habt, dann kommt jetzt der wichtigste Teil – also paßt gut auf!

Laßt uns sagen, daß ihr gerade ins Rennen gestartet seid und den Solent verlaßt. Es ist an der Zeit, eine Strategie-Entscheidung zu fällen. Ach, was für ein Pech, es hat nicht so geklappt, wie ihr wolltet, und ihr seid gleich mal 50 Seemeilen hinter den Spitzenreitern. VERLASST DAS SPIELFELD NICHT. GEHT NICHT IRGENDWO EIN BIER TRINKEN. SPIELT WEITER!

Eure Kommunikationsgeräte arbeiten die meiste Zeit fehlerhaft, und ihr verpaßt wichtige Wetterinformationen. Zwischendurch gibt es immer mal wieder die Positionsreports... VERLASST DAS SPIELFELD NICHT. GEHT NICHT IRGENDWO EIN BIER TRINKEN. SPIELT WEITER!

Dieser erste Fehler hat dafür gesorgt, daß ihr seitdem jedes Wettertor verpaßt habt, das bislang vom Rennen geboten wurde. Du mußt feststellen, daß zwischen dir und den führenden Yachten schreckliche 400 Seemeilen liegen. Du beginnst zu hoffen, daß deine Sponsoren die Probleme akzeptieren, die du hattest. VERLASST DAS SPIELFELD NICHT. GEHT NICHT IRGENDWO EIN BIER TRINKEN. SPIELT WEITER!

Du fühlst dich immer noch sicher genug, verlorenen Boden wieder gutmachen zu können. Da hast ausgerechnet du unter all diesen Yachten einen Unfall. Laßt uns sagen, es war ein Wal, den ihr gerammt habt, und dabei ist auch noch die Hälfte eures Ruders draufgegangen. Nur mit einem halben Ruder ausgestattet, weißt du natürlich, daß du langsamer als alle anderen bist. Du mußt einen Umweg von 100 Seemeilen machen, hast vermutlich stundenlange harte Reparaturarbeiten vor dir, Debatten mit dem Zoll und betest, daß deine Shore-Crew alles halbwegs gut organisieren konnte. Zu der Zeit, zu der du wieder auf Kurs bist, ist das dichteste Boot bereits 200 Seemeilen weg. Und du hast immer noch 3000 Seemeilen vor dir (sitzend auf deiner stinkenden Toilette, die du nur verläßt, um eine kalte Dusche zu nehmen).

VERLASST DAS SPIELFELD NICHT. GEHT NICHT IRGENDWO EIN BIER TRINKEN. SPIELT WEITER!

Amüsiert ihr euch noch? Wir tun das tatsächlich und wir werden das Spielfeld nicht verlassen. Wir sind weiterhin dabei! Beste Grüße von Brunel Sunergy, Arend.“

Ja, so oder so ähnlich ging es uns allen einmal da draußen auf hoher See. Und es klingt verrückt, wenn wir behaupteten, daß wir unseren Beruf trotzdem lieben. Aber so ist es.

Ich habe schon gesagt, daß mit dem Ende des Whitbreads bereits der Startschuß für das kommende Meeres-Marathon fällt. Nur wer sich möglichst lange auf das kommende Rennen vorbereitet, wird auch beim nächsten Mal wieder in der Spitzengruppe mitmischen und um den Sieg mitsegeln. Es ist mein erklärtes Ziel, 2001/02 wieder am Start zu sein. Dann, so hoffe ich, kann ich vielleicht als Teammitglied einer guten Mannschaft nach den bislang erreichten Plätzen zwei und drei den noch fehlenden, krönenden Sieg hinzufügen. Schließlich habe ich noch eine offene Rechnung.

Wir sind gespannt, was die Zukunft bringt, denn die bekannteste Segelregatta rund um die Welt hat inzwischen einen neuen Veranstalter und Hauptsponsor bekommen. Bye, bye, Whitbread, ahoi Volvo! Der schwedische Autokonzern Volvo hat das Rennen von der britischen Traditionsbrauerei Whitbread gekauft, die als national orientiertes Unternehmen längst schon ihre Marketing-Ziele mit Hilfe dieser Regatta erreicht hatte. Seit dem 1. Juni 1998 heißt Whitbread nun nicht mehr Whitbread. Die Fans und auch wir Segler müssen uns an den neuen Namen gewöhnen: Volvo Ocean Race Round the World.

Volvo-Geschäftsführer Leif Johansson sagte nach der Übernahme: „Das Whitbread Round the World Race ist eines der bekanntesten Sportevents der Welt. Das Rennen als Sponsor zu übernehmen, wird Volvo mit einzigartigen Möglichkeiten ausstatten. Wir können mit einer deutlich größeren Verbreitung unseres Markennamens rechnen. Das wird vor allem unsere Positionierung in den für Volvo relevanten Märkten verbessern."

Gemeinsam mit den Seglern, Sponsoren und Marketing-Experten arbeitet das Eventmanagement Volvos auf Hochtouren am neuen Format für die Weltregatta. Mit der großen Erfahrung im Sportsponsoring wird es Volvo sicher gelingen, das Rennen zu einer der sportlichen Attraktionen im neuen Jahrtausend zu machen. Was wir Segler dazu tun können, werden wir tun. Auf Wiedersehen beim Volvo Ocean Race Round the World, das im September 2001 wieder in Southampton starten wird!

Illbruck ganz international:
Ein langer und harter Weg

Es war gerade mal Halbzeit bei der siebten Auflage des
Whitbread, als sich bereits die ersten Herausforderer
für das nächste Meeres-Marathon präsentierten. Im
Januar 1998 gaben auf der „boot" in Düsseldorf Mike
Illbruck (38) und sein Team die geplante Teilnahme
am Volvo Ocean Race Round the World in den Jahren
2001/02 bekannt: Die „illbruck Round the World
Challenge" ist ein ehrgeiziges Projekt mit internationalem Gesicht und Anspruch unter sportlicher Leitung
des US-Skippers John Kostecki. Erstmals wird mit der
ILLBRUCK-PINTA eine Yacht unter deutscher Flagge mit
ernsthaften Siegchancen am Start der „Formel 1 zur
See" sein. Unter enger Einbeziehung seiner 27 Nieder-
lassungen weltweit will das Unternehmen mit diesem
sportlich-technologischen Einsatz seine internationale
Wettbewerbsfähigkeit auch im Spitzensport auf höchster Ebene unter Beweis stellen. Und das nicht zum
ersten Mal: PINTA-Yachten gehören seit mehr als zwei
Jahrzehnten zu den besten der Welt.

Von Mike Illbruck

Seitdem wir unsere Teilnahme an der härtesten Segelregatta der Welt bekannt gegeben haben, hat sich eine Art „Challenge-Fieber" verbreitet. Nicht nur in der Segelszene. Die durchweg positive Resonanz während der Präsentation auf der Düsseldorfer Messe „boot '98" war überwältigend. Die ausgestellte ILLBRUCK-PINTA im neuen Design hatte magnetische Anziehungskraft.

Wer schon einmal auf einem Racer vom Typ „Volvo 60" mitsegeln durfte, ist endgültig angesteckt. Ihr faszinierendes Geschwindigkeitspotential entfalten diese hochtechnisierten Yachten schon bei mittleren Winden. Die Crew leistet dabei Schwerstarbeit, um das Sportgerät immer am Limit zu trimmen. Denn wer im Rennen um die Welt gegen die besten Segler besteht, hat eine ganz besondere Herausforderung gemeistert.

Bei aller Euphorie bleiben wir jedoch mit beiden Beinen fest auf dem Boden. Bis zum Rennstart im Jahre 2001 liegt noch ein langer und harter Weg vor dem Herausforderer-Team. Dabei planen wir, unsere Standorte in aller Welt zukünftig immer intensiver in das Projekt einzubinden. Unser Schritt war lange und wohl überlegt und wird von allen Teilen der Firmengruppe aktiv mitgetragen. Gemeinsam werden wir in unseren Bemühungen um die Behauptung im internationalen Wettbewerb nicht nachlassen. Das gilt auch für den Spitzensport. Das Volvo Ocean Race ist unsere Herausforderung.

So sind wir bereits in den ersten Monaten konzentriert und im stillen mit unseren Vorbereitungen ein ganzes Stück vorangekommen. Wir haben uns im Steering Committee dazu entschieden, mit dem Design-Büro Bruce Farr zusammenzuarbeiten, weil unsere Schlüssel-Leute von seinem Projekt überzeugt sind. Und wir haben uns neben unserem amerikanischen Skipper John Kostecki auf einen weiteren wichtigen Mann festgelegt: Der Neuseeländer Ross Halcrow ist für das Segeldesign zuständig. Wir haben außerdem die beiden Yachten EF LANGUAGE und EF EDUCATION als Trailhorses erworben und wissen, wo wir im Herbst anfangen wollen zu trainieren.

Unsere neue OneDesign 48 ILLBRUCK-PINTA ist bei der Newport/Manhattan Series im Juni 1998 mit ihrem Sieg ganz erfolgreich gestartet. Das ließ vor allem positive Rückschlüsse auf die Harmonie im Team zu. Für mich gehört diese Harmonie im Team zu den Grundbausteinen unseres angestrebten Erfolges.

Vom neuen Renninhaber und Ausrichter Volvo erwarte ich eine weitere Stärkung und Internationalisierung der Regatta. Meine Wunschliste an das Volvo Event Management ist nicht sehr lang. Ganz oben steht vor allem eines: möglichst wenig Veränderungen bei den bestehenden Klassenregeln für die Yachten.

Was mich besonders freut ist die Tatsache, daß man hierzulande die Herausforderung eines Unternehmens in ihrer Gesamtheit verstanden hat, statt nur über Geld oder Einzelpersonen zu reden. Aber mir ist auch klar, daß eine Schwalbe – wie der Auftaktsieg unserer Crew – noch keinen Sommer macht. Man muß einfach wissen, daß eine solche Herausforderung nichts mehr mit konventionellem Sailboat Racing zu tun hat. Es geht um mehr. Es geht um einen internationalen Wettbewerb von höchstem Kaliber, dem wir uns stellen wollen.

Das Ende des Whitbread Round the World Race 1997/98 – für uns war es erst der Anfang. The fight goes on!

Alle Projekte im Whitbread Round the World Race 1997/98

Paul Cayard

Grant Dalton

EF LANGUAGE (Schweden)
Ergebnis: 1.
Segelnummer: 13000
Club: Göteborgs Kungliga Segelsällskap
Skipper: Paul Cayard (USA)
Navigator: Mark Ruediger (USA)
Hauptsponsor: EF Education
Design: Bruce Farr & Associates (Annapolis/USA)
Werft: Richard Gillies/Tim Smythe
(Göteborg/Schweden)
Segel: North Sails

MERIT CUP (Monaco)
Ergebnis: 2.
Segelnummer: MON 700
Club: Yacht Club de Monaco
Skipper: Grant Dalton (Neuseeland)
Navigator: Mike Quilter (Neuseeland)
Hauptsponsor: Merit Cup
Design: Bruce Farr & Associates
(Annapolis/USA)
Werft: Marten Marine (Neuseeland)
Segel: North Sails

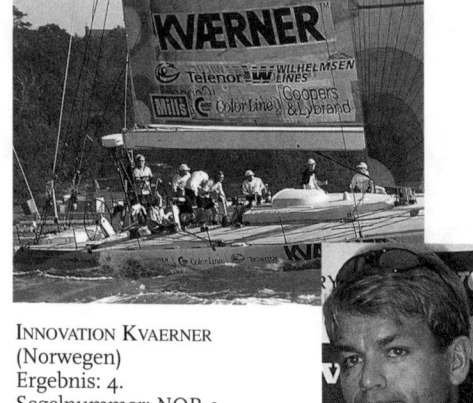

SWEDISH MATCH (Schweden)
Ergebnis: 3.
Segelnummer: SWE 2000
Club: Nacka Strand Yacht Club
Skipper: Gunnar Krantz
(Schweden)
Co-Skipper: Erle Williams
Navigator: Roger Nilson **Gunnar Krantz**
(Schweden)
Hauptsponsor: Swedish Match
Design: Bruce Farr & Associates (Annapolis/USA)
Werft: Cookson Boats & Yachting Development Ltd.
(Neuseeland)
Segel: North Sails
Quantum Sails (USA)

INNOVATION KVAERNER
(Norwegen)
Ergebnis: 4.
Segelnummer: NOR 2
Club: Christiansand Seilforening
Skipper: Knut Frostad
(Norwegen) **Knut Frostad**
Navigator: Marcel van Triest
(Niederlande)
Hauptsponsor: Kvaerner, Willemsen Lines,
Telenor, Color Line, Mills, Coopers & Lybrand, TV2
Design: Bruce Farr & Associates (Annapolis/USA)
Werft: Kvaerner Mandal (Norwegen)
Segel: Lidgard Sails (Neuseeland), North Sails

Lawrie Smith

John Kostecki

SILK CUT (Großbritannien)
Ergebnis: 5.
Segelnummer: GBR 1
Club: Royal Southampton Yacht Club
Skipper: Lawrie Smith (Großbritannien)
Navigator: Steven Hayles (Großbritannien/Etappen
1 - 4), Vincent Geake (Großbritannien/Etappen 5 - 9)
Hauptsponsor: Gallagher/Silk Cut
Design: Bruce Farr & Associates (Annapolis/USA)
Werft: McConaghy Boats (Sydney/Australien)
Segel: North Sails

CHESSIE RACING (USA)
Ergebnis: 6.
Segelnummer: USA 60
Club: Gibson Island Yacht Squadron, Annapolis
Yacht Club, New York Yacht Club
Skipper: George Collins (USA)
Co-Skipper: John Kostecki (USA/Etappen 3, 4, 6, 8, 9)
Navigator: Juan Vila (Spanien)
Hauptsponsor: Living Classroom Foundation
Design: Bruce Farr & Associates (Annapolis/USA)
Werft: Eric Goetz Custom Boats (USA)
Segel: North Sails

Roy Heiner

TOSHIBA (USA)
Ergebnis: 7.
Segelnummer: USA 1
Club: USA Yacht Club
Skipper: Dennis Conner
(USA/Etappen 4, 7, 9)
Co-Skipper: Chris Dickson
(Neuseeland/Etappe 1),
Paul Standbridge (Großbritannien/alle Etappen
außer 7)
Navigator: Andrew Cape (Australien/Etappen 1 -
7), Murray Ross (Neuseeland/Etappen 8 + 9)
Hauptsponsor: Toshiba
Design: Bruce Farr & Associates (Annapolis/USA)
Werft: New England Boatworks (USA)
Segel: North Sails

Dennis Conner (u.)
Paul Strandbridge (o.)

BRUNELSUNERGY (Niederlande)
Ergebnis: 8.
Segelnummer: NED 11
Club: Royal Maas Yacht Club
Skipper: Hans Bouscholte (Niederl./Etappen 1+2),
Roy Heiner (Niederlande/ab Etappe 3)
Navigator: João Cabeçadas (Portugal/Etappe 1),
Stuart Quarrie (Großbritannien/Etappen 2 - 9)
Hauptsponsoren: Sunergy, Brunel International,
ABN AMRO Bank
Design: Judel/Vrolijk (Hamburg)
Werft: Holland Composites (Niederlande)
Segel: Quantum (Annapolis/USA), North Sails

EF EDUCATION (Schweden)
Ergebnis: 9.
Segelnummer: SWE 300000
Club: Göteborgs Kungliga
Segelsällskap
Skipperin: Christine Guillou
(Frankreich)
Navigatorin: Dr. Lynnath Beckley (Südafrika)
Hauptsponsor: EF Education
Design: Bruce Farr & Associates (Annapolis/USA)
Werft: Richard Gillies/Tim Smythe
(Göteborg/Schweden)
Segel: North Sails

Christine Guillou

AMERICA´S CHALLENGE (USA)
Ergebnis: 10.
(Aufgabe nach 1. Etappe)
Segelnummer: USA 11
Club: Newport Harbour
Yacht Club
Skipper: Ross Field
(Neuseeland)
Navigator: Halvard Mabière (Frankreich)
Hauptsponsoren: Corona, Cuervo, Herez Foods,
Jugos del Valle
Design: Allan Andrews (USA)
Werft: Eric Goetz Custom Boats (Newport, USA)
Segel: Doyle Bouzaid (Auckland/Neuseeland)

Ross Field

Anhang

ERGEBNISSE WHITBREAD ROUND THE WORLD RACE
FOR THE VOLVO TROPHY 1997/98

GESAMTERGEBNIS

YACHT	ETAPPEN UND PUNKTE									Ges.-Pkt.
	1	2	3	4	5	6	7	8	9	
EF Language	125	72	105	70	135	101	81	55	92	836
Merit Cup	110	48	70	105	78	66	50	66	105	698
Swedish Match	36	125	92	60	91	89	92	44	60	689
Innovation Kvaerner	97	110	60	40	65	77	70	33	81	633
Silk Cut	84	84	40	50	26	115	60	101	70	630
Chessie Racing	72	60	81	81	105	55	40	89	30	613
Toshiba	60	97	50	92	0	44	20	115	50	528
BrunelSunergy	12	24	30	30	119	33	105	22	40	415
EF Education	24	36	20	20	26	22	30	77	20	275
America's Challenge	48	0	0	0	0	0	0	0	0	48

DIE ETAPPEN IN DER ÜBERSICHT

GESAMTLÄNGE DES KURSES: 31 389,2 SEEMEILEN IN 9 ETAPPEN

ETAPPE 1: SOUTHAMPTON (ENGLAND) – KAPSTADT (SÜDAFRIKA) 7317,5 SEEMEILEN*
   Startzeit: 21/09/97 13:00

Pos./ Yacht	Zielzeit		Gesegelte Zeit		Durch- schnitt/kn	Beste 24-h-sm
1. EF Language	21/10/97	05:54	29	16:54:26	10,3	409,6
2. Merit Cup	22/10/97	01:20	30	12:20:11	10,0	395,5
3. Innovation Kvaerner	22/10/97	03:09	30	14:09:06	10,0	391,0
4. Silk Cut	23/10/97	03:17	31	14:17:00	9,6	412,7
5. Chessie Racing	23/10/97	19:12	32	06:12:42	9,5	383,3
6. Toshiba	24/10/97	05:23	32	16:23:14	9,3	406,8
7. America's Challenge	24/10/97	07:52	32	18:52:38	9,3	382,1
8. Swedish Match	24/10/97	14:14	33	01:14:39	9,2	371,5
9. EF Education	25/10/97	14:28	34	01:28:02	9,0	352,7
10. BrunelSunergy	27/10/97	02:42	35	13:42:54	8,6	356,5

* Diese Angaben beziehen sich auf die gesegelten Meilen der jeweiligen Sieger-Yacht und differieren mit jenen in den Karten.

ETAPPE 2: KAPSTADT (SÜDAFRIKA) – FREMANTLE (AUSTRALIEN) 4715,9 SEEMEILEN
Startzeit: 08/11/97   11:30

Pos./ Yacht	Zielzeit		Gesegelte Zeit		Durch- schnitt/kn	Beste 24-h-sm
1. Swedish Match	23/11/97	15:15	15	03:45:03	13,0	421,8
2. Innovation Kvaerner	24/11/97	09:32	15	22:02:35	12,3	405,8
3. Toshiba	24/11/97	16:57	16	05:27:12	12,1	427,0
4. Silk Cut	25/11/97	02:35	16	15:05:09	11,8	449,1
5. EF Language	25/11/97	07:36	16	20:06:25	11,7	425,7
6. Chessie Racing	25/11/97	23:21	17	11:51:47	11,2	401,9
7. Merit Cup	27/11/97	14:07	19	02:37:47	10,3	376,1
8. EF Education	27/11/97	21:45	19	10:15:32	10,1	381,8
9. BrunelSunergy	27/11/97	22:54	19	11:24:39	10,1	377,5

ETAPPE 3: FREMANTLE (AUSTRALIEN) – SYDNEY (AUSTRALIEN) 2119,8 SEEMEILEN
Startzeit: 13/12/97   05:30

Pos./ Yacht	Zielzeit		Gesegelte Zeit		Durch- schnitt/kn	Beste 24-h-sm
1. EF Language	22/12/97	14:39	9	09:09:20	9,4	274,0
2. Swedish Match	22/12/97	14:44	9	09:14:28	9,4	276,3
3. Chessie Racing	22/12/97	14:45	9	09:15:21	9,4	283,8
4. Merit Cup	22/12/97	14:47	9	09:17:37	9,4	277,7
5. Innovation Kvaerner	22/12/97	14:49	9	09:19:18	9,4	290,0
6. Toshiba	22/12/97	15:00	9	09:30:04	9,4	279,7
7. Silk Cut	22/12/97	15:05	9	09:35:01	9,4	282,0
8. BrunelSunergy	22/12/97	15:30	9	10:00:04	9,4	284,7
9. EF Education	22/12/97	16:17	9	10:47:32	9,3	290,1

ETAPPE 4: SYDNEY (AUSTRALIEN) – AUCKLAND (NEUSEELAND) 1264,1 SEEMEILEN
Startzeit: 04/01/98   02:30

Pos./ Yacht	Zielzeit		Gesegelte Zeit		Durch- schnitt/kn	Beste 24-h-sm
1. Merit Cup	09/01/98	00:46	4	22:16:08	10,7	340,9
2. Toshiba	09/01/98	00:48	4	22:18:44	10,7	354,5
3. Chessie Racing	09/01/98	00:58	4	22:28:34	10,7	328,7
4. EF Language	09/01/98	01:10	4	22:40:03	10,6	311,2
5. Swedish Match	09/01/98	01:27	4	22:57:26	10,6	358,1
6. Silk Cut	09/01/98	03:47	5	01:17:37	10,4	317,7
7. Innovation Kvaerner	09/01/98	04:28	5	01:58:58	10,3	317,2
8. BrunelSunergy	09/01/98	06:34	5	04:04:52	10,2	350,6
9. EF Education	09/01/98	08:51	5	06:21:02	10,0	295,6

ETAPPE 5: AUCKLAND (NEUSEELAND) – SÃO SEBASTIÃO (BRASILIEN) 6666,4 SEEMEILEN
Startzeit: 01/02/98 01:00

Pos./ Yacht	Zielzeit		Gesegelte Zeit		Durch- schnitt/kn	Beste 24-h-sm
1. EF Language	24/02/98	02:09	23	01:09:23	12,0	447,6
2. BrunelSunergy	27/02/98	05:07	26	04:07:17	10,6	411,9
3. Chessie Racing	27/02/98	11:31	26	10:31:48	10,5	422,4
4. Swedish Match	28/02/98	01:19	27	00:19:09	10,3	422,3
5. Merit Cup	28/02/98	02:50	27	01:50:27	10,2	424,2
6. Innovation Kvaerner	28/02/98	17:12	27	16:12:15	10,0	430,0
7. EF Education	11/03/98	18:27	38	17:27:00	7,2	296,3
8. Silk Cut	03/03/98	03:00	30	02:00:54	9,1	418,1
9. Toshiba	28/02/98	03:19	27	02:19:32	10,2	439,7

ETAPPE 6: SÃO SEBASTIÃO (BRASILIEN) – FORT LAUDERDALE (USA) 4588,9 SEEMEILEN
Startzeit: 14/03/98 18:00

Pos./ Yacht	Zielzeit		Gesegelte Zeit		Durch- schnitt/kn	Beste 24-h-sm
1. Silk Cut	29/03/98	13:55	14	19:55:09	12,9	398,9
2. EF Language	29/03/98	15:13	14	21:13:17	12,8	397,6
3. Swedish Match	29/03/98	17:42	14	23:42:43	12,7	393,3
4. Innovation Kvaerner	30/03/98	01:59	15	07:59:07	12,5	379,4
5. Merit Cup	30/03/98	05:37	15	11:37:39	12,3	375,6
6. Chessie Racing	30/03/98	13:39	15	19:39:12	12,1	366,7
7. Toshiba	30/03/98	13:42	15	19:42:05	12,1	367,7
8. BrunelSunergy	31/03/98	02:41	16	08:41:35	11,7	361,0
9. EF Education	31/03/98	04:40	16	10:40:30	11,6	370,4

ETAPPE 7: FORT LAUDERDALE (USA) – BALTIMORE (USA) 845,4 SEEMEILEN
Startzeit: 19/04/98 17:00

Pos./ Yacht	Zielzeit		Gesegelte Zeit		Durch- schnitt/kn	Beste 24-h-sm
1. BrunelSunergy	22/04/98	20:59	3	03:59:39	11,1	350,0
2. Swedish Match	22/04/98	21:20	3	04:20:24	11,1	317,4
3. EF Language	22/04/98	21:20	3	04:20:54	11,1	316,9
4. Innovation Kvaerner	22/04/98	21:58	3	04:58:36	11,0	296,3
5. Silk Cut	22/04/98	22:02	3	05:02:07	10,9	307,3
6. Merit Cup	22/04/98	22:21	3	05:21:44	10,9	308,0
7. Chessie Racing	22/04/98	22:30	3	05:30:53	10,9	307,6
8. EF Education	22/04/98	22:39	3	05:39:54	10,9	299,0
9. Toshiba	22/04/98	22:30	3	05:30:43	10,9	296,3

ETAPPE 8: ANNAPOLIS (USA) – LA ROCHELLE (FRANKREICH) 3405,3 SEEMEILEN
Startzeit: 03/05/98 17:45

Pos./ Yacht	Zielzeit		Gesegelte Zeit		Durch- schnitt/kn	Beste 24-h-sm
1. Toshiba	16/05/98	17:37	12	23:52:03	10,9	362,4
2. Silk Cut	16/05/98	17:47	13	00:02:31	10,9	394,4
3. Chessie Racing	16/05/98	20:12	13	02:27:55	10,8	375,4
4. EF Education	17/05/98	01:04	13	07:19:57	10,7	332,6
5. Merit Cup	17/05/98	01:48	13	08:03:55	10,6	359,8
6. EF Language	17/05/98	02:37	13	08:52:16	10,6	359,4
7. Swedish Match	17/05/98	05:10	13	11:25:25	10,5	345,9
8. Innovation Kvaerner	17/05/98	12:06	13	18:21:31	10,3	358,0
9. BrunelSunergy	17/05/98	12:07	13	18:22:41	10,3	345,6

ETAPPE 9: LA ROCHELLE (FRANKREICH) – SOUTHAMPTON (ENGLAND) 465,9 SEEMEILEN
Startzeit: 22/05/98 13:00

Pos./ Yacht	Zielzeit	Gesegelte Zeit		Durch- schnitt/kn	Beste 24-h-sm
1. Merit Cup	24/05/98 11:56	1	22:56:05	9,3	204,5
2. EF Language	24/05/98 12:11	1	23:11:37	9,8	207,5
3. Innovation Kvaerner	24/05/98 12:21	1	23:21:22	9,8	211,2
4. Silk Cut	24/05/98 12:31	1	23:31:41	9,7	210,5
5. Swedish Match	24/05/98 12:51	1	23:51:18	9,7	205,5
6. Toshiba	24/05/98 12:56	1	23:56:27	9,7	205,0
7. BrunelSunergy	24/05/98 12:57	1	23:57:35	9,7	202,3
8. Chessie Racing	24/05/98 14:22	2	01:22:24	9,4	206,1
9. EF Education	24/05/98 15:22	2	02:22:14	9,3	212,0

REKORDE...

Das siebte und letzte Whitbread Round the World Race 1997/98 hat einmal mehr für neue Rekorde und Höchstgeschwindigkeiten gesorgt. Drei Boote haben sich in Sachen Speed besonders hervorgetan:

1. Gesamtsiegerin EF LANGUAGE (Schweden) erreichte über das ganze Rennen hinweg eine durchschnittliche Geschwindigkeit von 11,15 Knoten. Zum Vergleich ein Rückblick: Im ersten Whitbread 1973/74 erreichte die mexikanische Siegerin SAYULA III einen Durchschnitt von 7,78 Knoten.

2. Die „Speed Kings" auf SILK CUT (Großbritannien) haben ihrem Ruf wieder einmal alle Ehre gemacht, stellten unter Skipper Lawrie Smith auf Etappe zwei im Südpolarmeer mit 449,26 Seemeilen einen neuen 24-Stunden-Weltrekord für Einrumpfboote auf. Zum Vergleich: INTRUM JUSTITIA genügten beim letzten Whitbread noch 428,7 Seemeilen für den Weltrekord.

3. Die schnellste Durchschnittsgeschwindigkeit bei einer Etappe erreichte SWEDISH MATCH. Mit 13,0 Knoten ließen Skipper Gunnar Krantz und sein Team die Konkurrenz auf Etappe zwei im Südpolarmeer blaß aussehen. Bisweilen sprang die Anzeige dabei auf über 32 Knoten Speed.

RÜCKBLICK – DIE ERGEBNISSE VON DAMALS

ERGEBNISSE WHITBREAD I – 1973/74

Yacht	Skipper	Land	Rigg	Lüa (ft)	Design
Sayula II	Ramon Carlin	MEX	Ketsch	65	Sparkman & Stephens
Adventure	Patrick Bryans	GBR	Sloop	55	Raymond Wall
	Malcolm Skene				
	George Vallings				
	Roy Mullender				
Grand Louis	André Viant	FRA	Schoner	60	Dominique Presles
Kriter	Jade Grout	FRA	Ketsch	66,5	George Auzepy-Brenneur
	Michel Malinovsky				
	Alain Gliksman				
Guia	Giorgio Falck	ITA	Sloop	45	Sparkman & Stephens
Great Britain II	Chay Blyth	GBR	Ketsch	77	Alain Gurney
Second Life	Roddie Ainslie	GBR	Ketsch	71	E.G. Van de Stadt
CSeRB	Doi Malingri	ITA	Ketsch	50	Robert Clark
British Soldier	James Myatt	GBR	Ketsch	59	Robert Clark
Tauranga	Eric Pascoli	ITA	Yawl	55	Sparkman & Stephens
Copernicus	Zygfryd Perlicki	POL	Ketsch	45	Liskiewicz & Rejewski
33 Export	Jean-Pierre Millet	FRA	Ketsch	60	André Mauric
	Dominique Guillet				
Otago	Zdzislaw Pienkawa	POL	Ketsch	55	H. Kujaw
Peter von Danzig	Reinhard Laucht	GER	Yawl	59	Henry Gruber

NICHT ALLE ETAPPEN GESEGELT:

Yacht	Skipper	Land	Rigg	Lüa (ft)	Design
Pen Duick VI	Eric Tabarly	FRA	Ketsch	73	André Mauric
Burton Cutter	Leslie Williams	GBR	Ketsch	80	John Sharp
	Alan Smith				
Jakaranda	John Goodwin	RSA	Sloop	66	Sparkman & Stephens
Concorde	Pierre Chassin	FRA	Sloop	32	George Auzepy-Brenneur
Pen Duick III	M. Cuiklinski	FRA	Ketsch	42,9	Eric Tabarly

ERGEBNISSE WHITBREAD II – 1977/78

Yacht	Skipper	Land	Rigg	Lüa (ft)	Design
Flyer	Cornelis van Rietschoten	NED	Ketsch	65	Sparkman & Stephens
King's Legend	Nick Ratcliffe Mike Clancy	GBR	Kutter	65	Sparkman & Stephens
Traité de Rome	Philippe Hanin	EEC	Sloop	51	Sparkman & Stephens
Disque d'Or	Pierre Fehlmann	SUI	Ketsch	65	Sparkman & Stephens
ADC Accutrac	Clare Francis	GBR	Ketsch	65	Sparkman & Stephens
Gauloises II	Eric Loizeau	FRA	Ketsch	56	Eric Tabarly
Adventure	James Watts David Leslie Ian Baily-Willmot Robin Duchesne	GBR	Sloop	55	Nicholson 55
Neptune	Bernard Deguy	FRA	Sloop	59	André Mauric
B&B Italia	Corrado di Majo	ITA	Sloop	54	Alan Gurney
33 Export	Alain Gabbay	FRA	Sloop	60	André Mauric
Tielsa	Dirk Nauta	NED	Ketsch	63	Johan Elsenga
Great Britain II	Rob James	GBR	Ketsch	77	Alan Gurney
Debenhams	John Ridgway	GBR	Ketsch	57	Holman & Pye
Japy-Hermes	Jean Michel Viant	FRA	Ketsch	65	MacCurdy & Rhodes
Heath's Condor	Leslie Williams Robin Knox-Johnston	GBR	Sloop	77	John Sharp

ERGEBNISSE WHITBREAD III – 1981/82

Yacht	Skipper	Land	Rigg	Lüa (ft)	Design
Flyer II	Cornelis van Rietschoten	NED	Sloop	65	German Frers
Charles Heidsieck III	Alain Gabbay	FRA	Sloop	66	Gilles Vaton
Kriter IX	André Viant	FRA	Sloop	62	German Frers
Disque d'Or III	Pierre Fehlmann	SUI	Sloop	58	Bruce Farr
Outward Bound	Digby Taylor	NZL	Sloop	50	Laurie Davidson
Xargo III	Padda Kuttel	RSA	Ketsch	65	Sparkman & Stephens
Morbihan	Philippe Poupon	FRA	Sloop	46	Joubert/Nivelt
Berge Viking	Peder Lunde	NOR	Sloop	57	Sparkman & Stephens
Alaska Eagle	Skip Novak, Neil Bergt	USA	Sloop	65	Sparkman & Stephens
Euromarché	Eric Tabarly	FRA	Ketsch	74	André Mauric
Ceramco NZ	Peter Blake	NZL	Sloop	68	Bruce Farr
Skopbank of Finland	Kenneth Gahmberg	FIN	Sloop	51	Cuthbertson & Cassian
Rolly Go	Giorgio Falck	ITA	Sloop	51	German Frers
Traité de Rome	Antonio Chioatto	EEC	Sloop	51	Sparkman & Stephens
Croky	Gustaaf Versluys	BEL	Sloop	44	Marcel Vankeirsbilck
First Cooperative (ex F Challenger)	Leslie Williams	GBR	Sloop	80	Doug Peterson/ David Alan-Williams
United Friendly	Chay Blyth	GBR	Sloop	77	Alan Gurney
Walross III Berlin	Olaf Michel, Ekhart Hahn, Claus Reichardt	GER	Sloop	55	Sparkman & Stephens
Licor 43	Joaquin Coello	ESP	Sloop	59	Bazan
Ilgagomma	Roberto Vianello	ITA	Sloop	50	Alex Carozzo

NICHT ALLE ETAPPEN GESEGELT:

Yacht	Skipper	Land	Rigg	Lüa (ft)	Design
Bubblegum	Ian McGowen-Fyfe	GBR	Sloop	43	Doug Peterson
European University Belgium	Jean Blondiau	BEL	Sloop	46	German Frers
33 Export	Philippe Schaff	FRA	Sloop	55	Philippe Briand
Gauloises III	Eric Loizeau	FRA	Sloop	62	Ron Holland
La Barca Laboratorio	Claudio Stampi	ITA	Sloop	65	Giorgetti & Magrini
Save Venice	Doi Malingri	ITA	Sloop	64	Alfeo Scattalin
Scandinavian	Charles Hammarlund	SWE	Ketsch	57	Sparkman & Stephens
Swedish Entry	Peder Silfverhielm	SWE	Sloop	61	Peter Norlin
Viva Napoli	Beppe Panada	ITA	Ketsch	57	Mino Simeone

ERGEBNISSE WHITBREAD IV – 1985/86

Yacht	Skipper	Land	Rigg	Lüa (ft)	Design
L'Esprit d'Equipe	Lionel Péan	FRA	Ketsch	58,6	Philippe Briand
Philips Innovator	Dick Nauta	NED	Sloop	63	Judel/Vrolijk
Fazer Finland	Michael Berner	FIN	Sloop	65	German Frers
UBS Switzerland	Pierre Fehlmann	SUI	Sloop	80	Bruce Farr
Rucanor Tristar	Gustaaf Versluys	BEL	Sloop	58	Guy Ribadeau-Dumas
	Ann Lippens				
Fortuna Lights	Javier Visiers	ESP	Sloop	62	Javier Visiers
	Jorgie Brufau				
	Antonio Guiu				
Lion New Zealand	Peter Blake	NZL	Sloop	78	Ron Holland
Drum	Skip Novak	GBR	Sloop	77	Ron Holland
Equity & Law	Pleun van der Lugt	NED	Sloop	55	Doug Peterson
Côte d'Or	Eric Tabarly	BEL	Sloop	83	Joubert/Nivelt
Shadow of	Otto & Nora	SUI	Sloop	57	Sparkman & Stephens
Switzerland	Zehender-Mueller				
Norsk Data GB	Bob Salmon	GBR	Sloop	77	Alan Gurney
SAS Baia Viking	Jesper Norsk	DEN	Sloop	49	Elvström/Kjaerulff

NICHT ALLE ETAPPEN GESEGELT:

Yacht	Skipper	Land	Rigg	Lüa (ft)	Design
Atlantic Privateer	Padda Kuttel	USA	Sloop	80	Bruce Farr
NZI Enterprise	Digby Taylor	NZL	Sloop	80	Bruce Farr

ERGEBNISSE WHITBREAD V – 1989/90

Yacht	Skipper	Land	Rigg	Lüa (ft)	Design
DIVISION A					
Steinlager 2	Peter Blake	NZL	Ketsch	84	Bruce Farr
Fisher & Paykel	Grant Dalton	NZL	Ketsch	82	Bruce Farr
Merit	Pierre Fehlmann	SUI	Sloop	80	Bruce Farr
Rothmans	Lawrie Smith	GBR	Sloop	80	Rob Humphreys
The Card	Roger Nilson	SWE	Ketsch	80	Bruce Farr
	Ann Lippens				
Charles Jourdan	Alain Gabbay	FRA	Sloop	72	Guy Ribadeau-Dumas
Fortuna Extra	Javier de la Gándara	ESP	Sloop	77	Javier Visiers
Lights	Jan Santana, José Luis				
	Doreste				
Gatorade	Giorgio Falck	ITA	Sloop	80	Bruce Farr
	Hervé Jan				
	Pierre Sicouri				
Union Bank	Ludde Ingvall	FIN	Sloop	82	Joubert/Nivelt
of Finland					
Belmont	Harry Harkimo	FIN	Sloop	80	Bruce Farr
Finland II					
Fazisi	Alexej Grischenko	USSR	Sloop	83	Design Group VTK
	Skip Novak				
	Valeri Alexeev				
NCB Ireland	Joe English	IRL	Sloop	81	Ron Holland
British Satquote	Frank Esson	GBR	Sloop	81	Francis/Faroux/Frers
Defender	Colin Watkins				
Liverpool Enterprise	Bob Salmon	GBR	Sloop	80	Bruce Farr
DIVISION C					
Equity & Law II	Dick Nauta	NED	Sloop	63	Judel/Vrolijk
DIVISION D					
Esprit de Liberté	Patrick Tabarly	FRA	Sloop	58	Philippe Briand
Maiden	Tracy Edwards	GBR	Sloop	58	Bruce Farr
Schlüssel	Rolf Renken	GER	Sloop	63	Judel/Vrolijk
von Bremen	Harm Müller-				
	Röhlck, Jochen				
	Orgelmann, Wil-				
	helm-Otto Beck,				
	Peter Weidner				

ERGEBNISSE WHITBREAD V – 1989/90

Yacht	Skipper	Land	Rigg	Lüa (ft)	Design
CRUISING DIVISION					
Creightons Naturally	John Chittenden	GBR	Sloop	80	Doug Peterson/ Alan Williams
With Integrity	Andy Coghill	GBR	Sloop	77	Alan Gurney
La Poste	Daniel Mallé	FRA	Sloop	51	German Frers
NICHT ALLE ETAPPEN GESEGELT:					
Rucanor Sport	Bruno Dubois	BEL	Sloop	58	Guy Ribadeau-Dumas
Martela O.F.	Markku Wiikeri	FIN	Sloop	80	German Frers

ERGEBNISSE WHITBREAD VI – 1993/94

Yacht	Skipper	Land	Rigg	Lüa (m)	Design
W 60					
Yamaha	Ross Field	NZL	7/8	20	Bruce Farr
Intrum Justitia	Roger Nilson	SWE	7/8	20	Bruce Farr
	Lawrie Smith				
Galicia '93	Javier de la Gándara	ESP	7/8	19,75	Bruce Farr
Pescanova					
Winston	Dennis Conner	USA	7/8	20	Bruce Farr
Tokio	Chris Dickson	NZL	7/8	20	Bruce Farr
Brooksfield	Guido Maisto	ITA	7/8	19,9	Bouvet/Petit
Hetman Sahaidachny	Eugene Platon	UKR	7/8	19,45	Bruce Farr
Reebok	Matt Humphries	GBR	7/8	20,9	Rob Humphreys
Heineken	Dawn Reily	USA	7/8	20	Bruce Farr
Odessa	Anatoly Verba	UKR/USA	7/8	19,6	Igor Sedenko
MAXIS					
New Zealand	Grant Dalton	NZL	Ketsch	25,91	Bruce Farr
Endeavour					
Merit Cup	Pierre Fehlmann	SUI	Ketsch	25,9	Bruce Farr
La Poste	Eric Tabarly	FRA	Ketsch	25,9	Bruce Farr
Uruguay Natural	Gustavo Vanzini Pons	URU	Sloop	24,6	German Frers

NICHT ALLE ETAPPEN GESEGELT:

Fortuna	Lawrie Smith	ESP	Ketsch	24,74	Javier Visiers

DIE BESTEN VON DAMALS...

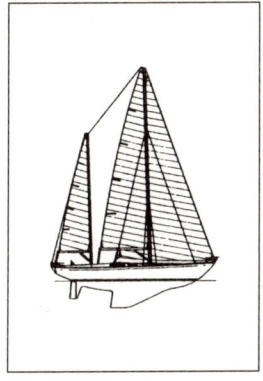

1973–74
SAYULA II

Die Yachtdesigner Olin und Rod Stephens gehörten lange vor dem ersten Whitbread-Start zu den besten ihrer Zunft. Schon seit 1933 entwickelten die Brüder immer schnellere, sportlichere Yachten. Kein Wunder, daß es eine ihrer Konstruktionen war, die bei der Whitbread-Premiere nach vier Etappen um die Welt triumphierte.

Skipper:
Ramon Carlin (Mexiko)
Designer:
Sparkman & Stephens (USA)
Werft:
Nautor Swan (Finnland)
Geseg. Zeit:
152 Tage, 9 Stunden
Berechn. Zeit:
133 Tage, 13 Stunden

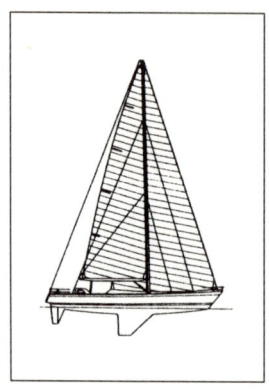

1977–78
FLYER

SAYULA II diente den Stephens als Basis bei der Entwicklung von FLYER, die ihrer Vorgängerin in Länge, Riggdesign und sichtbarem Profil sehr ähnlich war. Auch die niederländische Werft Huisman in Vollenhove galt damals als erste Adresse.

Skipper:
Cornelis van Rietschoten (Niederlande)
Designer:
Sparkman & Stephens (USA)
Werft:
Huisman, Vollenhove (Niederlande)
Geseg. Zeit:
136 Tage, 5 Stunden, 28 Minuten, 48 Sekunden
Berechn. Zeit:
119 Tage, 1 Stunde, 36 Sekunden

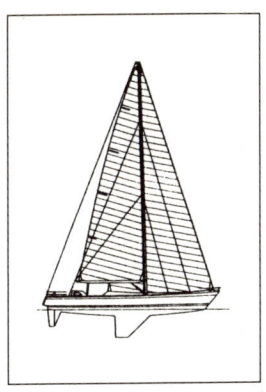

1981–82
F<small>LYER</small> II

Designer German Frers hatte seine
Lehrzeit im Hause Sparkman & Stephens
höchst erfolgreich absolviert. Mit F<small>LYER</small> II
gelang bereits in jungen Jahren ein
großer Erfolg, der den Namen van
Rietschoten endgültig zur Legende
machte.

Skipper:
Cornelis van Rietschoten (Niederlande)
Designer:
German Frers (Argentinien)
Werft:
Huisman, Vollenhove (Niederlande)
Geseg. Zeit:
120 Tage, 6 Stunden, 34 Minuten,
14 Sekunden
Berechn. Zeit:
119 Tage, 1 Stunde, 12 Minuten,
48 Sekunden

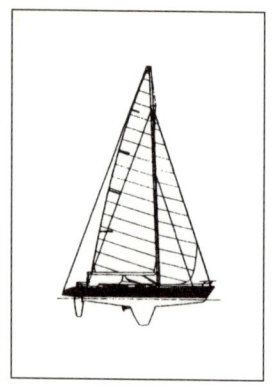

1985–86
L'ESPRIT D'EQUIPE

Mit leichtem Rumpf und ⁷/₈-Takelung ausgestattet, ließ die schon etwas betagte französische „Dame" die Konkurrenz auf insgesamt vier Etappen bei der vierten Whitbread-Auflage alt aussehen.

Skipper:
Lionel Péan (Frankreich)
Designer:
Philippe Briand (Frankreich)
Werft:
Labb & Richeux/Dufour (Frankreich)
Geseg. Zeit:
132 Tage, 15 Minuten, 19 Sekunden
Berechn. Zeit:
111 Tage, 23 Stunden, 9 Minuten,
49 Sekunden

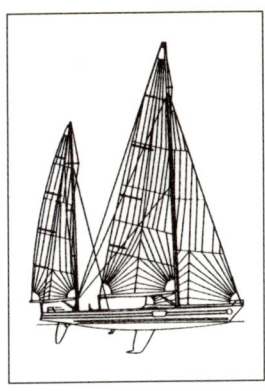

1989–90
STEINLAGER 2

Bis 1993 sollte dies der ultimative
Whitbread Racer sein – ein großer Erfolg
seines Designers Bruce Farr. Über sechs
Etappen demonstrierte Skipper Sir Peter
Blake fantastischen Segelsport – auch
der Neuseeländer ist längst eine lebende
Legende.

Skipper:
Peter Blake (Neuseeland)
Designer:
Bruce Farr (Neuseeland/USA)
Werft:
Southern Pacific (Neuseeland)
Geseg. Zeit:
128 Tage, 9 Stunden, 40 Minuten,
30 Sekunden

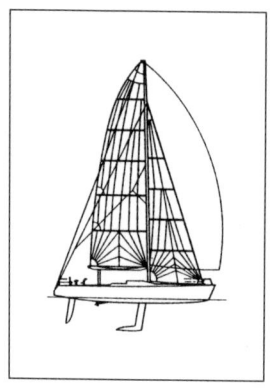

1993–94
YAMAHA

Mit Hilfe zweier Testyachten hat das Designbüro von Bruce Farr damals die neue Generation der WR 60 entwickelt. Ross Field erprobte das erste Modell über 10 000 Seemeilen, bevor das zweite folgte, das entsprechend überarbeitet worden war.

Skipper:
Ross Field (Neuseeland)
Designer:
Bruce Farr (Neuseeland/USA)
Werft:
Cookson (Neuseeland)
Geseg. Zeit:
120 Tage, 14 Stunden, 55 Minuten

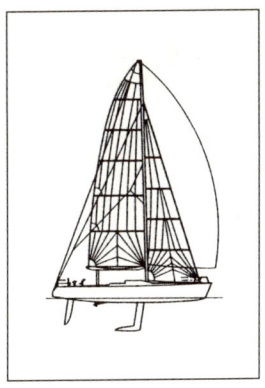

1997–98
EF LANGUAGE

Ausgereizt bis an die Grenzen: WR 60 –
made by Farr. Inzwischen hat der
Neuseeländer für 16 Whitbread-Syndikate
eine oder mehrere WR 60-Yachten
entworfen. Kein Wunder, daß er wieder
eine Siegerin in den insgesamt neun
Etappen langen Meeres-Marathon
schickte.

Skipper: Paul Cayard (USA)
Designer: Bruce Farr (Neuseeland/USA)
Werft: Richard Gillies/Tim Smythe
(Göteborg/Schweden)
Geseg. Zeit: 118 Tage, 7 Stunden,
38 Minuten, 41 Sekunden

Jedes Buch ein Abenteuer

Nur wenige Menschen können sich Monate oder gar Jahre vom Alltag lösen. Und dann das erleben, wovon jeder insgeheim träumt. Was Segler auf langen Törns gewagt und gewonnen haben, erzählen sie in diesen Büchern. Jeder auf seine Art: spannend, nachdenklich, humorvoll: eben keine Logbücher, sondern packende Erlebnisse für alle, die das Abenteuer lockt.

ISBN 3-7688-1021-6

ISBN 3-7688-0970-6

ISBN 3-7688-1034-8

ISBN 3-7688-1022-4

ISBN 3-7688-0956-0

ISBN 3-7688-0522-0

ISBN 3-7688-0828-9

ISBN 3-7688-0927-7

ISBN 3-7688-1020-8

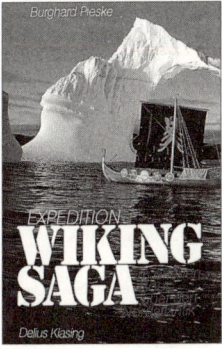

ISBN 3-7688-0772-X

ISBN 3-7688-0862-9

ISBN 3-7688-0782-7

ISBN 3-7688-0876-9

Diese und noch viele andere Bücher der Reihe „Erlebnisberichte" sind im Buch- und Fachhandel erhältlich oder direkt beim Delius Klasing Verlag, Postfach 10 16 71, 33516 Bielefeld.

DELIUS KLASING

Segeln & Abenteuer

Viele tausend Seiten Spannung und Entspannung zu Taschenbuchpreisen bietet die Reihe „Segeln & Abenteuer" vom Delius Klasing Verlag. Erlebnisberichte von Gefahren auf See und die Erzählungen beherzter Skipper und Bordfrauen bieten Leseabenteuer aus erster Hand.

Eric C. Hiscock
Zu fernen Küsten
Die zweite Weltumseglung des Ehepaars Hiscock dauert 3 Jahre und beginnt 1959 in England. Sie führt nach Neuseeland, Australien, durchs Rote Meer, den Suez-Kanal und durch das Mittelmeer zurück. Eine aus heutiger Sicht nostalgische Reise durch eine heile Seglerwelt.
240 S. mit 48 Farbfotos, 9 Karten, 9 Schiffszeichnungen, kart.
ISBN 3-7688-1032-1

Karl Vettermann
Hollingers Lagune
Geschichten aus der Südsee
Humorvolle Geschichten über die schrulligen Abenteuer des polynesischen Hafenkapitäns Paul Hollinger. Der durch seinen „Käpt'n Barawitzka" populär gewordene Autor hat sich hier erneut als Meister maritimer Fabulierkunst bewiesen.
288 S. mit 7 Zeichnungen, kart.
ISBN 3-7688-1033-X

Außerdem lieferbar:

Tania Aebi und Bernadette Brennan
Die Welt im Sturm erobert
ISBN 3-7688-0878-5

Gudrun Calligaro
Ein Traum wird wahr
ISBN 3-7688-0923-4

Wilfried Erdmann
Ein unmöglicher Törn
ISBN 3-7688-0924-2

Wilfried Erdmann
Mein grenzenloses Seestück
Auf Jollenfahrt durch Mecklenburg-Vorpommern
ISBN 3-7688-0986-2

Robin Lee Graham
Mein Schiff war die Taube
Mit 16 Jahren allein um die Welt
ISBN 3-7688-0881-5

Wolfgang Hausner
Taboo
Eines Mannes Freiheit
ISBN 3-7688-0597-2

Wolfgang Hausner
Taboo III
Leben auf sieben Meeren
ISBN 3-7688-0987-0

Ernst-Jürgen Koch
Hundeleben in Herrlichkeit
Weltumseglung mit der KAIROS
ISBN 3-7688-0669-3

Ernst-Jürgen Koch
Verdammt, glücklich zu sein
Unsere atlantische Fahrt mit der KAIROS
ISBN 3-7688-0880-7

Ernst-Jürgen Koch
Paradies im Stundenglas
Unsere letzte Reise mit der KAIROS
ISBN 3-7688-0988-9

Jeff MacInnis/W. Rowland
Eher friert die Hölle zu
Abenteuer Nordwestpassage
ISBN 3-7688-0830-0

Christine und Bodo Müller
Über die Ostsee in die Freiheit
Dramatische Fluchtgeschichten
ISBN 3-7688-0925-0

Burghard Pieske
Shangri-La
Mit dem Wind um die Welt
ISBN 3-7688-0596-4

Burghard Pieske
Karibisches Eis – arktisches Feuer
ISBN 3-7688-0789-4

Burghard Pieske
Abenteuer unter arktischer Sonne – Shangri-La
ISBN 3-7688-0926-9

Bobby Schenk
Freiheit hinterm Horizont
Die klassische Weltumsegelung
ISBN 3-7688-0609-X

Bobby Schenk
Segeln im Reich der Stürme
Mit Yacht und Miniflieger bis ans Ende der Welt
ISBN 3-7688-0831-9

Karl Vettermann
Barawitzka segelt nach Malta
ISBN 3-7688-0671-5

Karl Vettermann
Die Irrfahrten des Barawitzka
ISBN 3-7688-0710-X

Karl Vettermann
Barawitzka und die See-Amazonen
ISBN 3-7688-0751-7

Karl Vettermann
Barawitzka – Lauter Kapitäne, keine Matrosen
ISBN 3-7688-0832-7

Heide Wilts
Gestrandet in der weißen Hölle
ISBN 3-7688-0989-7

Erhältlich im Buch- und Fachhandel

DELIUS KLASING